张殿典 著

满语词语与满族原始信仰文化关系研究

清华大学出版社
北京

版权所有，侵权必究。举报：010-62782989，beiqinquan@tup.tsinghua.edu.cn。

图书在版编目（CIP）数据

满语词语与满族原始信仰文化关系研究 / 张殿典著. —北京：清华大学出版社，2023.12
ISBN 978-7-302-65005-8

Ⅰ. ①满… Ⅱ. ①张… Ⅲ. ①满语—词语—研究②满族—宗教文化—研究
Ⅳ. ①H221.4 ②B933

中国国家版本馆 CIP 数据核字（2023）第 231210 号

责任编辑：王如月
装帧设计：常雪影
责任校对：王凤芝
责任印制：刘海龙

出版发行：	清华大学出版社
网　　址：	https://www.tup.com.cn, https://www.wqxuetang.com
地　　址：	北京清华大学学研大厦 A 座　　邮　编：100084
社 总 机：	010-83470000　　邮　购：010-62786544
投稿与读者服务：	010-62776969, c-service@tup.tsinghua.edu.cn
质量反馈：	010-62772015, zhiliang@tup.tsinghua.edu.cn
印 装 者：	三河市东方印刷有限公司
经　　销：	全国新华书店
开　　本：	140mm×203mm　　印　张：9　　字　数：223 千字
版　　次：	2023 年 12 月第 1 版　　印　次：2023 年 12 月第 1 次印刷
定　　价：	99.00 元

产品编号：102578-01

序

　　中华民族共同体意识是在各民族长期相互交往交流交融的过程中发展形成的,凝聚了各民族的才智与意愿。满族作为中华民族的一员,走过了一条独具特色的发展道路,为中国历史发展乃至人类文明进程做出了贡献。因此,抢救发掘满族语言文化遗产,研究满族历史上的经验教训,对于铸牢中华民族共同体意识具有重要的现实意义与深远的历史影响。

　　语言与文化具有密不可分的关系,语言是文化的载体,文化是语言的内蕴。任何民族语言都承载着该民族深厚的文化内涵,表现出民族文化的民族特征。尤其是语言中的语义系统,是该社会集团成员把握、认识世界的集中反映。因此,特定的文化与特定的语言之间,有着深刻的历史和现实的内在联系。语言作为文化记录的活化石,生动地折射出所有文化成果与信息。满族的自然生态环境、物质生活方式、社会关系、宗教信仰、价值观念、思维习惯、文化交往无不渗透于语言之中,满族语言尤其是其语义系统充分反映了满族历史文化的丰富内涵和特征。满族语言与历史文化具有相互依存、相互影响和同步发展的密切关系。因此,将二者结合起来进行深入、系统的探讨研究,进而全面深刻地揭示出满族语言与历史文化的丰富内涵及民族特征,可为相关学科研究提供科学依据、客观例证,并为人类文明发展进程提供有价值的经验与教训。

　　基于以上原因,满族语言与历史文化研究成为本人三十多年治学的主要方向，在多年辛苦探索取得系列成果的基础上，持续培养指导后学者，以期薪火相传，求实做强。兴趣与探求之缘导引青年才俊张殿典进入我的门下，有幸开启了愉快而艰辛的教学相长征程。张殿典硕士学业攻读汉语言文字学，她在一次学术会议上与我相识并深入交流，遂对满族语言文化研究产生极大兴趣，由此而结下共同探索的学术之缘。殿典经下苦功了解掌握了满族语言与历史文化专业的基础知识，我欣赏她的探求之心与坚实毅力而欣然纳之，成为我招收博士研究生的开门弟子。《周易·乾·文言》说："君子学以聚之，问以辩之，宽以居之，仁以行之"，愿以此语与之共勉。师生相商以《满语词语与满族信仰文化研究》为其博士学位论文题目，展开探究。她好学善思，语言文字学功底扎实，踏实钻研，精神可嘉。在突破重重疑难的跋涉中逐步推进，不断深入探讨所研究的课题。经其本人覃思精研及诸位专家同仁悉心指教，殿典反复调整思路，修改文稿，最终获得可喜的初步成果。在这篇博士学位论文经修改、补充，改为《满语词语与满族原始信仰文化关系研究》，即将付梓成书之际，殿典恳请作序，我由衷祝贺她，并欣然为之。

　　语言与思维、文化的关系密不可分，民族语言与民族宗教文化有着不可分割的联系。研究某民族的宗教文化时，该民族语言是重要的客观依据。满语是满族文化的载体，也是满族及其先人思维方式的体现，满语反映并推进了萨满信仰文化的传承与发展。在满语中，蕴涵着丰富的萨满信仰文化因素。因此，揭示满语中的萨满信仰文化内涵，探讨满族语言与萨满信仰文化的密切关系，是深入研究满族语言与社会文化的重要内容，对语言学、民族学、人类学及历史学的研究都具有重要的参考价值。

该专著运用词源学、文化语言学、认知语言学理论方法，选取满语词语及相关满文文献作为研究突破口，对满语词语中所蕴含的满族萨满信仰文化进行探讨揭示。萨满信仰是阿尔泰语系各民族信仰的原始宗教。中国北方民族的萨满信仰历史悠久，根基深厚，经历了形成、传播、发展、变异等漫长的历史演变过程。萨满信仰形成于原始母系氏族社会，是采集、渔猎经济生活的产物。随着社会政治经济的发展，萨满信仰本身也在不断地发生变化；作为传统民族文化习俗，在现代社会生活中也有所遗存；许多思想文化因子会通过潜意识的形式积淀在中华民族的意识当中。研究萨满文化，能使人们更为客观全面地了解人类宗教的起源和发展，更加深刻地理解人类原始文化形态，从中寻绎出人类各种文化因子和文化元素，从而更深刻而准确地揭示人类精神文明创造的发展轨迹。满族的萨满信仰具有代表性和概括性，是我国东北各民族信仰文化的集大成者。满族是一个历史悠久的民族，白山黑水是满族人的故乡，也是满族文化的摇篮。满族不仅以勤劳、勇敢、善骑射的引弓之民著称，而且也以爱说好唱、能歌善舞闻名。满族萨满信仰文化反映了满族了解与适应自然力的渴望，闪烁着智慧与积极创造的精神。满族历史文化悠久，文献典籍丰富，满族语言文字记录了萨满信仰文化宝贵而丰富的资料。

本专著所研究的对象是满语词语和满族萨满信仰文化，凡是以满文记载的萨满信仰神话、民间传说、故事等均在研究范围之内。萨满神词的流传主要靠满文记录的文本，可以说，满文文献在中国境内萨满信仰文化文献中虽不是唯一的，但却是最重要、最丰富的资源宝库。作为研究对象的满语词语，大致分为两种情况：一是词语本身具有两个或者两个以上的义项，义项之间又有密切的联系，这种联系可以充分由满族萨满信仰文化来说明，或者运用文化语言学等方法，可以说明这种联系反映了什么样的满族萨满信仰文化内涵；二是具有同源关系的词语，这类词语语音相近，语义之间又可以通过满族萨满信仰文化的内容建立联系。满语词语丰富，上述两种词语可以很完整地反映文化的沉淀，因为词语的义项是使用这种词语的人们的心理折射，同时也是人们在长期的生产、生活过程中形成的认识；反过来说，几个看似不相干的义项，很有可能通过发掘它们之间的联系，发现该词语所蕴含的满族萨满信仰文化的重要信息。语音相近的词语，或者同一词根的词语，作者认为，它们很有可能具有同一个来源，即一个词语分化的结果。分析这些词语的含义，可运用多种方法证明它们之间的联系。

本书将语言学与民族历史文化结合研究，可以深化与扩展语言学的研究，同时也为文化研究提供客观依据。研究萨满信仰文化可以帮助我们了解早期人类的精神世界，了解人类精神文明发展的历程。语言是研究文化的活化石，满族萨满信仰文化是依托满族语言进行仪式活动并得以传承的。满族萨满神歌、神本子等文献资料是用满语记录的，是对满族萨满信仰文化从现象到本质进行全面深入研究的重要客观依据。大量的满语词语蕴含着丰富的满族萨满信仰文化信息，需要对其进行客观揭示与科学研究。因此，满语词语与萨满信仰文化结合研究，是一种行之有效的学术方法。

该专著在研究角度、研究方法、研究内容、运用材料上均有独到之处。综合运用词源学、文化语言学等方法，既用语言材料来证明历史文化，又从历史文化的角度来说明语言现象，进而从词语表义的底层来探讨满族萨满信仰文化，拓宽了基于历史语言学来研究满族萨满信仰文化的研究路径，这再次证明了运用语言材料考证历史文化的可行性和必要性。语言的社会性、历史性、全民性决定了语言反映社会历史文化的全面性和深刻性，语言的历史价值是任何其他文献资料所不能比拟的。作者在研究过程中还系联了一些满语同源词，梳理了很多词的词义系统，拓展了满语语言学研究，对于研究濒危语言也具有一定的现实意义。

诚然，作为年轻学者初步驾驭语言学、文化人类学及历史学等多门学科的交叉研究成果，该专著虽然取得了一定的可喜成效，但是在研究范围、方法及资料运用方面仍需完善。萨满信仰文化研究范围宽，涉及面广，内容非常丰富，该项研究不可能对涉及满族萨满信仰文化的全部内容完全展开，而仅限于萨满信仰文化的一些方面，在研究的深度和广度上，都有待于进一步的钻研与拓展。在研究方法方面，侧重于运用同源词系联、文化语言学方法，对其他研究方法的运用有待于进一步结合拓展。由于满语本身研究的诸多领域尚属初步探索，如满语的词源学研究处于起步阶段，可利用和借鉴的研究成果甚少，对于同源词的系联还需要进一步的考察和验证。

当然，对不足之处的完善需要一定的过程与较长时段，而论文的出版则是这过程中的一个阶段性总结。在此博士论文即将出版之际，作为导师，我首先向张殿典同学表示祝贺，并愿她再接再厉持续深研，日益提升。殿典的这部博士论文专著是国内近年来研究满族语言与历史文化不可多得的学术创新之作，为本领域研究做出了新的贡献，也将为相关领域研究提供科学有益的借鉴。相信读者在阅读此专著后，会有比我更深的见解，亦恳请各位专家学者、读者对该书发表切实的意见，或对其进一步的研究提出中肯的建议。

赵阿平　于黑龙江大学
2022 年 3 月 30 日

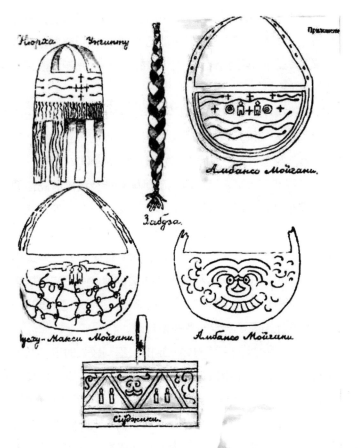

扎布佳神和布尔罕。中间的是扎布佳神（Забдзя），是蟒蛇模样的神偶（布尔罕），用红色、蓝色、白色的布条缠绕在一起，编成辫子的形状。手疼时拿在手中擎起，要高于肘部。左边的是翁吉普图（унгипту），是用粗麻布和鱼皮做成的帽子，在萨满作法时戴在病人头上，用来治病的。其余的都是布尔罕，只有在得痨病时和身体发热时才制作，上面有蛇和虎的图形，虎只画出嘴脸或眼睛，画在粗麻布或鱼皮上。

目录

绪论 / 1

第一章 满语词语反映的原始信仰体系 / 27

第一节 满语词语与原始信仰文化中的自然崇拜 / 27

第二节 满语词语与原始信仰文化的动物崇拜 / 52

第三节 满语词语与原始信仰文化的图腾（祖先）崇拜 / 63

第二章 满语词语蕴涵的原始信仰观念 / 83

第一节 满语词语蕴涵的原始信仰文化灵魂观 / 83

第二节 满语词语蕴涵的原始信仰文化宇宙观 / 97

第三章　满语词语表述的原始信仰文化行为 / 115

第一节　满语词语与"萨满"神职 / 115

第二节　满语与原始信仰文化中的祭祀
　　　　——以"换索"仪式为例 / 129

第三节　满语与原始信仰文化中的祭祀器具 / 133

第四节　满语与原始信仰文化中的禁忌 / 142

第四章　国外满–通古斯语民族原始信仰词语及其文化语义 /153

第一节　满语与各种通古斯语原始信仰词语比较的意义 / 153

第二节　国外满–通古斯语原始信仰词语的文化语义 / 154

结语 / 247

参考文献 / 251

附录 / 263

绪论

民族语言与民族原始信仰文化有着不可分割的联系。研究某民族的原始信仰文化，该民族语言是重要的客观依据。满语是满族文化的重要载体，体现着满族独特的思维方式，在满族原始信仰文化的传承与发展过程中发挥了关键作用，在其中蕴涵着丰富的原始信仰文化因素。故此，揭示满语中的原始信仰文化内涵，探讨满语与原始信仰文化的密切关系，是深入研究满族语言和社会文化的重要内容。本书主要以满语中的原始信仰文化词语以及相关的历史文化典籍为依据，着重探讨研究满语词语与原始信仰文化的关系，揭示满语词语中的原始信仰文化内涵。

中国北方民族原始信仰文化历史悠久，根基深厚，经历了形成、传播、发展、变异等漫长的历史演变过程。北方原始信仰文化形成于原始母系氏族社会，是渔猎、采集经济生活的产物。随着社会政治经济的发展，原始信仰本身也在不断地发生变化；作为传统民族文化习俗，在现代社会生活中也有所遗存，它的许多文化因子也会通过潜意识的形式积淀在相关民族的精神生活当中。原始信仰文化是一种民族文化体系，是了解中国北方民族远古文化的宝库。研究原始信仰文化，能使人们更为客观全面地了解人类信仰的起源和发展，更加深刻地理解人类原始文化形态，从中寻绎出人类各种文化因子和文化元素的原初状态，从而更准确地说明人类精神文明创造的发展轨迹。满族的原始信仰文化在中国北方少数民族的信仰中具有一定的代表性和概括性。一般都认为，满族的原始信仰文化是我国东北各民族信仰的集大成者，满族及其先民祖祖辈辈劳动、生息、繁衍在"白山黑水"之间这广袤无垠的土地上。满族是一个历史悠久的民族，白山黑水是满族人的故乡，也是满族文化的摇篮。满族不仅以勤劳、勇敢的精骑引弓之民而著称，而且也以爱说好唱、能歌善舞而闻名。满族原始信仰文化反映了满族人了解与适应自然力的渴望，闪烁着智慧与积极创造的精神。满族的历史文化悠久，文献典籍丰富，满族语言文字记载了满族原始信仰文化宝贵而丰富的资料。本书选取满语词语作为研究突破口，亦是由于满语原始信仰文化资料文献的特殊重要价值。

综上所述，研究原始信仰文化可以帮助我们了解早期人类的精神世界，了解人类精神文明发展的历程。语言是研究文化的活化石，满族原始信仰文化是依托满族语言进行仪式活动并得以传承的。满族的"神歌""神本子"等文字资料是用满语、满文传承记录的，这是对满族原始信仰文化从现象到本质进行深入研究的重要客观依据。大量的满语词语蕴含着丰富的满族原始信仰文化信息，需要对其进行客观揭示与科学研究。因此，将满语词语与原始信仰文化相结合来进行综合的研究，应是一种行之有效的方法。本书将语言学与民族历史文化研究结合在一起，既可以深化与扩展语言学的研究，同时也为文化研究提供客观依据。

本书所研究的对象是满语词语和满族原始信仰文化，凡是以满文记载的原始信仰神话、民间传说、故事等均在研究范围之内。萨满神词的流传主要靠满文记录，可以说，满语、满文虽不是唯一的记录中国境内原始信仰文化的语言文字，但却是最重要、最丰富的资源宝库。

一般来说，在历史上建立过政权的民族，关于它的文献就比较丰富和全面，关于这个民族的历史文化的记载就易为学者们注重。满族及其先人早在先秦时代就已有记载，在历史发展中曾多次崛起，"从渤海国、大金国的建立到一统天下的清王朝，其继承了历史封建王朝的大量遗产，但又带有不同于前代的许多民族文化特征。满族的文治武功，崛起与蹉跎，辉煌与失败，在中国历史和人类文明史上打下了鲜明的印迹"。①

本书选作研究对象的满语词语主要以满语词语中的一般词语为主。这种选择是由语言的社会性和全民性决定的。即使不是信仰文化色彩较浓重的特殊词语，比如"saman（萨满）""serebun（知觉）"等，也包含并反映了原始信仰文化的信息。语言的这两种特性决定了满语词语中的一般词语也必然反映原始信仰文化。一些具有原始信仰文化色彩的词语，本身也是由普通词语组合而成的，比如象征生殖崇拜的柳树神"fodo mama"，"fodo"是"柳树"，"mama"是"祖母""娘娘"，它们各自都是满语中的普通词语。当然，纯粹的满族信仰文化词语能够集中地反映该文化内涵，但一般词语如果能够运用同源词和文化语言学等方法发掘出它与原始信仰文化内涵的联系，就完全有理由把它们作为探讨原始信仰文化的材料。比如，满语 bujan 义为"茂密的森林"，这是一个再普通不过的词了，而如果把它与满语词 bujabumbi（义为"死而复生"）结合研究，则会发现这组词的词义中蕴涵的生殖崇拜文化，它就不再是"一般词语"了。再如，满语 gisun，义为"语言""鼓槌"，从它本身并不能看出与原始信仰文化的联系，而通过分析这两个义项的意义关联，则可发掘这些词语反映的萨满的职能。研究反映民族文化的特殊词语固然重要，但更多的民族文化却是隐藏在

---

① 赵阿平：《满族语言与历史文化》，北京：民族出版社，2006，第3页。

一般的、日常的词语中，而且往往隐藏得更深，研究的价值更大，也更有待于深入探讨。本书的特色就在于，在察而不见的词语中挖掘出它们所反映的原始信仰文化的意义内涵。

本书所选取的作为研究对象的满语词语，大致分为两种情况：一是词语本身具有两个或者两个以上的义项，义项之间又有密切的联系，这种联系可以充分被满族原始信仰文化说明，或者运用文化语言学等方法可以说明这种联系反映了什么样的满族原始信仰文化内涵；二是具有同源关系的词语，这种词语语音相近，语义又可以通过满族原始信仰文化的内容建立联系。满语词语数量巨大而内容丰富，上述两种词语可以更完整地反映文化的沉淀，因为词语的义项是使用这种词语的人们的心理折射，同时也是人们在长期的生产、生活过程中形成的认识；反过来说，几个看似不相干的义项，很有可能通过发掘它们之间的联系，发现该词语所蕴含的满族原始信仰文化的重要信息。笔者认为，语音相近的词语或者同一词根的词语，它们有可能具有同一个来源，即很可能是一个词语分化的结果。这就要分析这些词语的含义，运用多种手法证明它们之间的联系。

古代人的信仰、崇拜都是通过神话表现出来的，神话和信仰在先民那里往往仅是一个形式和内容的问题。信仰是借助于神话表现出来的，神话在先民的心中是神圣的、真实的历史。在古人眼中，神话与信仰是合二而一的；在后人看来，神话是古人信仰的语言表达，信仰是神话的精神依托。古人在讲述神话时，是与古代神灵重新相遇的过程，是重新体验神灵伟大的时刻。讲述神话与倾听神话，是当时人们团结在神圣周围的一种形式，每一次倾听神话，仿佛都是在聆听神灵的召唤，都是在接受一次精神的洗礼，既是对神灵英雄的礼赞，又是对自我灵魂的一种净化。对于古人来说，神话是他们主要的精神生活,它占据了当时整个上层建筑。满族及其先人没有采用现今的所谓逻辑论证的分析方法,也没有采取居高临下的训诫方式,而是用神话的形象展开想象,用文学的语言来说明宇宙的起源和天地万物的存在,解说人类的产生和人在宇宙间的位置。因此,神话中的各种人格神灵、天体神灵、自然神灵和动物植物神灵构成了远古人类精神认知世界的全景。虽然叙说的是一个充满了各种神灵的世界,最终还是反映了满族人对世界的认识。神话和原始信仰文化是同源的,原始人不懂得刮风下雨的道理,不懂得地动山摇的原因,因而他们把自然灾害看成是神对人的惩罚。而另一方面,原始人也对日出日落、四季交替等自然界的和谐之美惊奇赞叹,认为那是神对人的恩赐。人们在这大自然面前,只能用神话来解释一切,感激造物主,赞叹大自然。原始人相信某种神秘的超自然的力量,因此对之有惊奇和敬畏之感,随之产生了相应的禁忌规定以及各种活动,这就是神话和信仰的共同来源。如果用语言表述出来,最初的形式只能是神话。笔者反复强调原始信仰与原始神话的同源性和共生性,就是反复申说本书将原始信仰和神话结合在一起来研究的理由。

通过分析和研究满族原始信仰文化的神谕可以发现,早期原始崇拜的众神以女神为中心,许多神祇为女性,表现女性生殖图像、女性雕刻、女性塑像的甚多,表明原始信仰产生于母系氏族社会初期。满族的原始信仰文化存在于口耳传承之中,这种口耳相传的表达形式即为神话。在原始信仰文化中,所有的信仰观念及体验都表现在神话中,人们根本分不开哪些属于原始信仰观念,哪些属于神话艺术作品,它们是合二为一的。原始信仰中有创世神话,也有对自然解释的神话,还有关于动物、植物、矿物等事物起源的神话,它们与原始信仰紧密地结合在一起。这些神话一般是由萨满讲唱传播的,萨满往往就是这些神话人物的使者或替身。他们在仪式中表现得如痴如醉,疯狂热烈,这是原始信仰形式和神话内容融为一体的表现。富育光认为,萨满教与萨满神话"是同时萌生于原始社会母系氏族社会的初期,是当时原始人类心灵中两朵并蒂花"。[①]本书将神话的材料完全当作原始信仰的语言表达来对待,也就是说,将满族的原始神话当作研究满族原始信仰文化的材料来对待研究。

词源学是指研究词的形式和意义的来源的科学。词源研究在中国有着悠久的历史,中国古代学者往往用音同或音近义通的形式来解释词源,这种方法训诂学家称之为"声训",早在先秦时代就已出现。当今学者都熟悉且常引用《荀子·正名》中的一句话:"名无固宜,约之以命,约定俗成谓之宜,异于约则谓之不宜。名无固实,约之以命实,约定俗成谓之实名。"这一段话被认为是中国古代语言学中关于语言的社会性最经典的论述。但是,荀子在这一篇中还有一段更重要的论述:"故知者为之分别制名以指实,上以明贵贱,下以辨同异。贵贱明,同异别,如是,则志无不喻之患,事无困废之祸。此所为有名也。然则何缘而以同异?曰:缘天官。凡同类,同情者,其天官之意物也同,故比方之疑似而通,是所以共其约名以相期也。"这一段很明确地提出了语言既有约定俗成的一面,又有词语具有可论证性的理据性的一面,即在给事物命名时,还渗透了人类对事物的看法及其分类——给事物命名的同时给事物进行逻辑分类。命名的过程反映了人们对事物的认识过程,而不能单纯地从语音与语义的偶然性来说明词语,这就奠定了词源学的理论基础。现代语言学的奠基人索绪尔提出语言符号任意性原则,强调语音和语义的偶然性,既得到了广泛的认同和发挥,也受到了不少的批评和挑战。至少,中国语言学的声训诠释系统

[①] 富育光:《萨满教与神话》,沈阳:辽宁大学出版社,1990,第188页。

就无法认同索绪尔的说法。在西方学者的论述中，有许多说法与中国语言学的词源理论有异曲同工之妙。卡西尔说："打破个别观察材料的孤立封闭状态，用力把它从其实际发生的'此时此地'中拔拽出来，使它与其他事物联系起来，并将它和其他事物一道归集到一个涵盖一切的秩序之中，归集到一个'体系'的同一性之中去，从而形成'心灵概念'。"[①] 应当承认，最初的概念（词语）符号的能指与所指是任意性的，否则就解释不了语言的民族性特征；另外，大量的语言事实证明，有更多的词语符号所指的形成和表现是可论证的。就研究词语的语义联系来说，只有在承认它们所指形式与表现的可论证性之后，方可能深入揭示词汇体系的语义系统，这在研究词语的文化性方面尤其重要。人们在给事物命名时，寄寓了人们对于该事物的认识和分类，不仅仅是指称某物，而且其中寓存着人们对于事物的看法。要么揭示它的功能，要么描绘它的形象，要么述说它的位置，要么反映它与其他事物的联系，等等。当人们用词语反映某类事物，头脑中就映象出了该事物的本质及特征、功能。人们在给新事物命名和描绘动作行为时，也就以原已认识并命名的事物或动作行为的名称作为联想的基础，以原有的名称作为构词的依据，于是取用已有的语义特征和语音形式作为材料为新事物命名，从而形成了新词。这些"音义皆近，音近义同，或义近音同的字，叫做同源字。这些字都有同一来源"。"我们所谓同源字，实际上就是同源词。"[②] 同源词使词汇中的某一组、某一族词的音义都有关联，使词汇的研究不仅可从词义而且可结合语音来研究，这样的研究更具有科学性。本书主要的研究方法即是这种同源词

[①] [德]卡西尔：《语言与神话》，于晓等译，北京：生活·读书·新知三联书店，1988，第53页。
[②] 王力：《同源字典》，北京：商务印书馆，1982，第3–5页。

系联的方法，通过分析几个语音相近的词语，或者分析同一个词语的几个义项，把一个看似意义简单的词语放到一个词族中分析，发掘它们之间有关满族原始信仰文化的联系。比如本书第一章第一节中关于满族原始信仰文化日（光）崇拜研究，满语词语 šun niyancambi 义为"太阳升起"，šun 是太阳，niyancambi 是浆（衣服）的意思，"升起"为什么要用 niyancambi 这个词呢？niyancan 与 niyancambi 语音相近，义为"浆粉"，也义为"元气"，通过语音的联系，我们为 niyancambi 找到了它与太阳升起的联系，即每一天的太阳升起，都显示了它强大的生命力，进而分析日（光）崇拜在原始信仰文化中的地位。同一个词的义项联系，比如本书第二章关于原始信仰文化的灵魂观一节中的满语词 ergen 义为"气"，其另一个义项，即"生命"，这就表明满族原始信仰认为气与人的生命是联系在一起的；再如满语词 jurambi，义为"塑造"，它的另一个义项为"起程""出发"，通过运用其他学科的知识，我们发现满族先人对生命诞生的认识，即捏泥人的"塑造"是万物产生的开始。同一个词的两个看似意义不相关的义项，实际上有值得我们去发掘的联系。以语音为桥梁，架构意义之间的联想，所发掘出的原始信仰文化内涵则更加可靠。我们通过词源学方法，追溯满语词语音义结合的关系，从而更完整地了解满族原始信仰文化的丰富内容。使用满语词源学方法研究满族原始信仰文化也是本书的创新之处。

在我国语言研究的历史传统中，一直非常重视语言与文化的交叉研究，都非常重视语言研究的人文性。因为语言本身的起源、形成、发展、运用等都紧密地依存于社会，语言存在于社会群体的使用之中，社会之外就没有语言，语言只存在于人所组成的社会之中。一个民族的文化有着极其丰富的内容，大致来说，物质文化、精神文化、行为文化、制度文化等，凡是与这个民族的社会、生产、思想观念等有关的各种因素，都与语言有着千丝万缕的联系。文化语言学就是要对凝结在语言本身的文化因素进行细致的分析研究，或者反过来说，借助于语言现象及规律等说明文化现象。结果是这两个领域的研究都获益，既促进了本学科的发展，又为相关领域提供了研究的素材。在本书中，注重从文化语言学的角度来研究原始信仰文化，注重从满语的词汇语义深层，来研究探索原始信仰文化的真义。我们还认为，结合语言来研究原始信仰文化现象尤为重要。其一，仅仅依据关于原始信仰文字记载的经典来研究是不够的，而语言的传承性，则可能使原始信仰文化的意义积淀在语言的底层当中，我们借助于语言学的研究方法，就有可能逐步深入原始信仰的深层，弥补原始信仰文化文字经典及文献的不足。其二，也是更重要的一点，我们认为，越是具有原始信仰文化色彩的现象，与语言的联系就越是紧密。满族原始信仰文化并不具备详尽的理论阐述和论证著述，它只活生生地存在于满族的社会生活当中，然而往往记载不多，但这些内容都会完整地存在于满族语言之中。"据现代哲学和人类学研究证明，在人类的早期，一方面在创造语言，与此同时也在创造神话，语言的产生和发展过程同时也就是神话的产生和发展过程。"[①] 语言的人文性，或称语言的文化性，致使语言不仅仅是交际工具，同时也是思维的工具，是人类思维定型的无形记载方式。人类的思维过程及思维成果，会毫无例外地积淀在语言之中。人类的思维方式、思维过程和思维结果可能是转瞬即逝的，是把握不住的，但如果形成语言，并能够用语言表达出来，那么，这些思维的内容就相对固定下来了。所以说，语言对于思维成果的记载和留存是毫无遗漏的。我们通过语言的文化分析，可以走进原始信仰文化的深层，从而揭示其中的真相。这种结合语言来研究原始信仰文化的方法，前

---

① 戴昭铭：《文化语言学导论》，北京：语文出版社，1996，第180页。

人已做过许多探索,并被证明是行之有效的方法。宗教学创始人麦克斯·缪勒说:"古代的词和古代的思想是互为表里的。"[①] "我们如果不承认古代语言对古代思想有影响,就不可能正确理解《创世记》中的古代语言。""宗教史中一半以上不易理解的难题,都是由于以现代语言解释古代语言,以现代思想解释古代思想,因而经常发生误解而产生的,特别是当词语涉及神明时,则更是容易误解。"[②] 缪勒在研究宗教文化时,始终将语言作为最重要的工具,研究语言,也就成为他研究宗教文化最基本的方法。在乔姆斯基《论语法》一书中即提出表层结构和深层结构,以语言学概念原理应用于神话研究,从施特劳斯神话学以来,西方已成习见常谈。钱锺书认为,在西方,结合语言学来研究宗教,已经成为常识。人们感觉到,不仅需要借助于语言学来研究宗教,而且要真正深入地研究原始信仰文化的真相,就必须对这种原始信仰文化所使用的语言进行深入的研究,因为语言是一种文化的根基和底色。在原始人类中间,语言与思想文化是同步的,语言的进程则为思想的进程,语言的形式即为思想的形式,再具体来说,原始信仰文化和所使用的语言是互为因果、互相照应的。"在人类的早期,一方面在创造语言,与此同时也在创造神话,语言的产生和发展过程同时也就是神话的产生和发展过程。"[③] 在人类社会早期,人类的语言与思维是同步产生和发展的,人类的思维成果的物化状态即为语言。思维是看不见、摸不着的,但却可以积淀在语言的深处和底层。我们研究人类早期信

---

① [英]缪勒:《宗教学导论》,陈观胜、李培茱译,上海:上海人民出版社,2010,第20页。

② [英]缪勒:《宗教学导论》,陈观胜、李培茱译,上海:上海人民出版社,2010,第21页。

③ 戴昭铭:《文化语言学导论》,北京:语文出版社,1996,第180页。

仰文化形态及特征，都要借助于语言来进行，语言的传承性和语言的全民性的特点，为我们借助于语言来研究人类早期思维形态提供了可能。因此，我们有意识地从满语的语言形态的衍生演化形态来研究原始信仰文化，通过语言学的方法来接近满族早期原始信仰文化形态。例如，通过同源词的系联，了解原始信仰文化词语的内在联系及其所反映的底层内容。再如，追溯词义的衍生与演变，根据词义引申线索，探求原始信仰文化词语中被掩盖了的词义内容，从而使我们对满族原始信仰文化有更深入的研究。

传统语言学认为词语是能指，客观事物则为所指，词语具有明确的、能客观描述现实的语义，语言能客观地表现客观事物的特征及本质，语言符号体系具有封闭性和自足性。认知语言学则认为没有独立于人的认知以外的所谓意义，也没有独立于人的认知以外的客观真理，语言不是封闭和自足的，而是开放的，依赖于客观现实、社会文化、生理基础、认知能力等各种因素的综合产物。因为语言是人的智能活动之一，是认知过程的产物，是人类认识能力的体现，通过观察研究语言结构的认知特点和认知结构，可以揭示语言的本质；通过观察语言现象和研究语言的产生、发展及其规律，揭示词语的文化内涵，则可以借助于语言说明人类的认识能力和发展规律。认知语言学是以语义为中心的语言学，语义具有生成性，语义是概念化的，是人们关于世界的经验和认识事物的反映，是与人认识事物的方式和规律相吻合的。语言是基于人们对世界的经验，认知对人的经验具有组织作用。人的认知是围绕着事物及其关系这两个基本层面建构的，都有原型和基本范畴，这两个基本层面都来自人与物质世界的互动，是可以直接被理解的。在此基础上，形成了基本词汇和原型意义。人的认知能力既可以由具体意义向抽象意义发展，通过隐喻引申，具体概念向抽象概念发展，产生抽象的词语和抽象的意义；人的认知能力也可以由特指意义向概括意义发展，构成不同等级的范畴位次关系，产生不同平面的词语。通过分析研究这些词内部逻辑关系，可以较清晰地分析出民族文化的内蕴，因为思想文化投射和积淀在语言之中。反过来，通过语言来探索该民族的思想文化及思维方式，是一个非常可行的方法。语言的外部形式与人们对事物及其关系的认知方式相适应，研究语言的外部形式，也即是对民族文化心理结构的研究与认识。

隐喻在以往的历史研究中，仅仅是作为修辞学研究中的一个辞格，但在认知语言学学者们看来，隐喻是人类观察世界的途径，是认识新概念、表达新思想和创造新义的主要方法。我们从事原始文化研究，采取隐喻的理论尤为重要。因为原始思维具有"近取诸身，远取诸物"的特点，原始人把自己作为衡量周围事物的标准。原始人的拟人手法并不是有意识地采用一种艺术方法，而是将自身与外在世界融为一体，在原始人的世界里，外在的万事万物都涌动着活生生的生命，所有的词语都渗透了原始人万物合一的认识世界的方式。当时很少有抽象词语，对于事物的描写都是借用描写人本身及其活动的词语来完成的。借助语言的隐喻方式，可以深入探求满族人的精神世界，解读他们的社会理想、价值取向、审美理想、信仰观念等。在人类认识世界的历史过程中，人们把对外部世界的悟性和体验总是一再地表现在神话等文化信仰当中，当外部的自然力量通过感官映象在人们的头脑中时，人们就会用语言来表达它，这种表达一般都通过隐喻完成，人与宇宙就构成了隐喻关系。人与自然的这一隐喻关系是古老的人类心理的原型，是人类精神的存在形式，是语言诞生生长增殖的根基。这种隐喻绝不能认为仅仅是一种修辞方式，它是人类认识世界的语言表现，是人类思想和信仰文化心理的一种基本结构。透过语言，就可能达到满族先人的思想信仰文化系统。我们在探求满族原始信仰文化时，即借助于认知语言学及隐喻学理论，以探求满族原始信仰文化之源。

关于本书研究内容的两点说明：

一、本书研究重点是满语词语及与之相关的原始信仰文化

本书通过语言考察文化，从满语的词语出发展开论述。根据所选取的满语词语的语义分析，论证其中蕴含着的有关满族原始信仰文化的信息和一些观点，这些信息与观点可以是前人已经提到或用其他方法证明过的，也可以是前人未提到或未证明过的。在此基础之上，根据原始信仰文化所包含的基本内容，对本书选取的满语词语所反映的满族原始信仰文化内容进行分类。满族原始信仰文化覆盖面广，但本书仅是从满语词语出发，未必能够与之一一对应。

此外，目前我们只能将满语的所有词语及其语义内容，放在一个历史平面来探讨研究。做出这样的选择是因为本书主要是从语言的角度来研究原始信仰文化，而对满语的历史沿革和词语意义时代界定，目前还做不到这一点，至少要有较翔实的"满语史"或"满语词汇史"等研究成果作为依据方才可能做到这一点。这也是较好的选择。

二、本书将满族与汉族等民族的原始信仰文化进行比较研究

我们研究满族原始信仰文化，应该将它放在与其他民族的原始信仰文化的框架中比较才有可能真正完成。因为任何存在物都是无法独自存在的，任何事物都处于与其他事物所形成的各种各样关系之中。我们有意识地将其与汉族的原始信仰文化进行比较，这是因为汉语言文字在世界文化体系中独具个性，汉语言文字所承载的文化内容几千年来从未中断，较完整地反映了汉民族原始信仰的精神风貌，特别是汉字尚形尚意的特点，更是任何其他文字体系所不具备的优越条件。

汉字及其记载的汉民族原始信仰文化，是世界原始信仰比较研究的珍贵宝藏，也为世界原始信仰研究提供了最好的借鉴素材。中国原始信仰文化的研究成果，极大地丰富了人类原始信仰研究的内容。千百年来，中外学者研究中国（汉族）原始信仰文化的成果也相当丰富，这就为研究其他民族原始信仰文化提供了丰富可信的比较内容。

现今的世界正在进入前所未有的全球化时期，全球化则意味着所有事物都很快地以全球的规模互相联系、互相依存。这种联系和依存必然造成不同文化间的相互碰撞交流，从这种交流中，人们会看到不同文化的更新和再生。从满族和汉族来说，这两个民族的文化交流有漫长的历史，这两种文化的特质在交流中都互相影响，都有融汇和启发的作用，从这种比较中，更能显现出着两种原始文化的特征。前辈学者早已做过这方面的研究，并取得了相当丰硕的成果。早在半个多世纪以前，陈寅恪先生即在《支愍度学说考》中提出，古代的"合本"和"格义"，一个"与今日语言学者之比较研究法暗合"，另一个则是"转异于西来之原意"，"成为傅会中西之学说……融通儒释之理论"，强调它们二者"颇有近似之处，实则性质迥异，不可不辨也"。[①]所谓格义，陈寅恪认为即是"乃以内典与外书相配拟"。其结果是"傅会中西之学说"，而其中关键则是"实取外书之义，以释内典之文"[②]，"外书"是指非佛教的中国传统著述，"内典"是指佛教经典。它是以中国儒家、道家等著述之"义"来解释佛典之"文"。所以，它能误会误解原文，又能"伪造"佛经佛义，使之转型变换为中国化的东西。而在其他不明真相的信徒看来，全然不知其真实本相，将此作为佛典全盘接受信仰，这在中国化的佛教经典中有许多事例。汉族与满族有长期的文化交流，

---

① 陈寅恪:《金明馆丛稿初编》，上海：上海古籍出版社，1980，第161-165页。
② 陈寅恪:《金明馆丛稿初编》，上海：上海古籍出版社，1980，第141-167页。

满族原始信仰文化经典有许多地方经过了不断汉化的过程，以汉族的原始信仰文化研究成果来观照满族原始信仰文化的研究，不仅是可行的，而且是必要的。基于上述想法，本书的研究时刻注重与汉族原始信仰文化和汉族语言文字的比较。

关于与本书研究相关的萨满文化研究的问题，笔者认为有必要对其学科定位问题也做一些说明。

目前，中国学术界一般认为萨满教为至今还留存着的一种原始宗教，是广泛流传于中国东北到西北边疆地区阿尔泰语系（包括满－通古斯、蒙古、突厥语族）的许多民族中的一种宗教信仰，因为通古斯语称巫师为萨满，所以称为萨满教。中国历史上的契丹、女真、蒙古、满等北方少数民族，都是萨满教的信奉者，而契丹建立的辽、女真建立的金、蒙古建立的元以及满族建立的清，这些少数民族政权都曾在宫廷里举行过萨满教的祭祀礼仪。《辽史》中记载的"巫""太巫"，《金史》中记载的"巫祝"，《蒙古史》记载的"珊蛮阔阔出"指的就是萨满。

从广义来说，可借指今天世界各地土著民族信仰的原始宗教。[①] 萨满教形成于原始社会后期，具有明显的氏族部落宗教特点，各族间虽无共同经典、神名（近亲部落除外）和统一组织，但彼此有大致相同的基本特点。主要流行于亚洲和欧洲的北部，美洲的因纽特人和印第安人的宗教，性质也与萨满教类似。[②]

但问题并不如此简单，现今有许多人还认为萨满教只是一种原始文化现象，并没有构成宗教，即萨满教是否为一种宗教现象，人们还有不同的看法，这主要涉及人们对宗教的本质的看法问题。

---

① [美]米尔恰·伊利亚德：《宗教百科全书》，北京：中国大百科全书出版社，1993，第277页。

② 任继愈：《宗教词典》，上海：上海辞书出版社，1985，第930页。

对于萨满教的来源及其本质有不同看法是古已有之的,《清稗类钞》中说:"萨满教不知所自始,西伯利亚及满洲、嫩江之土人多信奉之。其教旨与佛氏之默宗相似,特沙门之音转耳。……或曰,萨满教为满洲旧教,其仪式以跳神为重,所供神牌,书'法祖敬天'等字,盖满洲夙重祭天之礼,尤重敬祖,以不忘本为教也。或曰,萨满为女巫,非教名也,亦称珊蛮,则音转耳。然萨满术师,不如佛之禅师,耶之神甫得人崇敬,但以巫医、卜筮诸小术敛取财物而已。"[①] 现今人们对于萨满教的认识当然不会认为"萨满"是"沙门"的音转,因而认为萨满教是由佛教衍生而来的,但人们对于萨满教的性质仍然有诸多异议。笔者认为,所谓萨满教并不是一个宗教的专名,即是说萨满教一词本身不是特指,它是由各民族中具体形态各不相同而又有某些鲜明的共同特征的宗教文化形态所构成的宗教群。这种宗教形态虽然以满-通古斯语的译音为名称,却并不限于这个语族的诸多民族的宗教信仰。现今大家都承认亚洲北部阿尔泰语系民族的原生性宗教文化形态是典型的萨满教。正是因为萨满教有综合性的特点,所以当人们从不同的角度来审视萨满教时,就难免有仁智之见了。

有些学者从人类宗教的发展历史阶段来认定萨满教的性质。从19世纪开始,西方的价值体系随着强权政治力量的扩张,逐渐地向全世界各地区、各民族渗透蔓延。西方世界认为他们代表了人类的最高价值,因此他们又尽力传播输出这些价值,并且完全不顾文化发展的多样性和丰富性。他们在文化价值观念上,以一种傲慢的、教化的心态让其他文化体系的人们被动地接受。奥古斯特·孔德提出线性进化的独断论历史观,他认为,"人类的历史是从蒙昧的巫术到形而上,从形而上

---

① 徐珂:《清稗类钞》,海口:海南国际新闻出版中心,1996,第706页。

到科学的阶段性演化,科学是最高的阶段"①。按照孔德的观念,凡是没有发展出近代科学的文化,都是低级的应当淘汰的文化,而以实验科学为核心的西方文化理所当然地代表了人类最高的文化成就,凡是异于西方的文化都被视为落后的文化。韦伯、帕森斯等人将这种社会进化论应用到对宗教的研究中,他们认为人类的宗教经过"初民的宗教",再经过"远古的宗教",尔后再经过"历史的宗教",才达到"前现代的宗教"和"现代的宗教";儒家、佛教、基督教、伊斯兰教都属于"历史的宗教",其中,只有基督教才能进入"前现代的宗教",而经过马丁·路德的改革,导致新教伦理的出现,才成为"现代的宗教",而新教伦理作为精神价值资源导引了资本主义现代化的出现。这种唯西方文化为尊的心态直接影响了西方人对于宗教性质的判定,凡是异于基督教的宗教都是低级的宗教,甚至根本就够不上宗教的资格。俄国宗教学者史禄国认为,萨满教本质上同原始的万物有灵论是一致的,认为萨满现象还远没有达到宗教的程度,仅仅是一种原始巫术。②这种以西方文化为独尊的心态,必然会阻碍对萨满教特殊性的正确认识。宗教现象是多元的,以西方所谓高级宗教来看待其他民族的宗教,首先出发点就有问题。西方学者判定宗教的标准并不适合世界上的一切宗教,而且,用社会进化的发展阶段来考量宗教的历史发展阶段,甚至以此来衡量宗教的发展程度,是文不对题的。当代西方的许多学者认为萨满教不是宗教,就是用有色眼镜来审视其他的异质宗教现象,如果不符合西方宗教形态,则认为不算作宗教,而只是原始信仰的一种,尚不具备宗教的资格。这不可能科学地认清萨满教的宗教性质。

---

① 哈佛燕京学社:《儒家传统与启蒙心态》,南京:江苏教育出版社,2005,第1页。
② [俄]史禄国:《北方通古斯的社会组织》,吴有刚等译,呼和浩特:内蒙古人民出版社,1985,第566页。

人类社会的形态具有阶段性，但这并不能等同于人类心智的发展历程；简单地用社会历史阶段的进程来评判宗教的高低程度，甚至依此作为判定是否为宗教的标准就更不妥当。人类早期的精神文明所达到的程度，往往是后来人们的精神创造所难以企及的。中国在春秋战国时期诞生的老庄学说、孔孟之道，又岂是后来人们能轻易超越的。最近几年，学界争论儒家思想体系是否为宗教就是显例，各方学者各执一词，无非是用西方宗教研究的成果来检察儒学的宗教性质。由此可见，我们还是应当立足于文化现象本身，做更深入的探讨。因为当前关于宗教的定义尚未取得一致，而且宗教的本质为何，也尚在探讨之中。笔者认为，所谓一神教、多神教、氏族宗教、国家宗教等，并不是宗教的本质规定性，它仅仅是宗教的外部表现形式，人们将宗教的外部表现形式与社会组织的结合误认为是宗教的历史发展阶段，这是不合适的。试问，原始时代的宗教信仰，以当时的社会环境，怎么可能跨越氏族的界限？所以原始时代的宗教信仰只能是氏族宗教。所谓多神与一神，则是宗教信仰的形态，并不表明它的发展阶段必然如此。如果儒家思想体系是儒教，儒教发展阶段如何解释呢？谁能说儒教是原始宗教呢？"原始"只能说明它产生或盛行的时代，并非有"低级""粗疏"之意。人类的精神信仰，并不以构建完整的理论体系作为判定标准。

应当承认，宗教与一切客观存在的事物一样，都处在发展进程之中，当然也都具有不同的发展阶段，这些发展阶段只是表明历史上都存在过具有什么样的特征的宗教，并非西方学者所认为的是从低级形式发展为高级形式的标志。恩格斯在1878年完成的《反杜林论》中谈到宗教的产生和发展时指出，首先是自然力量被幻想成人间的力量。然后是这些力量的人格化及逐渐获得社会属性，成为多神，再后来就产生了一神教。钟国发认为："这实际上是综合了若干前辈学者的意见，将宗教发展历程划分为自然宗教、多神教和一神教三个阶段。"[1]吕大吉也曾经根据恩格斯的《路德维希·费尔巴哈和德国古典哲学的终结》一书，归纳出了恩格斯所论述的宗教发展的几个阶段："部落宗教"→"民族宗教"→"世界宗教"。吕大吉指出："一切宗教都是从各种族集团的社会政治条件中产生，并随着这些条件的演变而演变。在以血缘关系为社会结构之纽带的古代社会里，最初的宗教观念是由每个血缘关系的部落和氏族所共有，故原始部落社会的宗教表现为自发的氏族—部落宗教。氏族集团（国家）的神都是氏族（国家）的保护神，神的存废决定于氏族（国家）的兴衰，这样的宗教是氏族宗教（国家宗教）。随着世界性帝国的形成，为适应它的需要，便出现了取代氏族宗教（国家宗教）的世界性宗教。""事实上许多种族和民族的民族性宗教，至今并未发展为世界性宗教，其中许多早已在历史上消失，有些则至今仍存在于世界上的民族之林。"[2]宗教的发展观、阶段说只是表明宗教的外部形态，人们所说的宗教发展的几个阶段都与当时的社会形态有关系，所谓称谓也是挪用社会历史形态的名称，并不反映宗教的特殊本质，认为萨满教不是宗教的人们，是以西方，特别是以基督教的形态来审视萨满教的结果。萨满教的特殊性不属于西方主要宗教的形态，这正是它的魅力所在，并不能以此作为否定它为宗教的理由。

否定萨满教为宗教的学者又往往从社会心理学的角度来看问题，他们认为只有从心理学和宗教的心理体验方面出发才能探讨宗教的本质，过分强调了萨满的心理状态和个人体验，并把萨满的个人体验和这种体验方式认作是萨满现象的本质。米·埃利亚德在《萨满

---

[1] 钟国发：《神圣的突破》，成都：四川人民出版社，2003，第3页。
[2] 吕大吉：《宗教学纲要》，北京：高等教育出版社，2003，第165页。

教——古老的昏迷方术》中就提出萨满教等同于昏迷方术。甚至有的学者，如雷奇科夫认为萨满精神不正常，是一种"北极癔病"[①]。这些说法都是将现象当成了本质。萨满确实具有特殊的心理反应，某些心理学实验结果表明，萨满具有特殊的"回应"能力，在头脑中能够延伸保存在记忆中的表象和形象，能够引起自己对它们的反应；据说甚至可以使灵魂离开肉体，能够上天入地，在这种昏迷中反观自己，像一个外界之神来审视旁观自己。这种心理现象确实很特别，很值得深入研究，但如果仅仅依据萨满的特殊心理现象就否认萨满教的宗教性质，也是站不住脚的。首先，这仅仅是萨满的特殊心理表现形式的一种，远远不是萨满教的全部，更不是它的本质。其次，这种特殊心理现象是在宗教信仰的前提下产生的，它只是一种表现形态。最后，这种表现形态是宗教仪式构成的一个组成部分，它是具有社会性、群体性的信徒们共同认可并相信的接受神旨的表现形式，不能脱离宗教的社会性，如果把它仅仅看成一种个人的心理现象，显然是不妥当的。如果从宗教的社会性来看，那么就能看出所谓萨满的一些特殊心理表现确实是其宗教表现形式，具有其合理性。美国著名人类学家斯皮罗说："作为非西方社会的宗教行为者的行为特征的信仰和仪式，尽管表现形式与我们社会里可能表现出不正常特点的个人信仰和行为完全相同，但是，如果被非西方社会的宗教系统所认可或规定并且作为其文化遗产的一部分传递给行为者，那么这些信仰和行为就不一定是（或通常不是）不正常的。""宗教行为者获得他的信仰和仪式，因为他通过常用的教导和模仿等手段获得文化遗产的其他方面。因此，这些信仰和仪式是（他的文化构成的）现实的表现而不是扭曲。这些信仰和

---

① 孟慧英：《中国北方民族萨满教》，北京：社会科学文献出版社，2000，第10–12页。

仪式与社会和文化运行始终一致,而不是其障碍"。[①] 在某些学者看来是病态表现形式与行为宗教仪式,如果在萨满教的信仰世界得到全社会的普遍认可,并且被信徒们敬仰和信服,就是在宗教信仰的社会群体中得到认同的社会行为。如果割裂它的社会行为意义,或者说将这种表现等同于现今世俗生活中的某些病态表现,就会得出荒谬的结论。萨满的行为是满足社会需求和宗教文化心理的正常表现与反映,它是合理的、正常的,与其他宗教及其表现形式的文化功能一样,毫无可惊异、不可理解之处。萨满教信徒们的所作所为,是作为他们信仰世界的精神遗产而被传承的,是萨满教信仰的仪式的一部分,它与整个萨满教信仰一起构成了一个完整的系统。从对于宗教现象不能离开历史的继承性和社会性而孤立地对待这一方面来看,文化信仰及其行为只有在其所处的文化的历史背景和概念条件下才能被理解。萨满所表现的种种行为,也只有在萨满教文化的背景下才可能被科学地认识。

在当今对萨满现象的研究中,也还有一些人不把萨满当作宗教来研究,而只把萨满当作一种文化现象,这实际上也就是否认了萨满的宗教性质,妨碍了对萨满教的深入研究和认识。萨满教确实是一种"文化"现象,但仅仅说它是一种文化现象,等于什么也没有说明。美学、哲学、语言学等,都是"文化"现象,如果停留在这一点上,那将怎样认识宗教的文化本质呢,怎样认识宗教的特殊性呢?"文化"是一个相当宽泛的概念,它包括相当庞杂丰富的内容,从概念层级来看,宗教应当属于文化的下位概念,称为宗教文化也未尝不可,但在研究它时,应当研究它的特殊本质,而不应仅指出它所归属

[①] [美]斯皮罗:《文化与人性》,徐俊等译,北京:社会科学文献出版社,1999,第158–159页。

的上位概念。从文化的外延来看，宗教与其他诸多文化现象和文化形态一样，都属于"文化"的下位概念。现今"文化"的概念太多，本书不拟在此展开讨论，如果粗略地划分一下，"文化"概念有广义和狭义之分。如果着眼于人类与一般动物，人类社会与自然界的本质区别，着眼于人类卓立于自然的独特的生存方式，它的涵盖面非常广泛。衣俊卿的说法最具代表性："文化大体上属于人类超越自然的创造物，是历史地积淀的类本质对象化。然而，按照这样广泛的界定，人所创造的一切都可纳入文化的范畴，如政治、经济、宗教、艺术、科学、技术、哲学、教育、语言、习俗、观念、知识、信仰、规范、价值等等。""具体说来，文化是历史地凝结成的稳定的生存方式，其核心是人自觉不自觉地建构起来的人之形象。""文化所代表的生存方式总是特定时代、特定民族、特定地域中占主导地位的生存模式，它通常或以自发的文化模式或以自觉的文化精神的方式存在。"①如果我们再简单地说，凡是超越本能的、人类有意识地作用于自然界和社会的一切活动及其结果，都属于文化。从文化的分类来看，文化可以分为"物态文化""制度文化""行为文化""心态文化"②，从这四方面来看，宗教的基本内涵与文化的基本内涵是一致的，对照吕大吉的宗教四要素来说，宗教观念属于文化的心态文化层面；宗教体验，也属于心态文化层面；宗教行为属于行为文化层面；宗教体制属于制度文化层面。而物质文化，在宗教中则表现为宗教建筑、宗教器具等等。当然，也可以把宗教物质文化层面安排到宗教制度之中。总之，宗教作为一种文化现象，具备文化的所有功能和要素，宗教文化属于文化的下位概念，如果把萨满教认为是一种文化现象，这没有

---

① 衣俊卿：《文化哲学十五讲》，北京：北京大学出版社，2004，第18–19页。
② 张岱年、方克立：《中国文化概论》，北京：北京师范大学出版社，2004，第4–5页。

错，但由此否定它是宗教现象，却是不妥当的。因为仅仅承认萨满是一种文化现象，无疑取消了萨满教研究的独特性质，最终也不能正确认识萨满教的本质特点。"文化"这一概念太宽泛，对于科学研究没有益处。"文化若是无所不包，就什么也说明不了。"[1]我们对萨满教的研究，也应当既承认它是一种文化现象，也要承认萨满教是一种宗教现象。

一个科学的概念，应当能够揭示该事物或现象的本质。现今对于宗教还没有一个人们都普遍认可的概念。中国学术界较为认可吕大吉近年来提出的关于宗教的定义："宗教是关于超人间、超自然力量的一种社会意识，以及因此而对之表示信仰和崇拜的行为，是综合这种意识和行为并使之规范化、体制化的社会文化体系。"[2]吕大吉先生的定义好在注重揭示宗教的本质及其基本内容，有利于将宗教与非宗教区别开来。人们否认萨满教为宗教的看法，主要是将萨满教的某些特点、某些要素夸大了，而忘掉了宗教的本质在于相信超人间的力量这一关键特征，如认为萨满就是昏迷术，或者是原始巫术的跳神等，都是将特点当作了本质。还是应当回到宗教学创始人缪勒的出发点上。缪勒身上体现出了超越"西方文化中心论"的精神气质，能够尊重各民族宗教事实的理性态度和东西方文化融会贯通的知识结构的学者风貌。缪勒尊重宗教事实，脱离了具体神学的论证，他认为宗教的本质即在于对世俗世界的超越，"正如说话的天赋与历史上形成的任何语言无关一样，人还有一种与历史上形成的任何宗教无关的信仰天赋。如果我们说把人与其他动物区分开的是宗教，我们指的并不是基督徒的

---

[1] [美]塞缪尔·亨廷顿、劳伦斯·哈里斯：《文化的重要作用》，程克雄译，北京：新华出版社，2002，第3页。
[2] 吕大吉：《宗教学纲要》，北京：高等教育出版社，2003，第37页。

宗教或犹太人的宗教，而是指一种心理能力或倾向，它与感觉和理性无关，但它使人感到有'无限者'（the infinite）的存在，于是神有了各种不同的名称，各种不同的形象。没有这种信仰能力，就不可能有宗教，连最低级的偶像崇拜物或物神崇拜也不可能有"①。缪勒所强调的即宗教的共同本质是"领悟无限的主观才能"，这里强调的是宗教信仰，宗教信仰乃是世界上诸宗教的共同本质。虽然各种宗教的信仰对象、信仰方式千差万别，有些甚至怪诞不经，但那都是枝节。"它们之间的差异性（如神圣性和神秘性等）构成了我们所说的宗教本质的特殊性，而它们之间的共同性（如社会性和文化性等）则构成了我们所说的宗教本质的普遍性。"②因此要从萨满教的本质着眼，不能只看到萨满的异常表现，就忽略了萨满作为一种宗教样式，它具有的宗教所具有的共同本质。宗教信仰的根本规定性或特殊性无非两个，一是对"神圣者"的信仰；二是对彼岸世界的信仰。恩格斯在《反杜林论》中用"超人间力量"的信仰来诠释宗教本质，即是在说明宗教本质在于宗教信仰与其他社会意识形态信仰的本质不同。萨满教的信仰体系等无疑证明了它的宗教信仰性质，或者说，判定萨满现象是否为一种宗教应当考察它的信仰体系，而不能仅仅根据它的一些仪式方式来认定。

宗教信仰对象既可以为人格神，也可以为非人格神，以往人们否认儒教为宗教，否认萨满教为宗教，都是忽略了宗教信仰的本质规定性，认为这些意识形态并不存在人格神等。"宗教信仰乃宗教之为宗教的一个最为内在也最为本质的规定性。在任何意义上，我们都

---

① ［美］缪勒：《宗教学导论》，陈观胜、李培茱译，上海：上海人民出版社，2010，第10页。
② 段德智：《宗教学》，北京：人民出版社，2010，第126页。

可以说，离开宗教信仰也就根本无所谓宗教。"① 宗教信仰使人对人间的、自然力量的超越，既表现为对彼岸世界的向往，又表现为对自己内在心灵的超越，所以吕大吉曾把所归纳的宗教四要素又进一步归纳为两点，宗教观念和宗教体验是统一的宗教意识的互相依存的两个方面，而这些意识的表现的宗教行为，又会逐渐规范化为宗教的组织和制度。"所以构成宗教的内外两类因素乃是同一个事物的两个方面，概念上可分析为二，实质内外一体，它们是互相伴生、相互制约的。"② 所谓宗教要素，是指构成任何一个具体宗教的必要的不可或缺的因素，对于宗教要素，人们可以分为许多类型，意见很不一致。段德智在《宗教学》一书中曾做过归纳，这都是因为人们针对的是具体的宗教，而宗教之间具有不可融通性。段德智的三要素说，只是将宗教观念和宗教体验合为宗教意识，从这一说法来看萨满教，萨满教则可用两个要素概括，即萨满教只具有宗教意识和宗教行为。

萨满教是一种原始形态的宗教，原始宗教是一种社会群体现象，是社会群体一致性的文化行为和思维模式的手段和基础。原始宗教作为社会化的结果，就成了当时社会成员社会生活的基本内容，成员不论信教与否，都本然地习惯参加并实行与它有关的仪式、活动。宗教意识和行为与群体的社会生活完全融为一体，不可分割。如果从现代西方宗教的概念及其构成要素来看萨满教等原始宗教，可能认定它不完整等，但正是萨满教这样的原始宗教形态，可能更能揭示宗教的起源和宗教的本质。所谓原始宗教，是原始社会形态下的民族思维、民族生活方式、民族历史经验和民族自我表现的方

---

① 段德智：《宗教学》，北京：人民出版社，2010，第131页。
② 吕大吉：《宗教学纲要》，北京：高等教育出版社，2003，第35-36页。

式，是一个民族存在的思想观念和行为规范的总和。后来所谓国家宗教、世界宗教的许多表现形式与萨满教不同，但不能因此否认萨满教为宗教。宗教的本质并不需要这些外在形式如教典、教团等来证明。确定萨满教文化研究的学科定位，将有助于对萨满教文化的深入研究。

萨满神龛

第一章

满语词语反映的原始信仰体系

一个民族的信仰文化,它的反映是多方面的,本书无法详尽叙述它的全部,按照释义学的理论来看,这是一个无限的解释过程,而所有解释都不是最终的和唯一的。本章从语言学的角度出发,探讨满语词语如何反映以及反映了怎样的原始信仰体系。满族原始信仰形成的基础即"万物有灵"的观念,因此,它的信仰内容繁杂、体系庞大。本章仅就所选取的满语词语能够反映的方面和内容做探讨。

第一节 满语词语与原始信仰文化中的自然崇拜

自然崇拜是世界上各个民族历史上普遍存在的信仰形式之一,它始于原始社会时期,并被有些学者认为是人类最早的信仰。自然崇拜延续至今,也是人类历史上流传时间最长的原始信仰形式之一。自然崇拜是指对自然现象、自然力量和自然物的崇拜。这些被崇拜对象是被神灵化了的天、地、日、月、星、雷、雨、风、云、虹、山、石、水、动物、植物等,而对其崇拜的种种行为则是人性精神在自然物上的投射,是原始人把自己的本性通过想象力附加到一个异己对象上而形成的。由于原始社会生产力低下,人类生存和生活的一切资源都依赖着大自然的直接提供,但这些提供却具有极大的偶然性和或然性,人类由此最能深切地感受到自然界带来的威胁。人们感觉到大自然之中存在着一种超人类能力的异己力量,在人们的想象力和企盼思想的支配下,人们自然而然就设想着把这些支配人们日常生活的自然力、自然物、自然现象作为神灵来崇拜,希望得到这些自然物更多的恩赐,于是就产生了自然神灵崇拜。自然神灵崇拜的前提是自然物、自然现象和自然力的神灵化。自然神的本性是善的,一般情况下是保护人的,是为人排忧解难、消灾降福的。若有人冒犯它、违反了某些禁忌、实施了对神灵不敬的行为,则神灵便会降祸于人。满语中的 abkai hehe(天母神)一词反映了满族先人将"天"这一自然天体,幻想成创造人间万物的女神;abkai enduri(天神)是男性天神,是由天母神 abkai hehe 转变来的,同样反映出天的至高无上,同时反映出母系氏族社会向父系氏族社会过渡中先民们信仰观念的变化;tuwa(火神)在满族先民心中则是天神的化身,多为女性形象,在有些家族的神谕中,还称火神为 tuwa mama,即火神奶奶,她带来了火,给大地上的万物带来了光和热;bana i enduri(地神)在满族创世神话中用七彩神土创造了大地;ba na muke(地水)反映了满族的水崇拜,满族的"老三星创世"传说,把水、光、星看作万物起源的重要条件;nadan usiha(北斗七星）使人们可以辨别方向，满族每次祭祀，都要祭星；šanyan alin（长白山神）在满族神话中是天神 abkai enduri 的弟子，他教人们学会狩猎捕鱼，还帮人们除妖降怪，先民们把他看作是本民族的保护神；wehe mafa（石头公公）是满族的祖先神之一，满族先民不仅用神石来驱邪镇兽，还把它当作氏族内部的信号和身份的凭证，很多地方都有祭拜神石的传统。从这些满语词语可见，满族的自然崇拜是丰富多彩的，这些词语也反映了满族对大自然的敬畏之情。

一、日（光）崇拜

满族神话和传说中没有关于太阳神的记载，满族萨满神歌也没有类似"šun enduri"的词语出现，然而《五体清文鉴》中却又有很多关于太阳和日光的词语，这说明在满族先人的思维观念中，太阳可能是作为天神的具体形象之一出现的，即是"天"的形象的补充。人们所崇拜的天神，包括与天有关的日月星辰。日光、月光、星光为人类带去的温暖与光明，都被看作是天神的创造。本节就重点分析满语中关于日和日光的词语，发掘其中蕴含的满族原始信仰文化关于日（光）崇拜的信息。

满族先民休养生息的我国东北区域，早在三千多年前的肃慎时代，还是一片蛮荒野壤，那里山高林密、泽深水阔、野兽成群。生息、繁衍于此地的肃慎人，以血缘氏族为单位，"夏则巢居，冬则穴居"[①]。"肃慎人以射猎为主要生计，将获取的野兽皮肉作为衣食，同时辅以原始农业和家畜饲养。"[②] 先民们在最初的社会生产和社会生活中，最重要的依赖就是自然的生存条件。人们首先注视的是日、月、星这三种主

[①] 房玄龄等撰：《晋书》，卷97《四夷传》，北京：中华书局，1974。
[②] 江帆：《满族生态与民俗文化》，北京：中国社会科学出版社，2006，第11页。

要的天体运行。在《御制满珠蒙古汉字三合切音清文鉴》中,共收录以下众多关于日和光的词语:

šun 日
foson 日光
fosoba 日光转射
eldeke 光耀
tališambi 回光乱动
helmešembi 回光荡漾
silmen 背阴
fiyakiyan 旸
šun mukdeke 日升
šun dabsiha 日平西
šun kelfike 日微斜
šun urhuhe 日大斜
irahi 陕光
šun jembi 日食
šun šangka 日珥
šun buncuhūn 日色淡
šun kūwaraha 日晕
elden 光
elden gabtabuha 光射
fosoko 日照
šun dosika 日入
šun tucike 日出

inenggi dulin 日午

šun dositala 终日

šuntuhuni 整日

gehun gahūn 晴明

sebderi 阴凉

helmen 影

šun dosimbi 太阳落下

šun tuhembi 太阳落下

šun niyancambi 太阳升起

šun dosire ergi 西

šun biya 光阴、时间

下面选取其中具有代表性的词语，阐释它们所反映的满族先人日（光）崇拜的信息。

满语 šun biya 义为"时间"，从这个词语可以发现太阳和时间的关系，而太阳这一天体运行的特点，很容易成为人们判断时间的最简单的工具和最天然的尺度。人类与其他动物不同，最显著的特点是人类能跳出人类本身来观察自己的存在，能意识到自己在空间和时间中的存在，能意识到自己的时间性和空间性，我们认为，以方位感的确立为起点的人类空间观念的形成，主要是建立在对太阳的观测经验的基础上的，从太阳 šun 一词衍生的表示空间和时间的词语，我们可以清楚地看到这一点。

šun mukdeke 是太阳升起的意思，šun tucike 是太阳出来的意思，都表示太阳刚升起的那段时间。mukdeke 是升起的意思，它往往是指一个具体的物体升腾和超出；tucike 义为"出来"，也指超出和高出，也是指具体事物的运动形态，比如，mukešeri deyi tucimbi 义为"水从泉眼中流出来"。古人用太阳运动的轨迹来说明时间，即是说用太阳的运动变化来分割时间段。inenggi dulin 义为"中午的时间"，直译则为"日午"，即太阳到了中午的地方，在汉语中，"午"被用来指称白天十一点至一点这段时间，正午则为十二点。"午"既指时间，又用来表示方位，子指正北，午指正南，故将从关中到汉中的南北通道称为子午道，将通过地面上某点的南北线称为子午线，从中可看出时间和空间的转换。dulin 义为"一半、中间、二分之一"，本来它是一个空间的概念，但在 inenggi dulin 中都却被用为指称时间。人类用太阳的运动来说明时间，运动是在空间中进行的，空间的间距即构成了时间。耿占春认为，"隐喻是语言的本质的结构方式。语言赋予事物以空间，结构起人与世界的关系，建立象征性的宇宙秩序的能力，来自于隐喻的基本功能，隐喻的本质特性是在不同的存在不同的经验世界之间建立对等关系。"[1]先民们将意识到的太阳运动作为时间的刻度,把时间用太阳运行的空间来说明。人类的时间感受是从物体的运动体会出来的，不同的物类对于时间的体会一定是不同的，正如《老子》所说有一种臭椿，以五千年为春，五千年为秋，它的时间概念与人类绝不相同，老子在几千年前天才地领悟到了时间的相对性。时间也许从未存在过，也许每种存在物都有自己的时间。时间感只存在于两种事物的运动类比之中。[2]因此我们可以从满语中表示时间的词语感受到：人们在时间上总是拿太阳作为人类生命存在的参照，人类在计量时间时，设定一个无限延续下去的运动与其他运动进行比较，人类感觉到人生苦短，是由于人类把个人的生命与比自己的生命长久得多的物体的运动进行

---

[1] 耿占春:《隐喻》，北京：东方出版社，1993，第214页。
[2] 耿占春:《隐喻》，北京：东方出版社，1993，第215页。

比较，难怪苏东坡在《赤壁赋》中说要"抱皓月而长终"了。当人类将自己的生命与太阳的运动进行比较时，就产生了时间，由此可见满族人对太阳的崇拜之情，即太阳决定了时间和空间。šun kelfike 是指偏近下午，其中 kelfike 是指稍微斜，仍是用空间的概念来表示时间；日大斜为 šun urhuhe，urhuhe 也指歪斜；日平西为 šun dabsiha，dabsiha 也指偏斜。这些都是用方位概念来指称时间概念，其中表示时间的词语，在表达时间和空间上是统一的、同一的，这不但反映了太阳在满族先民心中的重要位置，而且表现出了语言的隐喻性。认知语言学家们认为："语言表达形式体现人们对世界的认知方式和内在的认知机制。当人们用方位词、趋向动词等空间义词汇表达时间概念时，就证明了'时间是空间的隐喻'的思维。"[1] 从关于太阳的词语，到以太阳的运动作为参照，而后产生的一系列通过太阳而产生的时间词，都体现在满语中，几乎所有的时间词语都是通过空间词语衍化而成的。人类的隐喻性思维决定了隐喻不仅仅是一种语言现象，隐喻也是人类的一种普通认知模式，是人类理解物质世界、社会和心理世界的概念化工具。空间概念逐渐用来指称时间，而后成为时间概念，这是由人类的隐喻思维形式决定的，"在认知和语言发展过程中，最初用于空间关系的词语后来被用喻指时间、状态、过程关系等抽象概念，这是概念隐喻认知的结果。"[2] 满语通过太阳崇拜，以及其后通过太阳产生的一系列表达时间的词语，充分地证明了此点。在满语中，表示傍晚，晚上的词语有：

  šun dosimbi 太阳落下 其中 dosimbi 义为进入、落入

---

[1] 吴念阳：《隐喻的心理学研究》，上海：百家出版社，2009，第 125 页。
[2] 赵艳芳：《认知语言学概论》，上海：上海外语教育出版社，2001，第 48 页。

šun dosire ergi 西　　　　　其中 dosire 义为进入，ergi 为旁边
šun dositala 终日　　　　　其中 dositala 义为进入旷野
šun tuhembi 太阳落下　　　其中 tuhembi 义为落下

表示早晨的词语有：

šun tucike 早晨　　　　　　其中 tucike 义为出来
šun mukdeke 早晨　　　　　其中 mukdeke 义为升起

我们可以看到，在表达傍晚和早晨的时间词语中，主要使用了太阳的 šun 一词与趋向动词结合而成，趋向动词与方位有关，没有方位空间的位移，则不会产生趋向动词。在表达"西"的方位词时也用了太阳 šun 词根，用了方位词"旁边"ergi 词根，又用了趋向动词的 dosire，表示太阳进入了旁边，即是西，这也都证明了以方位感的确立为起点的人类空间观念的形成，主要建立在太阳观测经验的基础之上。我们再引申来说，人类有了空间观念，再进而从空间观念，配合着趋向动词，或者和方位词、处所词结合，从而完整表达了一个时间的概念。

19 世纪，西方宗教研究界形成了自然神话学派，这是当时影响最大的一个学派，他们认为早期的神话和宗教中的神都是自然物的人格化，其中代表人物麦克斯·缪勒的神话学说的突出特点之一即是重视通过语言学的研究来研究宗教神话，在整个宗教神话学界独树一帜，至今仍然为此类研究领域广泛运用并证明是行之有效的方法。缪勒的这种研究方法被称为"语言疾病说"。他认为，在原始共同语中没有抽象词汇，每一个表示抽象概念的单词最初都有具体的含义，远古的人们在创造这一类词汇时，总要把它和具有某种能力、某些特点的具体

事物联系起来,这个论说已被无数语言现象证明是正确的。从满语来说,如表示"熊"的词语:

kūwatiki 一岁熊　　jukturi 两岁熊
nasin 马熊　　　　sati 公马熊
nari 母马熊　　　　wehe lefu 洞熊
lefu 熊

人们根据当时对熊的认识给这种动物命名。古人对事物的命名就是对客观事物本身的分类,即是说,人类给世界万物命名时,体现了人类对客观事物本身的认识。在满族人看来,给熊分类有两类标准,其一是看熊的年龄;其二是看它们的性别。至于概括义的 lefu 显然是后起的词义,它是对以上具体词义的概括。从语言文字的工具性的特点来说,语言文字的表达要求明确和简洁,即所谓羡余特点。所列的熊类词,并不是以 lefu 为词根构成的,这显然不符合先有类名,有词根,再衍生出其他派生词的规律,这就说明它们的产生及应用属于不同的时间层次,lefu 与其他熊类词是处于不同的分类层次的,这也正如汉语中,既然有了"马"这个类名词,如果要表示其他类别,则可以用"母马""公马""二岁马""黑色马"等复合词来表示,而不会再用:

马,马一岁;
驹,马二岁曰驹;
駣,马三岁曰駣;
馱,马八岁也;
骊,马深黑色;

驳，马色不纯；

驵，牡驰；

骤，马疾步也。

以上都是汉代许慎《说文解字·马部》对马的不同种类的解释。《说文解字》中马部收字一百一十五个，占"六畜"收字之首，其所收字涉及的内容有马之年齿、毛色、性状、品种、使用等。《说文解字》中收"马"类字内容之丰富，对应概念之细致，反映了"马"在古代社会中所占有的特殊地位。① 其中的马是指一岁之马，并非后来的类名的"马"。许慎的解说中，即说"马"为"一岁"马，又把"马"作为类名，说明到了汉代，"马"已有用为类名的用法了。这些表示马的各种性质、性状的词语，当"马"的类名出现后，便逐渐地在语言当中消失了，这也证明了满语中，lefu 作为类名是晚些时代出现的。古人对于世界的认识总是具体的，而对于某些较为抽象的概念，或者在赋予一些表达抽象意义的词语时，就把这些词与具体事物所具有的功能、性质等联系起来说明。他们为了用语言表达像"春""夏""天""地""白天""黑夜"这些概念，不得不赋予这些词汇以个别的性质、性别或其他特征。"在我们的谈话里是东方破晓，朝阳升起，而古代的诗人都只能这样想和这样说：太阳爱着黎明，拥抱着黎明。在我们看来是日落，而在古人看来都是太阳老了，衰竭或死了。在我们眼前的太阳升起是一种现象，但在他们眼里这都是黑夜生了一个光辉明亮的孩子。"② 缪勒的这种说法，即涉及了隐喻构词问题。隐喻是语言发展和变化的一个重要方式，如果仔细地研究每一个词的词源，都可以在其中找到

---

① 王平：《〈说文〉与中国古代科技》，南宁：广西教育出版社，2001，第108–112页。
② [英]缪勒：《比较神话学》，金泽译，上海：上海文艺出版社，1989，第68页。

隐喻的影子。由于词语的长期使用，某些词语的隐喻性失去了意象性，但如果结合音义，即进行同源词的系联，进行词源学的追溯，则完全可以了解到当时人们造词时的隐喻心理。如"瓶颈"用瓶子较细的形似脖颈的部位喻指不易通过的某些障碍；"山腰"指山的中间，如同人们的腰间；"桌腿"，指如同人的腿一样的桌子下方支撑的木柱等等。再如，满文中的"日光""火光"等，写作 foson，它的动词义即为照射，写作 fosombi，义为"照射，照耀"，这个词的另一个义项指水、火星等四面溅出，此词的使动形式为 fosobumbi，即指"使照射""使溅"。光是无形的，把握不住的，而火星、水等的溅出都是真实可见，甚至水还可以触摸，于是我们知道，满族人当是用水等可看得见、摸得着的事物的溅出来喻指光的四射，表达出了满族人心目中太阳光的照射是有形的，也是有力量的。这都体现了古人具象思维的特点。

因此，在神话叙述中，古人也使用具体的语言来表达对社会、历史、自然的认识，这种认识最真实而全面地反映古人的思想意识。满语的两则射日的神话（在后文将有阐述）清楚而真实地反映了当时满族人对于自然的认识，反映了当时人们对于太阳（即天）既崇拜敬仰又恐惧畏避的心态。人类文化史的起源应当最先体现于神话之中，而人类思想史则直接源于原始信仰之中。在先民们的整个意识形态体系里，神话和信仰是二位一体的，信仰是一种观念，如果用叙述的语言来表达，则产生了神话。神话和信仰完全交织在一起，自然崇拜和万物有灵观念既是信仰，也是神话的内容。在满族人看来，太阳是宇宙主宰者的化身，是天母神 abkai hehe 创造出来的，可以说，太阳也是满族人心目中天神的具体形象之一，和天一样，它的生命是无限的，它的存在是永恒的。在早期狩猎时代，满族及其先民处于冰天雪地的恶劣自然环境之中,"极边苦寒,过夏犹服棉衣"。[1]东北区域一年内霜冰期占大半年之多,冰雪对北方人类与生物威胁极大,满族先人对太阳及其光芒的崇拜,体现了身处严寒冰雪环境中对光和热的强烈祈愿和向往。[2]太阳光让他们得到温暖,也能让他们得到衣食万物,因此,在漫长的狩猎生产生活中,他们自然地产生了对温暖、光明的追求。同时,由于无法理解和认识这种发光、发热的星体,人们自然而然地产生了对太阳及太阳光的崇拜。当人们无法解释这种自然力的时候,最初的神灵崇拜便出现了,即出现了天女神、天母神 abkai hehe 一词。人们把天视为宇宙万物生命的根源来信仰、尊崇。太阳则是天神的具象化的崇拜物之一,虽然没有太阳神的记载,但从满族神话和传说对天神的敬仰可见,满族人心中对太阳和它的光芒也充满了无限的向往和崇拜之情。满语中,"光耀"写作 eldeke,"光辉""光泽"写作 elden,"光射"在《清文鉴》中写作 elden gabtabuha,gabtabuha 义为"射(箭)",这个词有一系列的同源词:gabtabumbi 义为"使射(箭)",gabtambi 义为"射(箭)",gabtan 义为"射",等等。这说明在满语中,较好地保留了满族先人将光耀的照射等同于射箭的弓箭崇拜心理和类比联想的思维,这也是古人具象思维的体现。满语 šun dosimbi 义指太阳落下,šun 义为"太阳",dosimbi 义为"进入""陷进""射中"的意思,满族人认为太阳落下,光芒消失,太阳光耀沉入大地,如同弓箭射入了大地一样。在汉语中,也有此种语言现象的遗留,光线被称为"射线",光照治疗被称为"放射"。《墨经·经说下》:"光之人煦若射。"孙诒让注曰:"盖谓如日出时之光四射也。"把太阳发出的光线类比为箭,这一原始观念的起源,甚至比神话产生

---

[1] 西清:《黑龙江外记》,杭州:杭州古籍书店,1985,第15页。
[2] 江帆:《满族生态与民俗文化》,北京:中国社会科学出版社,2006,第135页。

还早得多。史前人类在定居的农业生活开始之前，主要是以狩猎活动维生的。"据史书记载，满族的先人最早被称为'肃慎'，他们生活在长白山以北，东滨大海，以及黑龙江、松花江流域的广大地区，在周武王时期已与中原有了交往。他们以狩猎和采集为主要生产手段，已有了原始农业和饲养业，这个时期达到的文明程度以'石砮楛矢'为代表。"[1] 在几乎所有狩猎民族神话中，太阳都是伟大的猎手，他的狩猎武器都是箭。现代人类学家在目前尚存的因纽特渔猎部落和东非的狩猎部落中，仍然可以看到基于上述原始观念的狩猎仪式。从人类心理主体出发来研究这一观念的方法则有弗雷泽对巫术的论述，他认为，"如果我们分析巫术赖以建立的思想原则，便会发现它们可以归结为两个方面：第一是'同类相生'或同果必同因；第二是'物体一经接触，在中断实体接触后还会继续远距离的互相作用'，前者称之为'相似律'，后则可称作'接触律'或'触染律'"。[2] 只要两种事物之间在某一个别方面具有相似性，便可能将它们认为是同类现象或事物，或将它们联想为因果关系。类比是神话创造的原则，也是语言创造的原则，即前文所提到的隐喻语言学的方法，也是认知心理学的表现形式。从这种类比规律来看，初民们尚未认识到太阳作为星体的发光现象的原因，便很自然地把太阳光象征性地解释为太阳所射出的无数利箭了。

射日神话在很多地方都有流传，在中华大地上，射日神话更是神话宝库中的主要类型。谢选骏在《中国神话》（浙江教育出版社 1995 年版）中列举了我国各民族射日神话的种种类型。射日神话的主题基本都是过多的太阳并出，给人类造成灾难，于是产生了神人结合的英

---

[1] 张佳生：《中国满族通论》，沈阳：辽宁民族出版社，2005，第1页。
[2] [英]弗雷泽：《金枝》，徐育新等译，北京：中国民间文艺出版社，1987，第19页。

雄，承担起了拯救人类命运的角色，英雄奋起射日，最后留下一个太阳造福人类，人类从此过上了正常的生活。

根据目前搜集的神话资料，我国满族民间传承的射日神话有三则。

其一，《太阳和月亮的传说》：

相传，天地刚造出来时，天地黑暗，一片混沌，阿布卡恩都里炼出十个又大又红的火焰托里，那些托里光芒四射，又亮又热，阿布卡恩都里的两个格格觉得好玩，将十个火焰托里往地上一照，成为十个太阳，烧焦万物，人类和动植物在火炉般的炎热里煎熬。动物们派狐狸和小黄鼠到天上，请阿布卡恩都里收回托里。但是狐狸和小黄鼠的声音太低，阿布卡恩都里没听见。后来人类砍大树为弓，用椴树里皮和藤条为弦，射掉火焰托里，只剩下两个。人类射日的声音惊动了阿布卡恩都里，他知道此事后，非常生气，就把两个格格分开，叫大格格在天上，永远拿着托里给天上照亮，送暖，管她叫"顺"，即太阳，又把二格格手里的托里的火焰收回，罚她替换着姐姐在天上照亮。二格格从此只有了发黄光的拖里，于是宇宙间有了月亮。[①]

其二，《三音贝子》：

阿布卡恩都里造人之后，大地上没有光，他派四个徒弟给地上的人造太阳，徒弟们觉得一个太阳不够用，所以一口气造了九个太阳。从此，九个太阳一齐发光，烧焦了世界，人类无法生存。三音贝子决意要消灭为人类带来灾难的太阳，向太阳升起的地方走去。他将天绳

---
① 乌丙安、李文刚：《满族民间故事选》，上海：上海文艺出版社，1983，第5—8页。

拴在箭头上，射箭套住了六个太阳，剩下三个太阳跑到大海里不敢出来了。后来三音贝子在喜鹊和乌鸦的帮助下，又套住了一个太阳，剩下最后两个，一个做太阳，一个做月亮。①

其三，《太阳月亮的传说》，由富育光讲述，荆文礼整理，收在《苏木妈妈　创世神话与传说》②中。这段神话与第一篇基本相同，不过情节更曲折一些。

各民族射日神话的一个共同之处，即结局都是留下一个太阳。这体现了先民对太阳的双重感情。太阳光射对人类生存的影响极大，光射就成为太阳巨大能量的表现形式，要抵御太阳过分照射所产生的能量，就必须具有与太阳光射同样的能量，于是人们就想到射日的方法来避免灾害。在原始思维中，人们常根据"相似律"引申出"他能够仅仅通过模仿就实现任何他想做的事"。③人们认为模仿了日光照射的行为，就可以拥有与太阳一样强大的能量，也就可以抵御日光过分照射带来的灾害。这是满语词语中表光芒照射的 gabtabuha 的意义，它同时也体现了前文论述的原始人具象思维的特点和语言的隐喻性。

在满语中，光耀、光照、光亮写作 eldembi，或写作 eldeke，例如《周易》："日月得天而能久照"，满文为 "šun biya abka be bahafi goidame eldeme mutembi"，这个词同时也有"降生""诞生"的意思，一般都是指君王贵人的降生，也可以译为"圣诞"。《蒙古源流》："maha maya fujin bedeke ofi, suwayan muduri aniya imhe usiha aliha biyai tofohon

---

① 傅英仁：《满族神话故事》，哈尔滨：北方文艺出版社，1985，第 95 页。
② 富育光、荆文礼：《苏木妈妈　创世神话与传说》，长春：吉林人民出版社，2009，第 131-133 页。
③ [英] 弗雷泽：《金枝》，徐育新等译，北京：中国民间文艺出版社，1987，第 19 页。

i šun fosoro erinde lumbi sere ilhai yafan de wesihun beye be eldeke."汉译为"玛哈玛雅福晋遂有孕，至岁次戊辰翼火蛇值月十五日，日方出时，降生于伦必花园内。"其他派生出的词都有"诞生"的意义。eldembumbi 是"使照""使照耀""使光亮""使光照"等使动义，同时也有"诞生""降生"义，《档案》："fungnehe gioro hala, eldembuhe hūawang heo be eldembufi, hūturi begoro golmin badarambuha be dahame giyan i dabali kesi isibuci acambi."汉译为"诰封觉罗氏，诞生章皇后，衍庆弘长，理应从优追恤。"eldengge 义为"有光的""有光辉的""光华""灿烂"，同时有一个义项即为"诞生的""出生的""生降的"，"eldengge inenggi"，义为"圣诞日"。每天早晨太阳升起，发出光华，在满族人看来，即是每天都有一个新的太阳在诞生。人类最大的恐惧是对死亡的恐惧，有生即有死，诞生之日即意味着要完成一个死亡，人类不希望死亡，而希望有一个永生的灵魂。人们看到太阳每天落下后，在地下世界里向相反的方向继续运行，到了第二天早晨照常升起。人们之所以崇拜太阳，是希望依附在太阳身上，与太阳行走到同一条路线上。人们幻想着，死后的灵魂到了地下世界，如果能够因循着太阳行走的轨道，借助着太阳的力量，就能与太阳一起在第二天早晨重新返回地上的世界，这样就能够超越死亡，得到再生。在我国南方少数民族的丧葬形式中，一般"埋葬尸体不分男女一律四肢侧身，头朝北，足朝南，面向东，背向西。他们认为头朝北是他们的远祖从北方辗转迁徙到南方；面向东，是让死者亡灵得到温暖和光明，因为日出东方,大地万物得以光明和温暖"。[①]人类看到太阳光芒每天都沉下西天，但次日便又从东方诞生，这种永恒的循环在原始人的心理中，便被理解为不死和再生的象征，被理解为超自然的生命。每天太阳光芒的出

---

① 杨学政：《原始宗教论》，昆明：云南人民出版社，1991，第 188 页。

现，便意味着新的生命的诞生，因为每天地球上没有任何活的东西比太阳光出现得更早，太阳光是死而复生的永恒存在，跟太阳光在一起则意味着人类生命的延续。人们看到每一个生命个体都不可避免地面临死亡，这如同太阳落下、太阳光芒消失一样是无法逃避的，但人们又看到了每天太阳升起、太阳光芒出现，则是太阳生命的重新诞生，在满语 eldeke 一词中，既有光耀照射之义，又有诞生之义，这个词真实而深刻地反映了满族人对太阳光芒的这种信仰之情。

满语的"东方"为 dergi，"西方"为 wargi，众所周知，满族的民俗信仰特别尊崇西方，这与满族崇尚北斗七星有关系。而从词源学的角度看，崇西应当是较远的事，因为在词源考溯方面还找不到语言依据。但在满语词"dergi"中可发掘到满族先民崇尚日和日光的语言遗留痕迹。

东方是太阳升起的地方，人们尊崇太阳，则同时尊崇东方，所以满语词"dergi"的义项中就有"上""上边""上面"的意思，而有时则借指"上天"义。《上谕八旗》："niyalma tome uhei dergi abkai hūturi fengšen be alire be buyembi, ere uthai mini gūniha wesihun sabi amba feguwecun kai."汉译为"人人共受上天的福佑，这就是我所想的贵祥大瑞啊！"由于太阳具有崇高无上的位置，则"dergi"一词就具有"等级高""次序在前""高超""高明"等意思，《菜根谭》："sogi da be gisurere bithe dergi debtelin"，汉译为《菜根谭》上卷"。《平定金川方略》："jalingga hūlha be hungkereme dahabufi, gurun i horon be kokirabure de isiburakū obuci acambi, uttu ohode, teni dergi arga seci ombi."汉译为"将狡寇帖服，而不致有损国威，方为上策。"满族人通过观察太阳升起等现象，逐渐地将东方认定为神圣的所在。dergi 由方位处所名称，演变为"高明""高超""最先"等形容词性的表示尊重的词语。"我国的许多民族也是先知道东西方向，后来才有南北方向的知识。景颇族称东方为'背脱',即日出的方向;称西方为'背冈'即日落的方向。"[1] 这与满语的方位词和太阳的关系是基本一致的。太阳周而复始的诞生,除了给人类带来温暖,还有秩序。在原始人类的神话思维形式中,太阳的运动规律规定了时间和空间,是一种巨大的具有统治万物的神秘力量。太阳的运行及其规律,不仅是大自然的规律,同时也是人类生活中不可抗拒的法则。因此,太阳的运行及与其相关的天体现象,往往是与人类的社会生产和生活结合在一起来说明和研究的。满族人认为,太阳和太阳的光芒是天神统治人类社会的具体实施者,所以,我们看到了"eldeke"既表示光耀普照,同时也表示诞生。而 dergi 表示东方处所,即每天太阳升起的地方,也表明这是每天太阳新生的地方,也是太阳光出现得最早的地方,这隐喻借指人间统治者诞生之地,也就解释了为什么用"东方"来喻指"皇帝""皇上"。《平定金川方略》:"dergici coohai nashūn i ambasa de hūdun gisure seme afabuha."汉译为"上命军机大臣速议。"其中"dergi"即指皇上。《异域录》:"dergi elhe be baiha."译为"请皇上的安",其中"dergi"也指皇上。在《档案》中还有"dergi hese be gingguleme dahara",译为"钦奉上谕"。

满语词语 šun niyancambi,义为"太阳升起","šun"指太阳,而"niyancambi"却指浆(衣服)。这非常奇怪,太阳升起与浆洗衣服有什么关系?通过分析笔者认为,浆衣服的浆与精液性状形似,而"浆"niyancambi 的同源词"niyancan"既有"(浆洗衣服用的)浆粉"的义项,又有"元气、锐气、勇气"的义项。太阳早晨升起,元气十足,光芒万丈,显示了它强大的生命力,同时也显示了太阳光普照万物、使万物生长的生殖能力。因此"šun"加上"niyancambi",即指太阳升起。太阳要完成哺育万物的任务,则要进行交媾,在满语中,"交

---

[1] 宋兆麟:《中国原始社会史》,北京:文物出版社,1983,第431页。

媾"写作 mešembi，如《金瓶梅》："gūnin i cihai mešeme alimbaharakū sebjelehe"，译为"尽情交媾，兴奋异常"。这个词的同源词 metembi 则有"祭天""还愿"之义，如《满洲实录》："jang gebungge bade tehe, būlun i gayangga tumetu gebungge niyalmai nara hala de dosime, abka de nadan ihan meteme nara hala oho"，汉译为"璋地的呼伦部噶扬噶，图墨图二人，杀七牛祭天，归附纳喇（氏）部。《满汉成语对待》："amba yali be jefi, yamji tuibumbi, jai inenggi erde metembi"，汉译为"吃了大肉晚上背灯祭，第二天还愿"。"祭天""还愿"一词与"交媾"同出一源，即是阴阳交合，表明太阳升起携有精液，通过交媾生育万物。天神怎样创世呢？是通过太阳光洒下"阳精"来完成，即日光播下孕育人类万物的种子。在古埃及人的创世神话中，生命是从太阳中射出的光线，也就是从创世神太阳神的生殖器流出的精液中诞生出来的。[①]太阳父亲向大地之母撒下一片阳光，大地之母便繁育了人类万物。在关于古希腊人的太阳金雨，印度人的太阳神苏利亚与处女勃利塔及高句丽太阳射手的神话传说等一系列有关阳光与受孕的描述中，无一不反映了这一巫术般的创世寓意。[②]这在上节谈到的满语"elden gabtabuha"太阳光射中已论述得较为详细了。在中国古代也有相关的论述，如《礼记·礼器》："大明生于东，月生于西，比阴阳之别，夫妇之位也。"此处指太阳与月亮阴阳交合相配，象征着通过交媾孕育万物的意象。在古代朝鲜半岛的神话中，高句丽王国的始祖东明王被认为是河神之女柳花受

---

① [英] 埃利亚德：《神秘主义、巫术与文化风尚》，宋立道、鲁奇译，北京：光明日报出版社，1990，第 132 页。
② 萧兵：《中国文化精英——太阳英雄神话比较研究》，上海：上海文艺出版社，1989，第 114 页。

精于日光而生。①蒙古族也有"感光而孕"的说法。②在原始信仰文化中，萨满的灵魂被比喻为火，其光线能穿透黑暗之壁，万物在火光中暴露无遗，如果没有阳光般金色的火焰，萨满就会失去威力，因为萨满的灵魂"像阳光一样也是金黄的，换而言之，他代表了太阳的生殖特性"。③这在汉语中也有体现，《说文解字·日部》："日，实也。太阳之精不亏。"指的就是太阳之阳精从来没有减少、损失过，用形象描述的写法表明了太阳光的这一特性。满族人认为太阳放射出远远超过凡人的阳性力量，对太阳光的崇拜自然而然地包含着对太阳阳性生殖力量的崇拜，因此太阳光、火光可使女人怀孕的观念也就应运而生了。这在有关太阳和光的满语词语中表现得尤为清楚。

在满语词语反映的日（光）崇拜这一部分中，探讨了满语中关于日（光）的方位词语的隐喻性，即满族用关于太阳的词语来表达时间概念；通过满语中关于"熊"的词语和汉语中关于"马"的词语探讨原始人具象思维的特点，从而说明 gabtabuha 等表"光射"的满语词语与射箭、射日神话的联系；表"光照"的满语词 eldeke 同时又有"诞生"义，说明太阳光是可以死而复生的永恒的存在；满语 dergi 既表"东方"，又表"上""上天"；满语词语 niyancambi 与 niyancan、mešembi 与 metembi 的意义联系说明太阳光具有阳性生殖力量。这些词语都表明满族先民对太阳及太阳光的崇拜之情。

二、火崇拜

火与人类社会生活紧密相关，从古至今，烧水做饭，照明取暖，

---

① 满都呼：《中国阿尔泰语系诸民族神话故事》，北京：民族出版社，1997，第371页。
② 谷德明：《中国少数民族神话（上）》，北京：中国民间文学出版社，1987，第58–60页。
③ [英]埃利亚德：《神秘主义、巫术与文化风尚》，宋立道、鲁奇译，北京：光明日报出版社，1990，第133页。

无一不需要火。火不仅仅用在日常生活中，还要用于生产、军事等方面。火猎曾是古代先民普遍采用的一种狩猎手段，火攻也是历史上一种重要的战争手段。上古的人们还引火燎原，开荒耕种，种植五谷。在生活中，人们还要用火来烧制各种用品，如建筑用的砖瓦，铜、铁、钢要靠火来熔炼，盆、瓶、罐、壶、茶盅等多用火烧制，众多的祭祀器具，各种用于观赏的陶瓷艺术品也都要用火烧制。

在满语中，有关"火"的词语特别多，这反映出满族先民对于火的重视和火在满族社会生活方面的重要作用。在《五体清文鉴》中有关"火"的词语共有三处，标明"烟火类"，分为三大类，计有66条词语，凡是有关火的形态、样式、火势等都有专门的词语。由此我们可以想见在当时的社会生产和生活中须臾不能离开火的场景。

满文"火"写作"tuwa"，同时也是火神的称谓，日光、火光、光线写作"foson"，从中可以看到，日光和火光同一个词形，反映出满族人将日和火看作一类。日光给人带来光明和温暖，火光同样也能，所以我们认为，先民的太阳崇拜与火崇拜是紧密联系在一起的。太阳光可孕育万物，但也可能带来干旱；火也一样，火既能给人类带来温暖和光明，也可能带来灾难。所以有"tuwa i gašan i jalin jalbarimbi（祈禳火灾）"一词。英国学者麦克斯·缪勒说："在发明取火技艺（它标志着人类生活的一场根本的变革）之前，人已经看到了闪电的火花，看到并感到太阳的光和热，他甚至以极为迷惑的心情看到由闪电或夏季树木间摩擦引起的火灾使森林遭受巨大的破坏。"[1]火的这些表现使人们对此产生了恐惧和敬畏，祈望火给人类带来好处，不要带来灾难。从汉字字形来看，"灾"最初写作"灾"，是会意字，是"水"与"火"的结合，后来写作"灾"，又指房屋着火。火无形无状，不可把握，仿

---

[1] [英]缪勒:《宗教的起源与发展》，金泽译，上海：上海人民出版社，2010，第130页。

佛一个幽灵，于是出现了善恶兼备的火神。从太阳崇拜到火的崇拜，应当是同时发生的，火与太阳的特征表明了二者的一致性。"人们只能根据火的表现给火命名，称之为发光者或燃烧者，因为看起来火和闪电中的燃烧者，太阳中的发光者是同样的东西。"①所以说，火崇拜与太阳崇拜几乎是等同的。

太阳崇拜与火崇拜的相通之处在于明亮和温暖。满族有一个神话故事《日月峰》：

长白山上有一座石峰，叫日月峰，从远处看就像一个拱手作揖的姑娘，她面朝东方，做出祈祷的样子，可是仔细再看，她只有鼻子、嘴和耳朵，却没有眼睛。

故事发生在开天辟地的远古时代。

那里没有日月星辰，大地上一片漆黑，冰冷的世界死气沉沉，当然就没有生命的存在了，天帝的小女儿被称为小仙女，她要豁出自己的一切，把冰冷、黑暗、没有生气的大地改变过来，她发现自己的两只眼睛非常明亮，放射出的就像两道闪光，小仙女高兴地想着：如果把我两只眼睛抛到高高的天上，一定能把大地照得通亮，有了光，就有了热，大地上也一定会暖和起来，大地暖和了，地上也一定会长出花草树木和鱼虫鸟兽来。小仙女狠了狠心，咬破了嘴唇，磕碎了牙齿，忍痛把左眼挖了出来，向高高的天上抛去，天上立时出现了明亮的太阳。

可是那太阳在天空上走了半圈，又慢慢地钻进了西山，大地又黑了，这时，小仙女又狠心把右眼也挖了出来，向天上抛去，天上立时出现了一个光明的月亮，但那月亮并不太亮，大地上的一切都很模糊。于是她又把脖子上的一串珍珠抛向天空，这串珍珠立时化作了满天的

---

① [英] 缪勒：《宗教的起源与发展》，金泽译，上海：上海人民出版社，2010，第131页。

繁星。星星闪闪发光,整个大地就亮得多了。①

满语的眼睛写作 yasa,"眼睛"与"明亮"有关系,汉语中还有"心明眼亮"之词。满语中,yasa buruhun 指眼不明亮,yasa de jerkišembi 指光耀刺眼,yasa efujehe 指失明。可见眼睛 yasa 一词与光明、亮光有关系,这与上述的神话可比照,所以就把眼睛与太阳的起源牵扯在一起了。何崝认为,甲骨文中"日"不是太阳的象形,而是眼睛的象形,甲骨文中的"日""目"同字,由于古人把太阳视为天神的眼睛,故用眼睛之"目"表示太阳。② 在不少民族语言中,表示"眼睛"的词与表示"太阳"义的词具有同源关系:

	眼睛	太阳
临高语	da^1	$davən^2$
侗语	ta^1	ta^5man^1
水语	da^1	da^1wan^1
黎语	$tsha^1$	tsa^1van^1
坦库尔那嘎语	mik	zimik
越南语	$kɔn^2mat^7$	$mat^8jə:i^2$
布朗语	$ŋai^{51}$	$ŋai^{53}ŋi^{51}$

虽然我们没有从满语言本身找出这种相通的证据,但在神话当中却很好地反映了这一点。

火的发明和使用,在人类文明发展史上具有重要意义。先民们在

---

① 满都呼:《中国阿尔泰语系诸民族神话故事》,北京:民族出版社,1997,第270–272页。
② 何崝:《商文化管窥》,成都:四川大学出版社,1994,第2–3页。

住地烧起一堆堆长明火,用来取暖、照明、烤熟食物、烧制器皿、防御野兽,这就是最原始的灶。在当时的母系社会里,灶是由氏族里最有威望的年长女人管理着。《庄子·达生》:"灶有髻。"司马彪注云:"髻,灶神,着赤衣,状如美女。"后来道家典籍记载灶神专门管理人间住宅,记下每家人的善恶,夜半上奏天庭。现今汉民族还有在春节前吃糖瓜,让灶神上天言好事,嘴要甜,下地保平安。

满语中 jun 义为"灶门",满族对火的崇拜逐渐形成了对锅灶的崇拜,于是派生出灶神,灶君"jun ejen"一词,"ejen"为"主人""君主"等义,灶神义即"管理锅灶的主人"。灶神的主要工作是管理人间烟火,沟通上天与人间的信息,要将人间住宅灶火的拥有者一家的善恶报告天庭。于是"jun"虽本义为"灶",却有引申义为"通道";火为红色,血液也为红色,血液流通靠血管,于是"jun"一词也具有血液运行的通道,即"血管"的意思了。《满汉成语对待》:"senggi sudaia i jun yaksibufi selgiyerakū ohobi",汉译为"血脉的通路闭塞,不流畅"。满语 jun 的"血管"意义,清楚地表明了灶神的工作性质。

"jun"的灶门义又可派生衍化为"监斋使者"义,写作 jun i enduri,"enduri"义为"神仙、仙人",合起来字面即为"管理灶火的神仙"。监斋,即是监督人们在人间使用烟火的情况。既然是监斋,则会把善恶情况汇报天庭,这又印证了上文所说的灶神的职责了。满文中的"斋戒"写作"bolgomimbi",《百二老人语录》:"unenggi gūnin i bolgomime targafi, gingguleme hengkileme jalbarime baimbi",汉译为"务先诚意斋戒,敬谨叩祷"。《择翻聊斋志异》:"doose hendume, bederefi bolgomime tuwakiyakinni, akūci acabun akū sefi, uthai baitalara kunesun bufi bederebume unggihe",汉译为"道士曰:'归宜洁持,否,则不验。'遂资斧遣之归"。"斋戒"也称为"致斋",是指满族祭祀的习俗,举行萨满祭祀前三天致斋，沐浴更衣，饮酒有节制，不食荤，不吊丧，不问病，严禁一切凶秽之事。"凶"是指病丧等事，"秽"则指污秽，"致斋"时要洁净，由此"致斋"一词的词根为 bolgo，义为"清洁、干净、纯净"等，它派生出 bolgon 一词，义为"清雅"，又派生出 bolgosaka，也有"干净、清洁"等义。问题是，在"斋戒"时要干净，要清雅等，为什么要让灶神（jun enduri）作为监督使者呢？原来古人认为日光和火光相同之处是明亮，明亮之神同时也是洁净之神。满族人对火的信仰同对太阳的信仰融为一体，这在其神话中有很好的表达。"在神话中火神有着无穷的生命力，她孕育着光和热，哺育万物，天上的星辰、日、月，地上的森林、溪河，都是她创造力的结晶。火是生命之母，自然界，人的灵魂都不能离开它，否则就会僵冷，就会失去生机。火的信仰常常和太阳崇拜结为一体，满族一则神话说，母鹰从太阳那里得到了光和火，并把它们送到冰雪覆盖的大地，从此人类才有饭吃，才能生儿育女。"[①] 火可以给人带来光明，还可以除秽辟邪。满族人把火视为光明、洁净之神。其他民族如哈萨克族等亦是如此，蒙古人认为"火是清洁的源泉和象征"，"具有使一切东西纯洁的能力，它具有把自己的纯洁传给别的东西的能力"。[②] "万事万物是被火所净化的，因此，当使者或王公们或任何人来到他们那里时，不论是谁，都被强迫携带着他们带来的礼物在两堆火之间通过，以便加以净化，以免他们可能施行了巫术，或者带来了毒物或任何别的有害的东西。"[③] 何星亮说："东北的满族也非常敬火，他们认为火神原居住在天界，天界也就是火界，

[①] 富育光、孟慧英：《满族萨满教研究》，北京：北京大学出版社，1991，第 168 页。
[②] [俄] 道尔吉·班扎罗夫：《黑教或称蒙古人的萨满教》，潘世宪译，载内蒙古大学蒙古史研究室编《蒙古史研究参考资料》（第十七辑），1981，第 25 页。
[③] [英] 道森：《出使蒙古记》，吕浦译，北京：中国社会科学出版社，1983，第 12–13 页。

火生万物，神火可以荡涤一切尘垢，驱赶邪恶魂灵，使福寿和光辉永远常驻在人类身边。他们相信火神能给人带来温暖与光明，能驱逐恶魔鬼疫，使大地永远洁宁。"① 于此可以解释，"斋戒"需要洁净虔诚，而是否洁净则要靠灶神监督目验，这是因为灶神即是火神，火神既是光明之神，也是洁净之神。在满语中，jun 与 enduri 结合为"监斋使者"一词，相当准确而真实地反映了满族对火神崇拜的心理，语言作为人类精神印痕和精神积淀的活化石在此得到了充分的印证。

第二节 满语词语与原始信仰文化的动物崇拜

满族及其先人生活在东北的崇山峻岭之中。在狩猎时代，动物是先民们衣食的主要来源，而当时生产力低下，狩猎工具不发达，人们时常遭受凶猛动物的攻击，这使得满族人对动物既依赖又惧怕，从而产生了对动物的崇拜。满语中有很多关于动物神的词语，记录了满族人的这种崇拜之情：如 tasha enduri（虎神）被满族人看作是祖先神和狩猎的保护神，满语词语中关于虎神的名称有很多，比如 biren tasha endure（母卧虎神）、muhan tasha enduri（公卧虎神）、deyere tasha enduri（飞虎神）、amba sahaliyan enduri（大黑虎神），等等。再如 gasha enduri（鸟神），满族神话《天宫大战》中记述了神鸟背着天神啄天，给人们送去了日月星光；gaha（乌鸦），也被满族看作是祖先神和保护神，满族祭天的神杆上要放肉敬献给乌鸦；giyahūn enduri（鹰神），在满族原始信仰中，鹰被视为动物神的首神，能够上天入地的萨

---

① 何星亮：《中国自然崇拜》，南京：江苏人民出版社，2008，第340页。以上论说参考了此部分内容。

满具有鹰的特征因而是鹰神的后裔；šengge saksaha（灵鹊），满族神话《白云格格》中，是喜鹊告诉天女白云格格投落树枝，拯救苍生，等等。

这一节主要从《五体清文鉴》中的满语熊类词语入手，分析探讨其隐含的有关熊崇拜文化的内容。

《五体清文鉴》中共收入如下与"熊"相关的词语：

lefu	熊
sati	公马熊
nasin	马熊
jukturi	两岁熊
kūwatiki	一岁熊
mojihiyan	貔
wehe lefu	洞熊
suwa nasin	黑
nari	母马熊
honiki	短腿熊
kūtka	縠
jaira	母貔
uduwen	公貔

从《五体清文鉴》中收录的上述有关"熊"的词语中，我们可以看到，人们从性别（sati\nari；uduwen\jaira）、年龄（kūwatiki\jukteri）、毛色（suwa nasin）等方面对熊进行了分类，可见熊这种动物在满族人心目中的重要地位。通过分析上述词语，笔者发现了一些值得注意的语言现象，而这些语言现象，同时又反映了一定的满族原始信仰文化

的熊崇拜的信息。

一、满语词 uduwen、jaira 解析

满语虽然不是一种有性别的语言，但的确存在很多词语在词义上有男女、雌雄等性别之分，这些性别的分类同时又体现在构词当中，比如 haha（男人）\hehe（女人），ama（父亲）\eniye（母亲），ajirhan（公狗）\enihen（母狗）等，其中元音"a"为阳性元音，元音"e"是阴性元音。虽然这种分类并不占多数，也不能代表整个满语词语系统有这种分类特点，但语言中出现了这样不对应的情况，至少也要留意分析一下这样的词语在产生和发展的过程中可能出现的情形。满语中的一对词语 uduwen（义为"公貔"）与 jaira（义为"母貔"），二者读音相去甚远，可能是它们产生的年代不相同，也有可能是它们各自蕴涵的意义不同造成的结果，这就有可能发掘词语所反映的关于熊崇拜的文化内涵。满语 uduwen，义为"公貔"，貔是一种像熊一样的野兽，《五体清文鉴》将其划分在有关熊类词语的中间，表明满族人将其等同于熊。满语 ungga 义为"长辈"，与 uduwen 读音相近，这表明熊与长辈、与先祖在意义上可能具有一定的联系。

熊，在我国的药典《本草纲目》中称为黑熊，在清代屈大均的《广东新语》中被称为狗熊，又被称为熊瞎子、登仓、狗驼子等，通体黑色，面部较棕黄，头宽耳大，体形肥壮，毛长，灰黑色，生活在林带，有冬眠习性，多独居，白天活动，能直立行走，善攀爬和游泳。另外有棕熊，古人称为黑熊，三国时陆玑《毛诗草木鸟兽虫鱼疏》称其为黄熊，《本草纲目》称其为人熊，是熊科猛兽，比黑熊更强大凶猛，头圆大，体壮，腰粗，四肢粗壮，栖于山区林带，岩穴中，有冬眠习性。熊在原始信仰中受到崇拜，后来就成了动物神祇，熊崇拜产生的思想基础即是认为熊也具有与人类同样的人格，也有灵魂，也有思维能力等。鄂温克族神话认为人与熊有共同的祖先，人与熊本来属于一类，现今

的人类则是人与熊结合的后代子孙：

> 熊原来就是人类的一种，并有着超出一般人的记忆与力量，是相当优秀的人种。有一天，森林中的一只母熊看见年轻、英俊的猎手古尔丹，便对他一见钟情，并被猎手超众的容貌、魁梧的身躯所吸引。从此，母熊每天都要来到古尔丹的住处，给他做可口的饭菜，给他收拾里里外外的东西。每当到了晚上，还要给他铺好狍皮被褥。最后，母熊的所作所为感动了古尔丹，古尔丹跟母熊组成了家庭，开始了共同的生活。过了几年，他们有了两个孩子。不过，后来由于猎手对跟母熊的生活感到无聊，就离开母熊和两个孩子。猎手和母熊的那两个孩子后来成为森林中的两个英雄。①

这则神话非常生动、形象地描述了人与熊联姻生活的故事。神话中的熊，是一个忠厚、质朴、善良、勤劳的女性的化身，虽然外形是熊的形体，但在精神气质上却完全是人格化、人性化了的，有着与人类完全相同的感情与思维。这表明："在神话世界观的早期阶段，尚无分离人与生物总体、动物界和植物界的鲜明界限；尤其是在图腾崇拜中，人与动物的系族关系，更主要的，部落与其图腾动物或图腾植物之间的关系，绝非只是象征意义，而是有严格的现实意义。人在其活动和习性中，在其生命的全部形式和方式中，感觉自己与动物同为一体。"②在原始人看来，动物与人在很多地方是相同的，人在许多地方具有动物的本能，人又在很多地方不如动物。他们认为人也是动物中

---

① 汪立珍：《鄂温克族神话研究》，北京：中央民族大学出版社，2006，第196–197页。
② [德] 恩斯特·卡西尔：《神话思维》，黄龙保、周振选译，北京：中国社会科学出版社，1992，第199页。

的一员，人和动物是同源的。在羡慕动物的才能与畏惧动物的同时，他们就幻想与某种能力大的动物有共同的祖先。在人类的童年期，先民们把自己的祖先归属于某种强大的动物，也即认为自己是某种动物的后代子孙，他们寻求祖先的保护，祈求祖先赐福。这也是一个双向认同过程，既认为人类的祖先是某种强大的动物，又认为某种动物也即是人类的同族，而且深信动物能够使人类得到满足。当时先民们认为自己的力量是从动物那里来的，就逐渐产生了对动物的崇拜。这时的先民真正达到物我两忘的地步。"原始的共同体意识绝不会停留在我们高度发达的生物类概念所设置的界限上，而是要超越那些界限，追求生物之总体性。"①熊崇拜是通古斯语民族最有代表性的动物崇拜之一，在本书第四章关于通古斯语的原始信仰词语中，可以看到大量与熊有关的词。通古斯语民族先人也视熊为祖先，如赫哲语称"熊神"为"mafka sewun"，"mafka"义为"祖父"；鄂温克语称公熊为"amihang"，这个词也是祖父的意思，称母熊为"eniheng"，此词又有"祖母"之义。

满语 jaira 义为"母貔"，与它读音相近的一组满语词语如"jaila"义为"躲开、躲避"，jailambi 义为"躲避"，jailandumbi（jailanumbi）义为"一齐躲避"，jalatambi 义为"只管躲避"，这表明满族对熊的消极躲避的恐惧心理。满族在狩猎时代，每天都面临着野兽的威胁，而受到熊的伤害的概率最大。熊是一种凶猛而体形庞大的野兽，它会主动向人攻击，疯狂撕咬，咬死方休。在发情期和产仔期，更是凶残无比，连鸟飞过的影子也要追赶。它力气极大，脾气暴躁，表皮厚实坚硬，不易受伤。这样凶猛残暴的动物出没在森林山野间，常常威胁狩猎部落的安全。原始时代，人们的生产工具简陋，没有专业的武器来护卫

---

① [德] 恩斯特·卡西尔：《神话思维》，黄龙保、周振选译，北京：中国社会科学出版社，1992，第213页。

自己,只能用木棒、石块维护安全,在野熊频频的攻击面前便束手无策,逐渐产生了恐熊心理。先民们认为熊的能力比天大,熊的喜怒哀乐和所作所为能决定人们的命运,就对熊产生了恐惧,再发展,则产生了祈求熊不发怒侵袭、寻求熊来保护自己的心理,逐渐地由最初对熊的恐惧衍生出对熊的崇拜。在满族一些族姓的萨满祭规中明确说明不能用熊皮做鼓面、做偶像,认为用熊皮蒙鼓面会不敲自裂,如果鼓面崩裂,跳神中诸熊神降临时,它会大闹神案,萨满和主人便会遇难。

二、满语词 lefu 与汉语词语"熊罴"

汉语中的"熊"就是"能",二者是古今字的关系,"熊"是后来与"能"相区别而产生的字。"能"古音属于泥母,泥母与来母读音相近,就与 lefu 的 [l] 相近;"熊罴"的"罴",古音属于帮母,与 lefu 的第二个音节的 [f] 读音相近,则汉语的"熊罴"与满语的 lefu 是同音同义的词语。① 这是汉语与满语语言接触的结果。

熊在中国大地上很早就出现了。殷墟出土过熊的骨骼。② 汉族也有熊崇拜。在中国上古时代,传说黄帝就自称为"有熊氏"。《尔雅·罴》:"猎者云,罴,熊之牝者,力尤猛。"郭璞《尔雅注》曰:"罴,似熊而长头高脚,猛憨多力,能拔树木。"百兽之王老虎尚且怕罴,罴之凶猛威武可见一斑。熊被人们视为壮毅勇武的象征,故在中国最早的古书《尚书·康王之诰》中有曰:"则亦有熊罴之士,不二心之臣,保乂王家。"此即以熊罴来比喻勇士。在汉语中,"熊虎"比喻凶猛、勇猛;"熊威"指"雄威";"熊豹"也指勇猛;"熊鱼"指珍贵之物;"熊腰""熊腰虎背"都形容人魁梧强壮;"熊韬豹略"则比喻高妙的用兵谋

---

① 赵振才:《通古斯—满语与文化(二)》,《满语研究》1986 年第 2 期。
② 胡淼:《〈诗经〉的科学解读》,上海:上海人民出版社,2007,第 470 页。

略。这些都说明，汉民族对熊也充满了崇敬之情。汉语中，与"熊"同源的"能"字也可以说明熊的特性，如"能力""能耐""才能"及所引申的"能源""能量"等都说明了人们对熊的巨大无比的力量所产生的敬畏之情。

熊体形硕大而力大无比，在满族的火祭中，熊被安排为太阳神的开路先锋，他力大无穷，勇猛而忠诚。在萨满请神时，熊神附体后能将磨盘举起，能将巨柳拔起，能用巨石做泥丸掷着玩耍。[①] 萨满极力表现熊神果敢、勇猛、神力无比的特性，反映了人们对熊的力量的崇拜心理。对动物的敬慕和畏惧的心理似乎是对立的，但实质上却是统一的。由畏惧产生敬慕，又由敬慕产生畏惧，汉语中"敬畏"一词很好地表达了这种心理。"动物的能力似乎比人类还要强：鸟会飞，鱼会游，爬行动物会蜕皮。动物占据着人与自然的中间位置，而且能够在人的心中唤起各种相互混杂的感受：敬慕与畏惧，对食物的贪欲，所有这些都是图腾制度的成分。"[②] 在当时的狩猎社会生产生活实践中，熊的综合力量和作用，使满族先民产生了对熊的崇拜。

三、满语词 jukteri\juktembi、faihacambi\faidan 与熊祭仪式的文化说解

满语 jukturi 是收在《五体清文鉴》中的词语，义为"两岁熊"。它的同源词 juktembi 义为"祀神"，jukten 义为"祀"，jukten i boo 义为"祠堂"，jukten i usin 义为"香火地"，可见满语中熊与祭祀之间存在着密切的联系，可以说，关于熊的祭祀活动是满族祭祀中的大事。

满族原始信仰文化中有熊祭仪式，熊作为图腾祖先在原始信仰中

---

① 孟慧英：《尘封的偶像》，北京：北京出版社，2000，第177页。
② [法]列维-斯特劳斯：《图腾制度》，渠东译，上海：上海人民出版社，2005，第78页。

被保存下来。人在打死熊以后要遵守各种禁忌对熊举行隆重的风葬仪式。人们把熊往回驮运,必须用骟马。祭祀时,先取小肠绕熊头三圈,将头割下,包上草置放于木架上。由老猎人率猎者向它叩头、献烟祷告,再以草烟熏,谓之"除污"。打死熊吃熊肉时,忌说熊是本民族人杀死,而假说是外族人所为,且须把熊之死说成是"睡觉"。对杀死熊的刀子叫作"刻尔根茎"(义为"什么也割不断的钝刀子"),打熊的枪要说成是吹的东西。吃熊肉时,大家围坐一齐"嘎嘎"作乌鸦叫声,就意味着是乌鸦在吃熊肉。熊的大脑、眼球、心、肺、肝、食道,被认为是熊的灵魂所在处,满族人不吃。这些东西连同头和各掌五趾以及右上肋骨两根,由下右下肋骨三根,左上肋骨三根,左下肋骨两根,用桦树条捆好,并用柳条捆六道,以便风葬。风葬前要选择东西向并排的两棵枝叶繁茂的大松树,中间架好横梁,熊的尸骨,由众人护送至葬所,把熊头向东悬挂在横梁上,送葬的人哭泣致哀,再三祷告,同时还得在上风处点燃火堆,用烟熏熊的尸骨以除污。在两树向阳处剥去部分皮,各模刻十二道小沟,将熊眼球镶在东面树的第六道沟两端,并以木炭、鲜血和鲜花等涂上各种颜色。对伤害过人的熊,多不举行风葬仪式。[①]

原始信仰文化中的祭熊仪式很有代表性,从文化的角度可对其做多方面的分析,会带给人们很多的启发意义。

首先,熊祭仪式反映先民们神人共体、共源的原始思维特点。原始先民认为人与自然是和谐地统一在一起的。人与动物是同类的,他们认为自己与所崇拜的动物是共源的。前文论述过,先民认为人类的后代子孙是人类祖先和熊结合而繁衍出来的。在这种思维的指导下,他们认为人与动物可以有共同的情感秉性,他们可以互通感情,可以

---

① 任继愈:《宗教辞典》,上海:上海辞书出版社,1981,第966页。

平等交流,因此才有可能产生这种祭熊仪式。"人与动物必须在本性上相互渗透,从而使人有能力作用于动物。"①先民们在长期的生活实践和生产实践中,感知到人类与动物的亲密关系,他们感觉到自己的所作所为会直接或间接地影响到与动物的关系,也即感觉到了动物的喜怒哀乐也与人一样,既会给人们带来幸福安乐,也会给人们带来厄运悲伤。为了祈求幸福生活,他们就要利用一切机会与动物交流。他们认为崇拜的动物也是人类的祖先,这与祭祖的意识是一致的。在他们看来,崇拜的动物具有祖先一样的权威力量,这时的动物就不单纯是被崇拜的对象,而且是生存在他们共同生存的社会中的一员。他们与动物对话,即是与活人对话一样。这些观念和关系即是认为崇拜的动物活在他们中间,能给他们的生活施加各种影响。崇拜动物,以至发展到图腾崇拜,是将其作为整个社会机体中的一员,作为同为共同图腾的一分子,在这种仪式中,能直接体验到这种关系和亲缘。实际上,也是通过崇拜仪式,来模拟当时的现实社会。这种仪式,实质是使全社会中的人都植根于共同体的具体形式以及使他们具有共同意识的具体形式,这种仪式的结果是使先民们超越了人与自然、人与动物的界限,达到了人与万物的统一,达到了所有生物的总体性。

其次,熊祭仪式成为维系社会团结的力量。在这种仪式中,人们不仅打破了人与自然、人与动物的界限,而且使自己群体的生命意识得到强调,使他们在仪式中体会到,人与动物一体,动物的灵魂永远活在当世之中。他们反复强调:我们都是有共同血缘的,我们是祖先的同舟共济的子孙。它让人们反复体验和认知团结的重要性,在整个仪式过程中,形式本身并不重要,重要的是再一次证明群体的这种同

---

① [法] 列维-斯特劳斯:《图腾制度》,渠东译,上海:上海人民出版社,2005,第78页。

根同源本性，使整个社会群体成员之间建立起一种纯粹的伦理关系。这种伦理关系是由所崇拜的动物（神）维系起立的。而且，在人群与神之间又建立起一种严格的互利互惠关系。以前人们可能感到奇怪，既然某个动物是被崇拜的神灵，为什么可以被宰杀吃掉呢？原始人的思维特点可以说明，起初人们认为人与动物神有共同的来源，是有血缘关系的，认为这种动物神是整个部族的共同祖先，按理说是不能宰杀分食的。但在某些特殊情况下，则可以宰杀分食，而且部族中每个人都必须享用，因为"这种共同享用图腾动物被视为证实和恢复把部族的个别成员和其他成员以及他们的图腾动物联结而来的血缘关系的一种手段"。[①]在食用这种动物的肉体时，使整个部族的每个人都感觉到自己与整个部族结合成一个整体，使整个部族的关系更加稳固牢靠，仿佛是一种契约，每个参加仪式、参与分享动物肉体的人，都是同一祖先的后裔子孙，都要服从部族的制约要求，承担各自相应的社会责任。在这个仪式过程中，神与人统一了，人与人统一了，他们通过分享动物肉体使他们血溶相连，从而使感性世界的精神寄托又直接导致了精神世界感性化。"在图腾制度中，图腾或神明是与它的皈依者密切相关的，他们有着同样的血和肉；仪式的目的是要维持和保障赋予它们生命的共同生活和将他们维系在一起的社会。""正是在进餐当中，皈依者通过吃下图腾动物并将之同化到自己体内，也将自己同化于图腾，并且在自己中间相互结盟或与图腾结盟。"[②]这种情况在汉族中更加明显，只不过不被人们广泛感知罢了。中国人请客吃饭是沟通感情

---

① [德]恩斯特·卡西尔：《神话思维》，黄龙保、周振选译，北京：中国社会科学出版社，1992，第248页。
② [法]马塞尔·莫斯、昂印·于贝尔：《巫术的一般理论 献祭的性质与功能》，杨渝东、梁永佳、赵丙祥译，桂林：广西师范大学出版社，2007，第174页。

的重要手段,这是因为如果能够在同一个锅里、碗里吃饭,则意味着有共同的血缘关系。上古时代,汉族实行的是分餐制,如果能在同一口锅、同一个饭盘里吃东西,则意味着有共同的母亲。"乡"字的小篆形体即描绘了两人面对食器、相向吃饭的情景。"老乡"的本义是指亲兄弟、姐妹,是血缘最近的亲人。在祭祀祖先时,中国人用的祭品,都是吃的东西,也就是重现逝去亲人又在一起吃饭的情景,如同活着一样共同在一起生活。这与祭祀仪式的意味是一样的。中国人祭祀祖先后要把祭品分吃干净,也表明了这层含义。

最后,熊祭仪式与民俗有一定的关系。如上所述,祭祀仪式加强了部族的团结,使整个部族的人产生了依附感,有了安全感,感觉到自己生存在一个可靠的群体之中。熊祭仪式能够激发人们的共同情感,如果这种情感持久延续,会使人们感觉到这样做会使人有好运,能带来幸福,人们就会自然而然地遵循着去做,这样世代相传,就成了民俗。民俗出现的最大原因在于人们这样做适宜。民俗都是在社会群体中产生的,个人行为不会成为民俗。祭祀仪式行为是社会群体全体成员共同行为的结果,人们必须遵循坚守,其中的禁忌也是要求全体成员规避的。前面说过,祭祀仪式使社会群体全体成员团结一致,行为行动一致,这种群体行为,具有强制的威慑力量。但当人们久而久之自动遵守时,这种外在的规定要求可能就成为每个人的自觉自动的行为,外在的规范成为这个群体每个成员内在的自我约束,这就成为民俗了。个体的人在大自然面前可能很渺小微弱,它们能自发地感觉到必须依附于集体才有可能获得力量和安全感。这时,他们就将选定一个偶像让他们团结起来,这个偶像的选择起初或许很偶然,但当这个偶像确定下来之后,就成了全部族不能更改的膜拜对象。为了加强部族的团结统一,人们又有意无意地加强这种偶像的力量。祭祀仪式仅仅是一种行为，应当说，这仅仅是一种外在的表现形式，关键的是在仪式之后的说解，它最能体现仪式的功能。在解说过程中，每个社会成员受到规范的教育，从而维系了全部族的思想意识和行为行动的统一。

另外，熊祭仪式产生的最终根源在于人类的焦虑。这在满语中也可以得到印证：满语 faihacambi 义为"焦虑"，它的同源词 faidan，义为"仪仗"。在本书第三章第三节"满语与原始信仰文化祭祀器具"中将详细探讨仪仗与祭祀器具的联系。仪仗与祭祀仪式最初是不可分离的，而从上述两个满语词的关联来看，原始人类的焦虑是祭祀仪式产生的根本原因的这种说法是准确的，因为语言证据最为客观、科学。既渴望得到熊的帮助和保佑，又担心受到熊的惩罚和报复，人类的这种矛盾心理通过熊祭仪式表达出来。熊崇拜作为原始信仰文化中动物崇拜的代表之一，有关学者对此论述较多，本书就不详述了。

第三节 满语词语与原始信仰文化的图腾（祖先）崇拜

一、图腾（祖先）崇拜概述

"图腾"一词，本来为北美印第安人阿尔衮琴部落奥吉布瓦方言"totem"的中文译名，其原义为"亲属""亲族"等，其他民族也有与"图腾"意思相同的名称。我国阿尔泰语系的鄂温克族则称之为"嘎布尔"（karpur）。由于印第安人的"图腾"一词最早在欧洲学术文献中出现，因此，学术界把后来发现的所有这种物象统称为"图腾"。我国最早出现"图腾"一词是严复在 1904 年出版的翻译英人甄克思《社会通诠》中，把"totem"译作"图腾"，于是"图腾"一词成为我国学术界的通用译名。

由于图腾崇拜现象发生在遥远的古代，图腾本身也随着社会的发展进步而发生了很大的变化，各个民族中的图腾文化元素越来越少，学者所研究的图腾崇拜现象可能因地理环境、历史发展阶段的不同而有所差异，实际上学者研究的材料并不一致，所以图腾至今还没有一个公认的定义。如果以某个民族或地区的图腾崇拜文化现象来给图腾下一个定义，则难免以偏概全。如果从最宽泛的定义来说，图腾是原始时代人们把某种动物、植物或非生物当作自己的亲属、祖先或保护神，而且这些因素往往是三位一体的。图腾观念的主要含义是"亲属"和"标记"。随着人类社会的发展，人类的思维能力也在不断地进步，人类的力量在与大自然的斗争中日益凸显出来，人类的信仰对象也逐渐趋于人类自身，祖先崇拜就相应地产生了。满语词语 foto mama、foto omosi mama 义为"柳树娘娘"，即满族原始信仰文化中的子孙娘娘，这反映出满族先民对生殖力量的崇拜和繁衍后代的强烈愿望。

二、满语词语与图腾（祖先）崇拜

在满语中，"图腾"一词为 banji，音译为"斑吉"，它的动词形式为 banjimbi，本义为"生，生育，生养"等。《满洲实录》："darhan baturu beile de banjihangge… ninggun haha jui."汉译为"达尔汉巴图鲁贝勒……生六子"。"taizu genggiyen han i ama taksi buya fujin de banjihangge"，汉译为"太祖之父塔克世为小福晋所生"。《上谕八旗》："ere aniya ninggun biyai ice sunja de, sabingga cilin banjiha."汉译为"于本年六月初五一瑞麟生出"。由于由一个母亲生出的子女后代，都有亲属关系，所以 banjimbi 一词就具有了"（血缘）亲生的""同胞"的意义，作为此词的一个重要义项，由出生而使之有了血缘的意义，由此派出生 banjiha ama，为生父，banjiha amji 为亲伯父，banjiha deo 为胞弟，它们都是用 banji 作为词根，表示血缘关系远近的。《八旗满洲氏族通谱》:"enen akū ofi, banjiha ahūn i jui daica hafan siriha."汉译为"无嗣，无亲兄之子戴察袭职"。与"banji"为同源词的有"banin"一词，也有同根源的、（血缘）亲的、（血缘）近的等意义。如"banin mafa"为亲祖父，"banin mama"为亲祖母。从满语语言本身看，这些词语都说明最初的图腾都是由血缘关系来论说的，图腾崇拜最根本的出发点在于人类认同自然界的某些生物和无生物是同血缘的。

原始人在大自然界的生存生活当中，自然地将自然界与人类社会生活等同。此即法国人类学家列维-布留尔称早期人类的思维方式为"原逻辑思维"，这种思维的规律是相互交织的"互渗律"。在原始思维中，事物之间的联系和影响，不是客观呈现的，原始人通常更为关注事物之间的神秘关系，通过对各种神秘关系的联想，所有事物都包含在一个神秘互渗的网络之中，神秘的互渗占据着人们生活的方方面面，将人类社会与自然秩序等同混一。原始人把人类社会结构特征转嫁给整个自然界，把周围的各种动植物想象成像人类社会一样。因此，人可以与周围的某种动植物结成牢固的友好联盟。在当时的历史环境和认识水平的局限下，原始人只可能把这种联盟的性质解释为血缘亲属关系。原始时代的人们没有很好的居住条件，没有较好的生产工具和丰富的生活用品，常与兽禽争夺居住处所，甚至与禽兽同居。许多动物，尤其是哺乳动物，形体上、生殖上都与人有很大的相似性，原始人便有可能误认为自己与哺乳动物具有同源和同类关系。人和动物都具有血液也是促使原始人把人与动物混同的原因之一。动物和人一样，体内皆有血脉血液，人和动物皮肤破裂或被杀害时流血不止，而鲜血流尽，就会死亡，人的生命与血液具有不可分割的联系。山顶洞人在埋葬死者时在尸体上撒赤铁矿粉末，欧洲同期的古人类也有此俗。

"这种红色物质,可能被认为是血的象征。人死血枯,加上同色的物质,希望他(或她)们到另外的世界永生。"① 人类和其他动物的血液与生命的这种依存关系,使人类认为人与其他动物具有共同的来源。

血液,满语写作"senggi",血脉写作"senggi jun"。《三国志演义》:"tereci yuwan šoo duleke aniya senggi fudara nimeku de ujelehengge majige yebe oho."汉译为"却说袁绍自十二岁患吐血症候,今注渐可"。由此词根义衍生出"senggimbi"一词,为"senggi"的动词义,表示"友爱""亲睦"义,如《一百条》:"antaka senggime, antaka haji bihe."汉译为"曾有过何等的友爱和亲密"。《八旗满洲氏族通谱》:"kemuni ama eme be weileme amcabuhakū jalin ahūn deo be senggime gosirengge ele hing sembi."汉译为"因往往来不及侍奉父母,所以只有更加诚心实意地友爱兄弟"。"senggime gosimbi"即译为"怜爱"。因为具有共同的血液,即有了共同的血缘,由于血液相同,有了共同的血脉,就自然地衍生出了"亲密""友爱""怜爱"等义项,最终还是能说明血缘的重要性。满族古时也有歃血为盟的结盟仪式,写作"senggi cacumbi",曾在清代被严厉禁止。这种结盟仪式在汉民族当中也曾普遍存在。在汉民族中,盟约宣读以后,参加者用口微吸所杀牲之血,以示诚意。《穀梁传·庄公二十七年》:"信其信,仁其仁,衣裳之会十有一,未尝有歃血为盟也。"《淮南子·齐俗训》:"故胡人弹骨,越人契臂,中国歃血也,所由各异,其于信一也。""cacumbi",是"祭拜""祭奠"的意义,用血液来祭祀神灵,当是古代人对于血缘关系崇拜的遗留,意思为既然具有同样的血脉,就具有共同的祖先来源,应相互友爱,相互信任。即使没有共同的血缘和祖先,人们用血液来举行这样的仪式,就能够加强人们的情义联系及信任程度,即如同具有

---

① 贾兰坡:《中国大陆上的远古居民》,天津:天津人民出版社,1978,第121页。

同样血缘关系的人们一样。此即歃血为盟的最底层的意义，也是古人对图腾崇拜最本质的认识的表现。

血缘，在满语中并没有为此专门造词，而是借用了表示"藤子""瓜藤""瓜蔓"的"siren"来表示，此之谓隐喻构词法。"血脉"或"脉络"在人的身体内，看不见，摸不着，但它的分布情况与可以看得到的"瓜蔓"等在形象上有相似之处，于是就借用了"siren"一词。另外，"血脉"和"血缘"词义的相关也造成了此隐喻构词的产生。瓜蔓由根蔓延到枝蔓，如同一位人类群体的始祖，繁殖生育后代，如同根核发展到枝蔓，这也就是血缘的统序关系了，由此则产生了"血缘"的词义。从"siren"衍生出来的词来看就更清楚了："siren"为名词，它的动词形式为"sirendumbi"，可译为"打通关节""暗中勾通"等意义，是个贬义词，如《百二老人语录》："gemu emu hebei sirendume menggun jiha funceki sembi kai."汉译为"无非串通一气，图谋余剩银钱"。《平定金川方略》："te hūlhai da geli coskiya nalen juwang ere juwe ba i aiman i da de sirendufi, hor jakgo i jergi šancin be kame afafi, geli lule i bade tanggūt cooha be buksibuha."汉译为"今贼头又和绰斯甲、结隆冲二处部落长勾结，阻攻霍耳璋谷等寨又于吕里地处埋伏番兵"。这种"勾通""联络"等意思，显然是从"瓜蔓"等意思中引申而来的，过去称为比喻引申，从隐喻学的角度说，则为隐喻构词，是从瓜蔓的特性特征来说明血缘关系的绵延不断；siren 可重叠构词为 siren siren，意思是"绵绵不断"；从 siren 又衍生出 sirenembi，是 sirendumbi 的不及物动词形式，是个中性词语，指接连不断、连续不断。《御制全韵诗》："golmin šayan alin den ici juwe tanggū fancere ba, golmin ici minggan funcere ba sirenehebi."汉译为"长白山高二百余里，绵亘千余里"；"musei cooha sireneme ibefi fargame gidambihe"，汉译为"我军相继追击"。这些词语都是由"瓜蔓"等名词义逐渐产生动词义,来说明血脉相传、历代相续,如同瓜蔓一样根枝相续蔓衍。

三、从满语词语看满族原始信仰的图腾(祖先)神

图腾是某种社会组织或个人的象征物,或是亲属的象征,或是祖先,或是保护神,或是作为氏族相互区别的特征。作为图腾的象征物,可以是植物、动物,也可以为无生物。从不同的角度来审视崇拜对象,可以从不同的角度来命名,例如,如果从崇拜物本身来说,可称为自然崇拜、动植物崇拜等;如果从比拟物来看,当时人们如果将所要崇拜的动植物当作自己的祖先,则可称为祖先崇拜;如果从崇拜的心理角度来说,将某些动植物认定为自己的祖先,认为有血缘,从而又可称为图腾神了。故本书不详细区别各类信仰的不同,因为它们常常是三位一体的,硬性的区别也是毫无意义的。宋和平在《满族萨满神灵初探》[①]中虽然将其划分为自然崇拜、图腾崇拜、祖先崇拜等,但它们之间的界限却很模糊,或者说,它们根本就没有界限,没法划分,如佛多妈妈崇拜,既是植物崇拜,又是祖先崇拜,也是生殖崇拜,"佛多"更是成为图腾神。

我们以满族的柳树崇拜为例探讨满族原始信仰文化的图腾(祖先)崇拜和生殖崇拜。满语 fodo 音译为"佛多"或"佛朵""佛托""佛都""佛特""佛母"等,义为"柳枝",fodo mama 为柳枝娘娘,是满族最崇拜的柳母神。满族神话中有关人类的起源的说法有多种,其中最有代表性且最有影响的是将柳枝、柳叶信奉为生育人类万物的神的起源神话。

在我国东北诸族的原始信仰和神话中,树神崇拜占据了相当重要

[①] 金香、色音:《萨满信仰与民族文化》,北京:中国社会科学出版社,2009,第47–83页。

的位置。在这些民族生存和发展的初期，东北广袤的大地上曾覆盖着十分浓密的森林，满语写作 bujan，如果形容林木茂密，则写作 fisin，形容森林浓密也可写作 weji。长期居住在白山黑水的满族先民，从很早的时候就对东北山林丰富的植物资源有了多种利用价值上的认识。满族先民居住的深山老林之中，有取之不尽、用之不竭的天然资源，大小兴安岭、张广才岭以及长白山林区森林密布，植物种类资源非常丰富，为满族先民从事采集工作提供了取之不尽的野生植物资源。据《满洲源流考》记载："山川浑厚，土壤沃衍，盖扶舆旁薄，郁积之气所钟，洵乎天府之国，而佑启我国家亿万年灵长之王业也。是以地不爱宝，百产精咸粹于斯，农殖蕃滋，井里熙阜，而且环珍可以耀采，嘉珉可以兴文，半毳可以章身，灵苗可以寿也，矧采于此，猎于原，渔之江，不可胜食，不可胜用。"①满族先民在这种森林自然环境中生息、繁衍，形成了其独特的生产和生活方式，同时也熔铸了满族独特的森林树木信仰文化。

从语言文字来看，丛林、密林、森林，满语写作 weji，《异域录》："juwe ergide gemu alin weji, holo i dulimbade ajige birgan eyehebi."汉译为"两旁皆为山和密林，谷中有溪流"。weji 一词也可与 bujan 同用，也是表示森林、丛林的意思，如《满洲实录》："manju gurun i coohai uksin saca nimanggi juhei gese, tu kiru gida jangkū i tukiyehengge weji bujan i adali."汉译为"见满洲兵盔甲明如冰雪，旌旗剑戟如林"。《平定金川方略》："sycuwan serengge jasei bitureme oyonggo ba, tulergi hacingga aiman i bade ujan acahabi, alin šumin bujan luku."汉译为"四川为临边要地，外接各部，山深林密"。bujan 表示森林，是名词，fisin 表示浓密，是形容词，如果合成一个短语，则 bujan 作为 fisin 的定

---

① [清]阿桂：《满洲源流考》，沈阳：辽宁民族出版社，1988，第 11 页。

语，即表示浓密、密实、繁茂的森林，《异域录》："dergi julergi ergide, moo bujan fisin sahahūn sabumbi."汉译为"其东南林木森密，望之郁然"。在 fisin（林木浓密的）一词的义项中，还有表示（家境）富裕的义项，这是满族先民依靠着密实繁茂的森林以生存，过上富裕生活的语言遗迹。正是因为森林的浓密，才有可能使满族先民过上富裕的日子。

满族民间的柳崇拜，具有相当悠久的历史。据《大金国志》记载：辽代女真人"重五则射柳祭天"。女真人清明时节"儿童插柳，祭扫坟茔"，"坟墓插遍'佛多'以祭"。在《风俗通》中记载："靺鞨地面极寒……能种柳一株；土人以异卉，春时竟至观之。"这表明当时人们曾把柳树视为奇珍。《北平考》中记载《金史·地理志》云："大定四年十月，命都门外夹道重行植柳各万里"，甚至"柳木双城乡间插遍植陌，极目无涯，凡民间簸箕箩罐筐梧椾之属，多以柳木柳条编织为器"。《卜奎风土记》云："城南独柳，土人皆神祀之，伐其枝辄病。"① 柳树性喜低温处，早期人类近水而居。柳分布极广而且极易栽植成长。柳树生命力极强，枝繁叶茂，一折为二还能继续生长，这些特点都象征了生命力的蓬勃旺盛。在汉族文献中，柳树早已有记载，在甲骨文中有柳字，在周代有"中柳鼎"等。人们对于柳树生命力旺盛早有认识，《周易·大过》曾用"枯杨生稊"喻老夫娶少妻；《大戴礼记》称"正月柳稊，稊者，发叶也"。《管子》谈到柳树的栽植时说"五沃之土宜柳"；《韩非子·说林》载惠子诫陈轸："夫杨横树之即生，倒树之即生，折而树之又生。"古人认为杨树与柳树花果相似，生长习性相类，故常常连类而及称之为"杨柳"。

满族长篇传说《东海沉冤录》中记叙了居住在东海窝集部的满族先民们以柳祭海，以柳祭水神的习俗。每当遇到海退潮，江河干涸，

---

① 富育光：《萨满教与神话》，沈阳：辽宁大学出版社，1990，第111–112页。

瘟疫骤起或柳叶长生绿色小包虫时,满族先民就举行阖族的柳祭。祭柳时,选取貌美女子九人或十七人,甚至有时多达三十三人,全身赤裸,仅在腰间围上用柳枝编成的柳围,代表柳神或海神、水神。族人围住这些神女,往她们身上洒鹿血、米酒和洁净的江水。神女们边舞边唱,族众呼喊应之。然后,女萨满甩开腰铃,击起神鼓,神女们随之从部落住地到山野、峰巅,再到河岸、溪畔、海边,把部落族人经常活动的地方都走遍。一路上边走边舞,边唱边叫,气氛十分壮烈。走过的地方都要洒鹿血,洒河水,祭柳神、海神等神灵,以使神灵庇佑部落人安鱼丰,风调雨顺。在祭祀期间,代表柳神的神女们不能回家,得住在水上。[1]这段神圣的祭柳仪式至今还没有人从宗教文化学及语言学的角度做过阐述。这其中蕴含的文化意义相当丰富。首先,祭海神和水神,是以柳来祭祀的,"柳"是满族先民的保护神,只有以柳来祭,才能起到唤起海神和水神的保护的作用。在满族祭祀活动中,满族先民用柳木来刻制各种神偶,俗称"柳木神""柳木人",还用柳木刻制各种神禽、神兽,这是因为在满族先民思想中,柳木与他们的祖先是统一的,它们来源于柳树,又生活和生存在柳树的福荫庇佑之下,当用柳木刻制的各种神灵来祭祀各种神灵的时候,它们就融为一体了,而祖先庇护后世子孙是理所应当的。前文说过,满语 fodo 为柳、柳枝,满族人呼为"佛多妈妈",即 fodo mama,或呼为"柳枝娘娘"。满语 fodo 和 fefe 语音相近,它们是同源词,fefe 即为女性的生殖器,也就是说,柳被视为女性生殖器的象征。满族先民的柳叶及柳树崇拜,认为是柳树生育了满族后代子孙,以柳树为祖先,因此用柳树木材刻制万物,就会使各种禽兽神灵成为具有血缘关系的家族,这样,才能使祭祀灵验。

---

[1] 富育光、孟慧英:《满族萨满教研究》,北京:北京大学出版社,1991,第200页。

其次，神女们在祭祀时喊叫、唱歌跳舞，并且洒酒洒水等，都是为了驱赶异类和对人类有妨害的鬼神，并祈求安康。满族人认为，各种游魂野鬼到处游荡，可能会伤害人，所以一方面祈求各种神灵保护佑助，因为他们与神灵已经成为具有共同血脉的家族成员；另一方面，他们依靠各种神灵帮助，来驱赶各种恶鬼凶神。祭祀时，满族人要在柳枝上挂上纸条，"满族在清明祭祀日要在墓前插'佛朵'。'佛朵'是用柳树枝儿，或用苞米棒子，在上边糊上彩色纸条或彩色布条，将它插在坟头上，其用意是为死者祈福。"①这是一位满族人对自己亲历事实的叙述，其中有两点可做补充：其一，插柳条枝儿，并在柳枝上挂上纸条，并非仅限于清明祭祀之时；其二，满族人插柳条并非为死者祈福，而是祈求死去的亲人为活着的人祈福。清人允禄等编的《钦定满洲祭神祭天典礼》第六卷中记载的祷辞说："聚九家之彩线，树枝柳以牵绳。举扬神箭，以期福佑，以致敬诚。"明显地表明以柳条祈福的对象是活着的人。满语"柳枝上的五彩纸条或布条"为 ilgari，深究此词很有意味，它保留了大量的信仰崇拜的信息。ilgari 为名词，如果表示用挂这种布条和纸条的方式来祭祀时，则为合成动词，写作 ilgari tucibumbi，整个词义则为在柳枝上挂上五色纸条、萨满剪纸送祟击鼓驱鬼，其中 tucibumbi 为动词，有"现出""使出去""释放"等意思。在 ilgari tucibumbi 的词义组合中，使用了"使出去"的义项，（满语词中缀 -bu- 是动词使动态的标志），"使出去"即是驱逐的意思，如《择翻聊斋志异》："ilihai dzeng hiyoo liyan be esukiyeme tucibu sehe"，汉译为"立刻呵叱曾孝连出府"。萨满剪纸送祟击鼓所驱逐的是那些游魂野鬼，游魂野鬼没有后人的祭祀，也没有安身之所，常常到处游荡、害人。人们祭祀柳枝娘娘，也是期盼柳枝娘娘能施展神威，驱赶作恶的

---

① 富伟：《辽宁少数民族婚丧风情》，沈阳：辽宁人民出版社，1994，第 37 页。

野鬼。满文中 ilgari 为求福跳神时挂在柳枝上的五彩纸条，以此词为词根，可构成合成词 ilgašambi，意思即为"闲逛""闲游""游逛"等。《清语问答四十条》："ere ucuri fuhali ilgašara ba akū de, emu icangga jaka inu bahafi jekekū."汉译为"这一向总没有游览的地方，连可口的东西也没吃上"。《金瓶梅》："muse amba gege de alafi, giya de genefi majige ilgašaki dere."汉译为"咱们去跟大姐姐说，往街上逛逛去"。《三国志演义》："hiowande hendume, wesihun ahūn aibide ilgašame genehe."汉译为"玄德曰：'令兄先生往何处闲游'。"派生词 ilgašanambi，义为"去闲逛""去游逛"等词，总之，表示"求神用的五彩纸条"词的词根具有"闲逛""游逛"义，这种游逛义即来源于游魂野鬼的"游逛"。用彩条祭柳枝娘娘，就是为了祈求柳枝娘娘能够驱逐恶鬼，使其不再危害人类生灵。

最后，祭祀柳枝和以柳祭祀神灵是全人类的普遍现象，这反映了人类祭祀柳枝祈福的共同性和共通性。满族的柳枝信仰对人类的祭祀柳树的文化含义具有证成和说明的意义。祭祀柳枝最重要的意义在于驱逐恶鬼，这在其他民族的信仰中也有。《岁时广记》卷十五"插柳枝"条引宋吕原明《岁时杂记》："今人寒食节，家家折柳插门上，唯江淮之间尤盛，无一家不插者。"人也在头上插戴柳枝，《新河县志》："清明日男女皆插柳枝，各祭先垄。"《德安府志》："清明采柳枝供家神，亦或插于鬓，俱醮先茔，曰迎来，盈月方止。"在远东地区，柳树是不朽的象征。在西藏，柳树起着生命树的作用，从前栽在拉萨神庙前的柳树就有这样的意思。在维吾尔族的绕圈仪式上，柳树同样起着一种轴心的作用。在佛教中，柳树常常用作赐子赐福的观世音菩萨的标志。[①] 祭祀柳枝娘娘的一个重要的原因，即在于驱赶恶神游鬼。前文已从语

[①] 杨琳：《中国传统节日文化》，北京：宗教文化出版社，2000，第 222–225 页。

言学的角度进行了证明：柳枝上的纸条 ilgari 的同源词 ilgašambi 已有了"闲游""游逛"的意思，由 ilgari 组成的合成词即为"驱逐恶鬼"的意思，满文写作 ilgari tucibumbi，tucibumbi 的意义即为"驱逐"，故可知满族祭柳仪式上那些少女扮神，其实就是代替柳枝娘娘来完成此任务，这在汉语文献中也可得到证明：唐代段成式《酉阳杂俎》卷一《忠志》："三月三日，赐侍臣细柳图，言带之免蛊毒。"正月插柳的习俗可以上溯至南北朝时期，北魏贾思勰《齐民要术》："正月旦，取杨柳枝著户上，百鬼不入家。"这些材料都说明，祭柳枝也是为了驱逐恶鬼。满族的语言和神话以及其他民族的风俗都可以很好地证明这一点。

综上所述，满族对柳枝娘娘的崇拜可以从两方面解读：其一是一种消极寻求生产、生活帮助的意义，即驱逐恶鬼；其二是积极求生，可以归纳为祈求生殖。这种生殖意味的神话传说在满族中流传很广：

阿布卡赫赫与恶魔耶鲁里鏖战时，善神们死得太多了，阿布卡赫赫只好往天上飞去，耶鲁里紧追不放，一爪子把她的下胯抓住，抓下来的是一把披身柳叶，柳叶飘落人间，这才生育出人类万物。[1]

在很古很古的时候，遍地大水呀，黑风黑夜，举目漆黑，水中最先生什么？是尼亚勒玛（人）？是尼玛哈（鱼）？是塔斯哈（虎）？是音达浑（狗）？不是，都不是。是佛朵。是毛恩都里（树神），佛朵生得像威呼，是船形，在水中能漂，风吹能走，由它越变越多，长成了佛多毛（柳叶树），或叫"佛佛毛"，世上的人为啥越生越多，遍布

---

[1] 吕大吉：《中国各民族原始宗教资料集成（满族卷）》，北京：中国社会科学出版社，1999，第485页。

四方，凡有水的地方就有佛多毛。"佛多毛"中生万物，生出花果，生出人来。①

在古老又古老的年月，我们富察哈拉祖先居住的虎尔罕毕拉（毕拉：小河）突然变成了威尔罕海，白亮亮的大水淹没了万物生灵，阿布卡恩都里用身上搓落的泥做成的人只剩下了一个，他在大水中随波漂流，眼看就要被淹死了，忽然水面漂来一根柳枝，他一把抓住柳枝，才免于淹没。后来，柳枝载着他漂进了一个半淹水里的石洞，化成了一个美丽的女人，和他媾合，生下了后代。②

这些神话主要叙说了满族先民以柳树作为其先祖的图腾崇拜。阿布卡赫赫因为身上的柳叶被耶鲁里抓住扯下，飘落人间，这才生育出人间万物。"在吉林珲春地区的郎、那、关姓满族中，20世纪50年代前后仍保留着古老的神树祭：选择高大的柳树作为神树，在神树下进行火祭。祭典中，一些古老的女性神祇占有崇高的地位，甚至传说中的红罗女，绿罗女也被奉为神灵。柳在远古时期是女阴的象征，因此柳祭中常讲柳生人类的和万物的神话。"③

满语 moo 义为"树木"，bujan 义为"树林"。bujan 一词，上文曾说过，可指茂密的森林。茂密的森林，本身即有生殖繁盛的意义，具有生命诞生、万物茁发的象征意义。《异域录》："holo de moo bujan falga falga banjibabi."汉译为"山谷中树木丛生"，汉译的"丛"即是

---

① 富育光：《萨满教与神话》，沈阳：辽宁大学出版社，1990，第50页。
② 见牡丹江地区《富察哈拉নিয়ু谕》，富育光翻译。
③ 杨学政：《中国原始宗教百科全书》，成都：四川辞书出版社，2002，第414页。"柳祭"一条由王宏刚撰写。

指很多、茂密，并非一棵一根。《平定金川方略》："sycuwan serengge, jasei bitureme oyonggo ba, tulergi hacingga aiman i bade ujan acahabi, alin šunmin bujan luku."汉译为"四川为临边灵地"，外接各部，山深林密。都是指树木丛生、繁多茂密。树木的自然繁殖生长，与抽象的生命个体的力量是相通的，满族先民从树木的生命力中体验到了生命的生长力量。这个词的同源词有 bujabumbi，它是个动词，表示死而复生，死后复活。《庸言知旨》："yargiyan i tere kabsitara angga de bucehe haha be gemu bujabumbi."汉译为"确实，他那片子嘴，能把死汉子都说话了"。虽然是一种贬斥的用法，但还是表明此词语具有"死后复生"之义，也是喻指生命力的恢复重生。

前文说过，满族先人生活在中国北方的大森林中，森林是满族人最为亲密的自然物之一，森林树木顽强的生命力带给先民极大的震慑和敬畏。在先民看来，森林树木不仅是有生命的，还是有灵性的；它们不仅是生命力的象征，而且也是生殖力的体现。树木中的树叶尤其令人敬畏：树叶可以由绿变黄，最后又诞生新的生命，着实让人惊奇。从汉字来看，就可看得更清楚了："生"字为一个树木生长在土地上，而"姓"字可产生两种解释，从会意的角度来说，女人生的孩子为"姓"，即以女人为姓氏；还可解释为一个女人祈愿自己早生孩子，跪拜在树木的前面祈祷。总之，人们祈望新生命的诞生，就寄愿于树木，对树木就有了敬仰崇拜之情。出于这种敬仰之情，人们认为可与树木这种植物攀上亲属血缘关系，即人类与树木是同一血缘关系的。"有关人员或部落或民族起源的神话中，人类诞生有许多途径都与自然事物、动植物有关，如石生人，树或者其他植物生人，动物变人等。其实从广义上来说，这些神话均属于图腾神话。它所阐述的都是一个民族与其他民族相区别的根由"，"一个民族在不知道其他民族存在的时候，他们所阐述的人类起源，其实就是他们自身的起源。"①满族先民的关于柳的神话，同样也是关于自己民族起源的说解，他们认为自己的祖先是由柳树叶子生育出来的，这样就将自己民族与自然环境中的某种动植物结成了亲属关系，从而也赋予了其动植物同样的生殖及其他能力，也可受到其保护佑助。马林诺夫斯基说："图腾主义及自然崇拜的仪式，大部分包含着关于动物的繁殖和赎罪，以及植物茂盛的仪式。这种信仰在人和环境之间建立起一种联系。""如果我们把图腾放入其较大的布局中，而看到其中的自然崇拜和对于动植物的祭祀，我们便容易觉得这一种信仰是确认人与其周围环境之间有一种亲密的亲属关系的。"②很明显，满族神话中叙述满族祖先是由柳树叶子繁衍生育而来，就与柳树之间建立了一种亲属关系，这样就将其与自然界的关系亲密化、亲属化了，也就将自己民族与整个大自然融为一体了。

一些满族神话还反映了满族先民们的女性生殖器崇拜的信念。上文说过，柳树"fodoho"及柳树枝"fodo"与女性生殖器"fefe"为同源词，则满族崇拜柳树即是崇拜女性生殖器，这实际上是双重的信仰，即是柳树植物崇拜也是生殖器官崇拜。生殖器官崇拜来源于生殖崇拜。在原始社会时期，人类的生存环境极其恶劣，人口出生成活率低，增长率低，这极大地威胁着人类族群的生存。弗雷泽说："活着并引出新的生命，吃饭和生儿育女，这是过去人类的基本要求，只要世界还存在，也将是今后人类的基本需求……"③而这两方面的需求，最终都落实到了生殖上，由于原始初民对于生命的诞生和繁衍的渴望，逐渐对于生

---

① 杨丽慧：《世界神话与原始文化》，上海：上海社会科学院出版社，2004，第148页。
② [英]马林诺夫斯基：《文化论》，费孝通等译，北京：中国民间文艺出版社，1987，第76页。
③ 叶舒宪：《神话——原型批评》，西安：陕西师范大学出版社，1987，第50页。

殖现象产生了十分神秘和神圣的感觉。人们采用各种方式探寻生殖意义及其奥秘，祈祷生殖能力能够增强，于是产生了生殖崇拜文化。对于满族人来说，对柳树叶的崇拜，既是对于柳树易生易繁殖的生殖能力的崇拜，又因为柳树叶子形状与女性生殖器官的相似性，也是对女性生殖器官的崇拜。恩格斯说："根据唯物主义观点，历史中决定性因素，归根结蒂是直接生活的生产和再生产。但是，生产本身又有两种，一方面是生活资料即食物、衣服、住房以及为此所必需的工具的生产；另一方面是人类自身的生产，即种的蕃衍。"① 恩格斯所概括的两点，简单地说明了生殖文化的重要性——食物的来源也需要繁盛的植物的生长，也即可产生对植物的崇拜；对于种的繁衍，也即可产生对生殖器官本身的崇拜。

花卉纹等植物纹样是中国各民族母系氏族社会文化遗存中的一大类重要纹样。② 这类纹样如河姆渡"水草"刻画纹和"叶形"刻画纹，庙底沟的"叶形圆点"纹，秦壁村的"花瓣"纹，甘肃和青海马家窑文化的"叶形"纹，大墩子的"花卉"纹等，都具有模拟女阴的性质。这类植物纹样都是女阴的象征，是远古人类社会曾经存在过的女性生殖器官崇拜的表现。"满族先人把大水里最初的生命想象为来自水中漂游的柳叶形物质（◊），横过来形容为'威呼'（小舟），满语写作'weihu'，是一种独木船，即最初制造的小船，成为'○'的形状，它在水上漂游，永不沉没，风吹能走，逐浪而行。它越变越多，长成了'佛多毛'（柳叶树）或叫'佛佛毛'。世上的人为啥越生越多，因为凡是有水的地方就有'佛多毛'，它遍布四方，无所不在。满族先民认为万物来自

---

① 《马克思恩格斯选集（第四卷）》，北京：人民出版社，1972，第2页。
② 黄能馥、陈娟娟：《中国历代装饰纹样大典》，北京：中国旅游出版社，1995，第237页。

'佛多毛','佛多毛'中生万物,生人,生花果树木,鸟兽鱼虫,'佛多毛'是什么?是柳叶也象征着女性生殖器。据说阿布凯赫赫(最初的宇宙大神)就是女神。阿布凯是满族'天'的意思,阿布凯恩都是男性天神,而早于阿布凯恩都里的阿布凯赫赫是女神。'赫赫'的原意即'佛多毛',女人的性器。故可知在女真先民的原始思维里,人来源于柳叶形物质,亦即人来自女阴的喻比。于是满族人以枝叶众多,滋生无尽的大柳树作为自己民族的图腾,自古以来就有祈天射柳的习俗,它预示着子孙繁衍,也是狩猎民族练习骑射的神秘的原始宗教心理的表象。"① 花卉等植物纹样为什么会成为女阴的象征呢?从表象来看,花瓣,叶片,某些果实可状女阴之形;从内涵来看,植物一年一度开花结果,叶片无数,具有无限的繁殖能力,所以远古人类将花朵盛开、枝叶茂密、果实丰盈的植物作为女阴的象征,实行崇拜,以祈求自身生殖繁盛,繁衍不息。郭沫若在《释祖妣》一文中认为"阴蒂"一词中的"蒂"的初文为"帝","帝"本是花朵全形,崇祀植物是古人生殖崇拜的一种表现,古人认为女性生殖器是生命的来源,具有繁衍人口的神力,因而对于各种具有女性生殖器特征的自然物都顶礼膜拜。满族崇拜柳叶,是原始的率真,坦荡、质朴地表达了他们心目中的祈愿,他们认为,生殖活动是一件十分神圣的大事。将柳树叶尊崇为神,是先民健康、理想的表达。

在满语中,关于洞穴的词语很多,这与满族先民的原始生活有关。满族先民生活在崇山密林之中,他们最初属于渔猎民族,他们随着季节四处游猎,常常居无定所,天然形成的洞穴是他们最好的栖息之处。满语中,较大的洞为 dunggu,也指山洞、洞穴,人工凿成的栖息的洞则是 dung,较小的洞穴为 yeru,一般指其他动物的洞穴。《吾主耶

---

① 汪玢玲:《汪玢玲民俗文化论集》,长春:吉林人民出版社,2000,第244页。

稣基督新约圣书》:"isus tede, dobi be yeru bi, abka de deyere gasha de feye bi, damu niyalmai jui de, uju nikere ba akū seme jabuha."汉译为"耶稣曰:'狐狸有穴,飞鸟有巢,惟人之子无枕首之所'"。再小一点的洞穴可称为窟窿、小洞、眼儿等,写作 sangga,《平定金川方略》:"dergi amargi ergi dalbai yerutu i oyo durgebufi tuheke, wargi julergi ergi dalbai yerutu fondo emu sangga tucike."汉译为"东北边耳碉之顶被震跌落了,西南边耳碉穿透,出现了一孔"。再小一点的穴写作 jurun,常常指鼠洞、兔洞等;上面说的 dung 可能是来自汉语的音译词,义为"窑洞";最初人们栖息的洞写作 gūldun; gūldun jugūn,指"隧道",这个词产生得更晚。人类最初住在山洞里,由此形成了"洞房"一词,即是指人类最初的生育繁衍场所是山洞,满语写作 gūldun boo,其中 boo 是"家""房屋"的意思。这在满语的神话传说中有叙说。

牡丹江地区《富察哈拉神谕》:

阿布卡恩都里用身上搓落的泥做成的人只剩下了一个,他在大水中随波漂流,眼看就要被淹死了,忽然水面漂来一根柳枝,他一把抓住柳枝,才免于淹没,后来,柳枝载着他漂进了一个半掩在水里的石洞,化成了一个美丽的女人,和他媾合,生下了后代。

在人类社会初期,生理上的差异使得当时人们实行了最初的社会分工。男人上山狩猎或下河捕捞、采集,农耕以及家务等则由妇女承担,从而形成了女性占优势主导地位的母系氏族社会。在这一社会中,通常是女方在家中支配一切,所有物品虽然归每个人所有,却是由女人管理支配的,男人处于一种从属和附属的地位。由于原始人的认识能力低下,在相当长的历史时期内,他们并不了解性交对于生殖的意义，并且由于实行群婚制等原因，孩子是由母亲生出来的，人类的血缘关系即由母亲来决定，这种只认其母不认其父的结果是所有的孩子都归母亲所有。按照前边的说法，人类的两种生产——生活物质生产和人类自身的生产都由女人来决定，于是女人在此社会中就拥有了崇高的地位。女人的生殖能力也被认为是最神圣的东西，因为在古人看来，大地万物的繁育生长和人类自身的生产是同样性质的，所以就产生了对于女性生殖的崇拜，结果必然会产生对生殖器官的崇拜。女性的生殖器官犹如一扇生命之门，所有生命由此孕育而出。山洞和洞口犹如生殖器官一样可生育万物，同时人们对于山洞洞口也予以了神秘的色彩。

满族先民的洞穴祭拜信仰，"首先和他们的图腾崇拜相关联，因为远古人认为，他们的氏族的起源与某种动物有关，而这些作为图腾的动物是在某山穴里生产了他们的始祖，并在洞穴里繁衍发展了氏族。"[①]随着人类社会从母系氏族制逐渐过渡到父系氏族制，人们将图腾崇拜加入了祖先崇拜的要素，远古人对于洞穴的崇拜信仰也与祖先信仰联系在了一起。因为人类的祖先在洞穴中度过了漫长的岁月，孕育了本民族的幼年和童年。洞穴对于远古人类来说是生命的依托，是生命延续的保障。满族作为北方民族，北方地区的自然环境使他们更容易遭受猛兽频繁的袭击，同时为了避免严寒天气的伤害，先民们必须选择居住在山洞里，史书上有许多记载，《晋书·肃慎传》："（肃慎）夏则巢居，冬则穴处。"《后汉书·挹娄传》：满族先民居山穴之处，"以深为贵，大家至接九梯"。《魏书·勿吉传》："其地下湿，筑城穴居。屋形似冢，开口于上，以梯出入。"都说明满族先民有居住洞穴的悠久

---

① 那木吉拉：《中国阿尔泰语系诸民族神话比较研究》，北京：学习出版社，2010，第153页。

的历史。山洞口长满了葱郁的树木草丛，与女阴的外形相似，先民们居住于洞穴之中，把洞穴作为生育生长的处所，对山洞的崇拜即成为对女阴的崇拜，把山洞视为具有特殊生殖能力的地方，把洞穴视为女性生殖器的象征物。满族先民认为他们的始祖是在洞穴中诞生的，洞穴既象征着女性生殖器，同时也象征着孩子未生出的居住之处，即子宫。这一节我们通过分析满语词语 bujan\bujabumbi、ilgari、fodo\fefe 等探讨了满族图腾（祖先）崇拜中柳崇拜的丰富的文化内涵，也探讨了与柳树生殖崇拜意义相关的洞穴崇拜。

  在本章中，我们主要通过满语词语来探讨满族原始信仰体系。首先，我们考察了三四十个与日、日光有关的满语词语，认为满族先民通过太阳的运行规定人间的季节划分和时间刻度，由此产生了时间和空间意识，体现在信仰中则表现为日（光）崇拜，这在满族神话中也有充分的反映。满语中表示日光的其他词语，也反映了满族人对这种自然天体及其光芒的认识和崇敬；太阳的光芒给人类带来温暖，于是产生了火崇拜，火崇拜与日（光）崇拜几乎同时产生，我们也找到了火崇拜的原因及其在满语词语中的体现。其次，我们发掘了满语词语中积淀和遗留的满族原始信仰中的动物崇拜文化。我们重点考察了《五体清文鉴》中关于"熊"的一系列词语及其中所蕴含的满族人对于这种动物的敬畏之情；考证出汉语的"熊"与满语的"lefu（熊）"等词语可能由于语言的接触和互相渗透，它们具有音义相近、互通的关系，并由此通过几组与"熊"有关的词语的分析，阐释了熊祭仪式在词语中的反映。最后，我们考察了满语中与"senggi"（血液）有关的词语，认为满语中这些词语反映了满族图腾（祖先）崇拜的根源在于对生命由来的敬畏和追念。由图腾（祖先）崇拜产生了图腾（祖先）神，满语中有关"柳"（fodo）的词语充分反映了满族先民柳崇拜的心理基础，即在于对人类生命起源的探求和向往。

第二章 满语词语蕴涵的原始信仰观念

本章探讨的原始信仰观念主要包括灵魂观和宇宙观。选取满语中与灵魂有关的词语,分析其中蕴涵的满族人对于灵魂的产生、灵魂的形态、灵魂的构成等看法;在探讨满族原始信仰文化灵魂观的基础上,选取满语中的相关词语,结合满族神话,发掘这些词语所反映的关于满族对宇宙和世界的形成、人类的起源等的认识。

第一节 满语词语蕴涵的原始信仰文化灵魂观

一、原始信仰文化灵魂观概述

灵魂观念是一切原始信仰观念中最古老、最重要、最基本的观念。

虽然各民族的原始信仰文化对灵魂及其表现形式的理解不尽相同，但都认为在人的躯体（肉体）内存在着一个非物质的超自然体，即灵魂。灵魂赋予躯体生命和活动能力，当灵魂离开身体而不复返时，人就会死亡。人们在人有灵魂的观念的基础上，进一步派生出了活魂、鬼魂、精灵、冥世灵物、万物有灵等观念，所以灵魂观念是自然崇拜、动植物崇拜、鬼魂崇拜、图腾（祖先）崇拜等原始信仰共同的意识基础。考古发现的最古的距今二万五千至五万年前的周口店山顶洞人的墓葬表明，至少从该时起，人们已具有明显的灵魂观念和相信人死后灵魂可以继续生活的迹象。"在下室发现了三具完整的人头骨和一些身体上的骨骼。在人骨的周围散布有赤铁矿粉末，是墓葬可靠的标志。""这种红色物质，可能被认为是血的象征，人死血枯，加上同色的物质，希望他（或她）们到另外的世界永生。"① "人类学者和宗教学者一般认为，原始人的墓葬，一方面表现了他们对亲人的眷恋之情或敬畏之心，说明人们之间已结成以血缘为纽带的社会关系，形成了氏族制度；另一方面则表明了原始人这时已有了某种关于灵魂不死和死后生活的遐想。"② 满族的原始信仰文化（萨满文化）即可追溯到此一源头。中国古代北方文化的一个重要内容即是萨满文化，可以说，这一文化是中国古代文化的重要源头之一。孟慧英说："我国辽西地区红山文化的重大考古发现，对研究北方民族早期萨满文化无疑带来重大推动，其中发现的东方'维纳斯'孕妇雕像和大型女神庙，则更有力地证明北方民族萨满教的古老性和典型性。"③ 灵魂观念是满族原始信仰文化的构成基

---

① 吕大吉：《中国各民族原始宗教资料集成（考古卷）》，北京：中国社会科学出版社，1996，第6页。
② 吕大吉：《宗教学通论》，北京：中国社会科学出版社，1989，第342–343页。
③ 孟慧英：《中国北方民族萨满教》，北京：社会科学文献出版社，2000，第36页。

础,可以说,如果没有灵魂观念,就没有原始信仰;没有灵魂观,先民首先就不会对天、地、山、石、树木、星辰等自然物产生崇拜,因为只有相信这些自然物存在着灵魂,才会进一步相信这些灵魂具有神力。相信自然物存在灵魂即是原始信仰文化的万物有灵论,相信这些灵魂具有超人间的神力,则是原始信仰文化的多神信仰特点。

二、满语词语与原始信仰文化灵魂观

(一)从满语词语看灵魂观的产生

满族先民们从原始时代开始,就惊怪于人的生死问题,他们试图解释人为何会死,设想着人死后如何,于是便产生了灵肉二元对立的观念,认为人作为一个生命的整体,是由两方面构成的,一方面是一个活生生的肉体的生物生命,能呼吸、能活动,是有形体可观的机体存在;另一方面也存在一种看不见、摸不着的精神,它主宰着人的生命,如果它暂时离开,人就会做梦或者精神失常,如果永远地离开了,人就灵肉分离,也就是死了。这个精神就叫作"灵魂"。

关于灵魂的产生,恩格斯在《路德维希·费尔巴哈和德国古典哲学的终结》一书中精辟地指出:"在远古时代,人们还完全不知道自己身体的构造,并且受梦中景象的影响,于是就产生了一种观念:他们的思维和感觉不是他们身体的活动,而是一种独特的、寓于这个身体之中而在人死亡时就离开身体的灵魂的活动。从这个时候起,人们不得不思考这种灵魂对外部世界的关系。既然灵魂在人死时离开肉体而继续活着,那么就没有任何理由去设想它本身还会死亡;这样就产生了灵魂不死的观念。"[①]恩格斯认为古人灵魂观念的产生是由于梦的景象而引起的。

---

① 唐晓峰:《马克思恩格斯列宁论宗教》,北京:人民出版社,2010,第153页。

满语 tolgin，义为"梦"。由此词派生出"tolgišambi"（胡乱做梦）一词，该词描绘出由于神魂惑乱，致使人神魂颠倒的状态。原始人普遍认为人的灵魂和肉体在和谐相合时，人处于平和正常的状态，但由于疾病等原因，灵魂与肉体就会产生不协调，这种状况会在梦中体现出来；反过来说，如果胡乱做梦，也就反映出人的灵魂与肉体出现了某些不协调。此词还有一个引申义为一句骂咒的话"做梦呢"，是对一个人的神志不清，失去正常思维所产生的胡思乱想、胡言乱语现象的训斥的话，也即为"你神志不清了吧，是在梦中呓语呢吧"。

满族原始信仰认为梦境在人鬼的交界点上。人生龙活虎地在人世间活动时，灵魂和肉体统一，人死后，灵魂与肉体就分离了。而在梦境中，人还活着，但灵魂却可以出窍。梦是一种介于灵肉结合和灵肉分离之间的状态。所以，满语"bitubumbi"（梦见）有一引申义"使边缘"（"-bu-"是满语动词使动态中缀，它的同源词 bitumbi 义为"沿着边儿"）。梦境中的人是可以灵肉分离的，是处于人与鬼的中间状态，也是在阳界与阴界的交界点、各自边缘上的。这恰可说明在满族人的意识中，灵魂与梦有着密切的关系。当人梦醒之时，即为灵魂肉体完好结合的境界，这时人的魂灵就皈依肉体，所以满语中"复元""复苏""苏醒"一词即写作 gesumbi，它的形容词形即为 gesungge。在满族传说中，有一种奇异的树木，像枫树，而叶边有牙，从此木的心根熬成丸燃之，可使已死不过三日的人复活，这种树可译为"返魂木"，即 gesungge moo。所谓返魂，即是将离开肉体的灵魂返回。这都可以说明在满族人的灵魂观念中梦与灵魂的关系。

原始人根据当时的梦幻经验和人生体会，认为灵魂可以离开肉体而出外独立活动，并且推想出灵魂的形象与肉体的形象是一致的，也是梦幻中的影像。人们在梦中见到别人，一觉醒来后，梦中的影像不见了,梦中的人不见了,人们就推想出这是自己在睡眠时,自己的灵魂出外与他人接触所致。人们可能在梦境中见到已经死去的人,人们便推想,人的肉体可能死去,但人的灵魂却是不灭的,在梦中见到的死去的人,是死去的人的灵魂。许多民族的原始信仰观念都很看重梦,他们认为不能贸然叫醒睡梦中的人,而要慢慢唤醒他,让他的灵魂有充分的时间返回到肉体中去。古人还认为人在受到惊吓时,很容易使人"掉魂","掉魂"是很可怕的。汉族有许多禁忌,例如不能与说梦话的人对话,这就是与灵魂对话,这将会导致自己成为阴鬼;不能改变睡梦中的人的容貌,以免此人将要醒来时,灵魂不能认识自己的肉体,等等。通过对满语中有关梦的词语的分析,可见满族原始信仰文化灵魂观念的产生与做梦这种生理现象是有关系的。

(二)从满语词语看灵魂的形态

满语 oron,义为"魄",其义项中有"痕迹、印迹、踪迹、影子"等,说明满族人认为魄与人的影子有关。影子的表现形态即是灵魂的形态。与 oron 有关的词有 oron akū,义为"无痕迹、无印迹、无踪迹",也可解释为"毫无根据、根本没有";又有 oron akū gisun 一词,义为"无稽之谈",即是汉语中"没影的事"。此与汉语的"魄"相同,《礼记·郊特牲》:"魂气归于天,形魄归于地。"《国语·晋语》:"公子重耳其入乎,其魄兆于民矣。"杜预注:"魄,形也;兆,见也。"

满族人认为每个人都是一个阴阳结合体,人的肉体属阳,人的灵魂属阴,阴阳结合即为一个完整而健全的人。在某种意义上说,影子即是人的灵魂表现形态。鄂温克族有关灵魂的称呼包括"哈年康"(影子魂)、"伯恩"(身子魂)、"马因"(命运魂)三种。如果影子离开了人,人就会失去理智,或者产生其他疾病。影子进入阴间,如果不及时唤回,就有可能造成人的死亡。人的影子既和人的身体相像,又和人的身体相关，影子是人体魄的更内在的东西。如果一个人失去了自己的影子，那么这个人就会变成了鬼而失去生命。同样，如果谁的影子被别人损害了，那么他的身体也会因此而得病或者受到伤害。在许多民族的禁忌中，都忌讳别人踩踏自己的影子。在收殓死者往棺木上加盖的时候，人们都避免让自己的影子被钉进棺材中去，下葬时，也要后退到离开墓坑一定距离的地方，用绳子把棺材放进墓坑，以免自己的影子落进墓穴而使自己受到伤害。

满语 helmen，义为"影子"，其可派生出 helmen gabtaku，是一种凶狠的虫子的名称，似鳖，三足，生于江淮，能含沙射影。此虫能射中人的影子而能使人毙命。这也就是说人的灵魂表现在影子中，人的影子是灵魂的形态，将影子射杀，就会结束人的生命。汉语中也有此种说法。《穀梁传·庄公十八年》："蜮，射人者也。"晋代范宁集解曰："蜮，短狐也，盖含沙射人。"晋代张华《博物志·异虫》："江南山溪中水射上虫，甲类也，长二寸，口中有弩形，气射人影，随所著处发疮，不治则杀人。"晋代干宝《搜神记·蜮》："汉光武中平中，有物处于江水，其名曰蜮，一曰短狐，能含沙射人。所中者，则身体筋急，头痛发热，剧者至死。"这都说明，人们认为影子可以是灵魂的外在表现形态，影子与肉体是合二为一的。

把阴影等作为灵魂的表现形态，是许多民族都存在的事实。泰勒在研究原始信仰与文化时，相当重视语言分析和从语源学的角度来探讨。他说："为了理解关于人类灵魂或精灵的流行观念，注意那些被人为适于表现这些观念的单词将是有益的。精灵，或者被昏睡的或有幻觉的人看见的幽灵，是一种虚幻的形态，如同一个阴影，因此同样的词'shade'（阴影）就用来表现灵魂。"[①] 泰勒在此后又举了许多民族语

---

① [英] 泰勒：《原始文化》，连树声译，桂林：广西师范大学出版社，2005，第352页。

言中将阴影称为灵魂的例子。

满语 oron，义为"魄"。前文已说过，它的义项中有"痕迹、影子"等意思，是管形态的魂灵。这可以与汉民族的神灵崇拜相比照映发。《左传·昭公七年》："人生始化曰魄，既生魄，阳曰魂；用物精多则魂魄强，是以有精爽，至于神明。"杜预注曰："魄，形也；阳，神气也。"孔颖达疏曰："人禀五常以生，感阴阳以灵。有身体之质，名之曰形；有嘘吸之动，谓之为气。形气合而为用，知力以此而强，故得成为人也。……形之灵者，名之曰魄也；既生魄矣，魄内自有阳气，气之神者，名之曰魂也。魂魄，神灵之名，本从形气而有，形气既殊，魂魄亦异。附形之灵为魄，附气之神为魂也。附形之灵者，谓初生之时，耳目心识，手足运动，啼呼为声，此则魄之灵也；附气之神者，谓精神性识渐有所知，此则附气之神。"王凤阳辨析说："活人的特征：其一是耳目口鼻舌手足等器官的机能正常，能视听言嗅，能运动；其二是能呼吸，精神健全。古人将这两者分别开来置于'魄'和'魂'管辖之下：'魄'是主管形体的，'魂'是主管精神的。"[1] 人的"魄"可以死去，但"魂"却是不死的。《左传·昭公七年》："匹夫匹妇强死，其魂魄犹能凭依于人，以为淫厉。"这是说"魂"在肉体死后还能游荡人间。在《礼记·檀弓下》记载得更清楚：吴季札安葬自己的儿子，"既封，左袒，右还其封且号者三，曰：'骨肉归复于土，命也！若魂气则无不之也，无不之也。'而遂行"。清代孙希旦《礼记集解》曰："谓还绕其封且号哭者凡三匝而止，以将还吴而与之诀也。言骨肉归复于土，乃始终之命，无可如何，以愍其尸柩之不能还吴。言魂气无不之，以冀其精气之随己而归，亦送形而往，迎精而反之意。"[2] 人的骨肉形体有限，可归于土，而人的

---

[1] 王凤阳：《古辞辨》，长春：吉林文史出版社，1993，第 446 页。
[2] 孙希旦：《礼记集解》，北京：中华书局，1998，第 295 页。

灵魂可归返故乡。

满语 fayangga，义为"魂"，由此词可构成合成词 fayangga gaimbi，即"叫魂"，fayangga hūlambi 也是"叫魂"，其中，gaimbi 义为"带领、引导"，hūlambi 义为"呼喊、呼唤"，可见 fayangga 一词与汉语中的"魂"一样，都是指管人的精神主体的魂灵。如果既指"魂"又指"魄"，则写作 fayangga oron，这里区别得很清楚。fayangga tucimbi，可译为"出殃，回煞"，是指人死后，灵魂又归来了。在上古汉语中，叫魂称为"复"，或称"招复"。主要指人初死时到屋顶上招回其灵魂。《礼记·丧大记》："复有林麓则虞人设阶。"孔颖达疏曰："复位升屋招魂。"古代招魂仪式由专司人员，即名为"复者"。招魂时，自前方升屋，手指寿衣呼叫，死者为男，呼名呼字，共呼三长声，以示取魂返归于衣，然后从后方下屋，将衣敷死者上身上。古人认为只要招魂返魄，人就可以活过来，所以人初死，完成"复"的过程，人就能活过来。《礼记·檀弓下》："复，尽爱之道也。"郑玄注："复，谓招魂。"孔颖达疏曰："使死招魂复者，尽此孝子爱亲之道也。"生者不忍心其亲属死去，便祈求鬼神，希望死者的灵魂从幽阴处回到身体上来，复而不醒，然后才办丧事。"魂"主管精神，"魄"则主管形体。钱穆在《重申魂魄鬼神义》一文中辨析甚详："故子产曰：'人生始化曰魄'，魄即指人之心知附随于人身者。呱呱坠地即知饥寒，此皆魄之所为。《史记》：郦食其家贫落魄，无以为衣食业。无衣食之业则饥寒交迫，落魄犹言失其心知。惟其所失落，乃属体肤饥寒之知。……故知中国魄字乃指人心之依随于形体者而言。""中国古人言魂魄，自先秦下迄南宋之末季，无不指言人生前之心知，惟有依随于身，与超越于身之别：魂魄之分即在此。"[①]

[①] 钱穆：《灵魂与心》，桂林：广西师范大学出版社，2004，第 94–95 页。

第二章　满语词语蕴涵的原始信仰观念

满语中也有区别于 fayangga 和 oron 的其他"魂魄"，如满语 buceli，义为"鬼魂"，是指人死后或有病时的魂灵，buceli benembi 是指送祟，烧纸，送水饭，送走病人身上作祟的鬼魂；buceli dosika，则指鬼魂附体，是指已死去人的魂灵又附着到了人体上。由此词核引出的一系列词都与人死亡有关，如 bucembi（死亡），bucere gukure（死亡），bucehe giran（死尸），人死后的魂灵则可称为 bucehe fayangga，汉语可称为幽魂、幽灵。人死后则进入阴间，与阳间对立，bucehe gurun 则指阴间，bucere ba 也指阴间。满语中的另一个表示鬼怪、鬼魅、魔鬼的词为 hutu。这是一个对鬼魂表示厌恶贬斥的词语，这一词核引出 hutu bušuku（鬼怪），hutu ibagan（魑魅、恶鬼），hutu daišambi（闹鬼）等词。一般的鬼魂与作恶的野鬼是不同的，hutu 可以表示"恶鬼"。与它同源的满语词 butu 是阴暗、幽暗的意思，由此引申出阴间义，是满族人认为人死后所到达的阴间，是幽深阴暗的地方，所以派生出一系列相关的词语，如 butu farhūn（阴暗），butu giyalan（暗间），butui boo（棺）等。其中满语 butui jalan 义为"阴间、冥府"，jalan 表示"世界"。人必然要死，而灵魂还要存在，人的生和死只是一种间断，因此，由 jalan 可引申出间隔、间断的意义，即 jalandambi（间断），此词的意义系统表明了满族人认为人死后去了阴间，只是转变为另一种灵魂的存在。

阴间还有一词为 buru bara ba，也可称为阴府，其中 ba 一词可指故乡、老家，那么，所谓阴间，也即回到了人生的归宿。人的肉身可以暂时不存在，人死后的灵魂要回归到故乡，即所谓魂归故里。这与汉民族的鬼神观念相一致。《说文解字》曰："人所归为鬼。"先秦时代此种说法很多，《礼记·祭义》曰："众生必死，死必归土，此之谓鬼。骨肉毙于下，阴为野土，其气发扬于上，为昭明。"王充《论衡·论死》

曰:"人死精神升天,骸骨归土,故谓之鬼。鬼者,归也。"《风俗通义·怪神》曰:"鬼者,归也,精气消越,骨肉于土也。"满语有关魂魄、鬼魂的词语很好地描写出了满族人心目中灵魂的形态,于此也可窥见满族原始信仰文化的灵魂观念之一斑。

(三)从满语词语看灵魂的构成

关于魂的表现形态,富育光认为:"萨满教认为万物(包括无生物)均有灵魂,而人的灵魂认为有三个:一是命魂,即满语'发扬阿',人与各种生物都有,与人和生物的生命同始终,人活着主要是靠这个魂生存于世间;二是'浮魂',浮魂有两种形态,一为'梦魂',它是在人身上和高级禽兽鸟虫中才具有的魂魄。它的特点是可以不完全依主体而生存,可以暂时游离徘徊于主体之外,与其他生物主体相互发生联络关系。梦是这类魂气的作用结果。"① 上文提到的"梦""魂"等词语,证明了这种灵魂意念在词语中的沉淀积存。他又提出"三是真魂,满语称'恩出发扬阿',意思是'神魂',藏于牙齿、骨窍与头发之中,是人与动物最有生命力的本魂,是永生的魂和能够转生的魂。萨满认为人的身体死后很快就腐败了,但藏于牙齿、骨、发中的真魂能永世长存。萨满通过一定神术招魂,仍可见到真魂,或偶然呈现甚至可以交流对话。"② 富育光的说法是对萨满文化中关于灵魂信仰的总结。

满语牙齿为 weihe,笔者没有查找到有关灵魂的义项,但是在骨头 giranggi 一词中,却大有收获。满族人认为真魂是可以藏于骨窍、头发当中的,是一种永生的魂,所以每个死去的人虽然肉体可以腐烂,但他的真魂可以留在骨头当中,骨头历时多年不腐烂,即可证明灵魂的不朽,所以在骨头当中的真魂可以真实地留下死者的血缘渊

---

① 富育光:《萨满教与神话》,沈阳:辽宁大学出版社,1990,第16页。
② 富育光:《萨满教与神话》,沈阳:辽宁大学出版社,1990,第16页。

源，giranggi（骨头）一词的另一义项即是指血统。giranggi 的同源词 giran，它既指尸体，又指骨骸，也指血统。

满语 funiyehe 义为"头发"。满族先民对于头发相当重视，认为头发当中既然可以留存真魂，所以无论男女，都要蓄留长发。这在史书中多有记载：《北风扬沙录》谓：女真人"皆辫发与契丹异，耳垂金环，留颅后发，以色丝系之"。《三朝北盟会编》卷三《女真传》："妇人辫发盘髻。男子辫发垂后，耳垂金银，冨脑后发，以色丝系之，富者以珠玉为饰。"《大金国志》卷三十九《男女冠服》："辫发垂肩，与契丹异。耳垂金环，冨颅后发，系以色丝。富人用珠为饰。妇人辫发盘结，亦无冠。"① 从文化人类学的角度来看，一个民族的服饰，是本民族精神文化的产物，是本民族精神生活的映照。一个民族的知识、经验、信仰、价值观、风俗等都积淀在服饰上，这使服饰成为该民族社会文化心理的表征。"文化学意义上的服饰，包括了人本身的修饰，是指人着装打扮以后的整体。它包括化妆、发式、护肤、佩饰、冠帽、鞋袜与衣服等等。"② 满族先民如此重视发辫发式，无疑反映了满族的文化心理特征。须发既然是灵魂的栖止地，是生命的象征和根茎，那么落发自然也就是人们所禁忌的事了。一般人落发也是一种不吉祥的征兆，而尤其"木形之人"（五行属木之人），发落就更是凶兆了。因为古人认为山以草木为发，"木形之人"如果落发，即是自身衰弱的征兆。爱新觉罗·溥仪在《我的前半生》中回忆："慈禧很爱惜自己的头发，给她梳头的某太监有一次在梳子上找到一根头发，不由得心里发慌，想悄悄地把这根头发藏起来，不料被慈禧从镜子里看到了，这太监因此挨了一顿板子。"须发虽然为首、面之毛，实则与人体魂魄是有关的。

---

① 王可宾：《女真国俗》，长春：吉林人民出版社，1988，第 265–266 页。
② 王继平：《服饰文化学》，武汉：华中理工大学出版社，1998，第 14 页。

草木是野兽隐现出没之地,从而联想到人的灵魂可能也会隐藏躲避在须发之间。如果剪掉发须,身体的健康就会受到影响。先民们还认为一个人的须发如果被仇人拿去,他们就会通过对须发实施巫术来伤害这个人。在旧时代,给小孩子剃头,不能全部剃光,要将中间的一处留下来,此处俗称为"天灵盖",因为孩子"天灵盖"会随着心跳波动起伏,让人感觉到此处可能就是灵魂出入的地方,留发即是想将灵魂藏在毛发丛中。鄂温克族有在下午以后禁止理发、刮脸的风俗习惯,这是因为下午理发、刮脸,就改变了自己的容颜,到了晚间,灵魂就不能顺利地回到自己的体内。从中医角度来说,毛发是人体健康的重要表征,《黄帝内经·素问》曰:"肾之华在发。"古人把头发与生命联系在一起,有很多这样的例子。满语词语 funiyehe isimbi,义为"髡发",从这个词语也可看出头发对满族人的重要性。髡发是一种刑罚,也称髡刑,即剃去发须之刑。《三国演义》中曹操就多次以头发和胡须替代自己的生命,为严明军纪,斩发代斩首,剃须代砍头。中国民间也常以青丝代身,遥寄情思。剪发辫留给妻子(或丈夫),就好比亲人还在身边一样;古代举行婚礼时,成婚之夕,要将男女二人的头发(男左女右)联结在一起,以表示永不分离。因为头发喻示着灵魂的永存,与其他易衰朽的肉体不同,灵魂以头发为寓所。旧时有以遗发招魂葬人的现象,谓之"发冢",联系到一起看,更可看出古人视须发与灵魂为一体的这种关系了。①

满语 sukdun,汉译为"气",在《新满汉大词典》中还专门注明为"(呼吸时出入的)气"。这个词还有表示自然界的大气,表示人的气态、气概等义项。从词语义项来看,可见原始信仰文化中关于"气化"观念在词语中的沉淀及其反映。表示人的呼吸,又表示大自然的

---

① 江绍原:《发须爪——关于它们的风俗》,上海:上海文艺出版社,1987,第 27 页。

弥漫宇宙的大气,这就是原始信仰文化中的所谓"气"了。由 sukdun 构成复合词 sukdun fiyan,义为"气色",其中 fiyan,汉译为颜色、脸色、面貌等,可见人的精神面貌也是由"气"所决定的。"气"的构成及其质地决定了人的内在本质,这与汉语词的"气色"的构词方式及构词理据是完全相同的。以 sukdun 为根词还可构成 sukdun niyecebumbi 一词,niyecebumbi 为修补、补充、充实等义,整个词的意思即为补气,因为"气"为人的秉性和禀赋的本质所在,如果气有所亏损,则要随时补充修补,此之谓补气。整个词清楚地反映了气对于人的重要性。sukdun oron 为气魄,oron 即为"魄",将"气"与"魄"联结在一起,表示人的精神面貌。"魄"与"气"在原始信仰文化中几乎等同,在汉语中的"气魄"一词也是如此,"气魄"即是"魄力",是指人们在处理事情上的果敢的力量和作风。

满语 ergen,也义为"气",与 sukdun 不同,它有"元气"的意思,它的另一个义项为"命""生命",于此可见在满语中,"气"与"生命"是联系在一起的。这里的"气"是人的内在的使人有生命力的力量,如果没有了"气",生命就停止了。ergen beye 义为"性命""身命",beye 义为"身体","气"为人的内在魂魄和灵魂,beye 和 ergen 共同构成有形体、有"气"的表示性命的词语;ergen haji 义为"惜命、爱惜、珍惜生命",haji 义为"亲近、亲和、爱好"等,此构词义即为"珍惜",珍惜"气"即是珍惜生命,由此可见人的生命是由"气"的存留而存在的;ergen yadambi 义为"气尽、断气",yadambi 义为"穷困、缺少",又引申为"气绝、死亡"等义,也可见"气"与生命的联系。同样的词语还有 ergen jocimbi,义为"送命、尽命",jocimbi 义为"衰败、衰弱",如果"气"衰弱了,则生命也就终止了。有"气"才有生命,有"气"才可能有万物生灵。从 ergen 又可派生出 ergengge 一词,此词义为"生灵",从词源学角度来说,即是有"气"的生物,此词义派生出 ergengge jaka 一词,其中 jaka 词义为"物品""东西",可泛指各种具体和抽象的事物,那么这个词语的意思就是有"气"的万事万物,即生灵。

由上述满语词语的分析可知,满族原始信仰文化认为,魂魄亦是一种气态物质,魂魄崇拜最终是一种气生主义的崇拜,民间传说中对于魂气有诸多说法,富育光在《萨满教与神话》一书中引述萨满巫师的话说:"万物皆有魂气,人有魂气,树有魂气,鸟有魂气,狐兽等有魂气,石有魂气,江有魂气,山有魂气,星月等有魂气,魂气无不有,魂气无不在,魂气无不生,魂气无不降,魂气无不流,魂气无不游,魂气无不入,魂气无不隐,魂气不可见,魂气却可交,魂气长不灭,魂气永不消,言神不玄秘,魂气侵体谓有神,何魂何气谓属神,魂气常存谓领神。""神力气属,萨满得气领气用气为有神。"[①]满族原始信仰文化认为宇宙客观世界中充满了魂气,客观世界中存在着可以游离于生物(肉体及其他)之外的魂魄,可以不依赖于生命体而永远地存在。魂气的形聚离散的不同形态可以左右人们的意念,从而产生神念和神感。

对于满族原始信仰文化的气运作用与实质,凌纯声做出了很好的论述:"赫哲和其他原始的民族一样,他们的宗教的基本观念是属于气生主义。他们崇拜祖先,因为相信人与动物都有灵魂的存在,他们崇拜鬼神,因为天灾人祸,冥冥中都是神鬼在那里主宰;他们崇拜自然界,认为日、月、星、辰、山、川、草、木,都是神主管。"[②]"气",虽

[①] 富育光:《萨满教与神话》,沈阳:辽宁大学出版社,1990,第12页。
[②] 凌纯声:《松花江下游的赫哲族》,南京:国立中央研究院历史语言研究所,1934,第102页。

然神秘不可预测，但它能作用于人，作用于物，作用于客观世界的任何现象，这些千奇百怪的芸芸众生的所有具体形态都是魂魄的具体形态。魂魄的作用即是神兆、神显、神威、神示。所以可以说，气化理论在原始信仰文化的神灵观念中处于核心的位置。萨满巫师在施法术之时，即是模仿、凭借、吸纳、汇粹、运筹、施布这些弥漫之气，而为人们祛病除邪，庇佑子嗣、卜筮未来。"所以，从某种意义上来说，气论即神论，神就是气属，神为气，气为神，神气互补互生，成为萨满教宗教信仰的核心学说，是萨满教诸种神祀、神仪的根本的'动'的内在本质，是一切活动的内核力量。""所谓魂魄也是气化。"[①] 通过对满语词 giranggi、funiyehe isimbi 的分析表明，满族原始信仰文化认为魂魄存在于骨头、须发中；通过分析 sukdun、ergen 的词义，表明满族原始信仰文化的魂魄崇拜同时也是对"气"的崇拜，认为"气"与生命有密不可分的关系，宇宙万物的生长和灭亡也都与"气"有关。

第二节 满语词语蕴涵的原始信仰文化宇宙观

一、原始信仰文化宇宙观概述

此处所论述的原始信仰文化的宇宙观，主要是论述关于满族先民对人类生存的宇宙空间的看法与人类起源的认识。这也就包括了对创世伊始的天神、地神的看法，包括了他们对神（如天神、上帝）的总的认识等。天神与地神观念是满族先民在产生神灵观念基础上形成的，所谓神灵观念即是认为神灵具有什么性质、它的本质是什么的问题。

[①] 富育光：《萨满教与神话》，沈阳：辽宁大学出版社，1990，第13页。

首先是神灵与人是不同的，人是遵循着自然的法则规律的一种自然的存在，人的存在是具有生老病死的具体性的存在，而神则是不受自然法则支配和限制的永恒的存在。

满语 enduri，义为"神""神仙""仙人"，此词与 fayangga（魂）、hutu（鬼）是有区别的。"神"主要是指主宰物质世界、超自然并具有人格的神灵。神的数量很多，它最初是由物种观念演化而来的，由自然神逐渐产生了氏族、部落、民族神等。在人类早期，神的名称和种类繁多，且各有自己的分工和管辖的区域。enduri 与鬼、魂等最大的区别在于它具有人格特点，与人一样具有喜怒哀乐等情绪，且具有人一样的形态，虽然可以多手臂、多眼、多耳等，但这都是在人的形象基础上的变化而已。神是人的精华凝聚所在，同时又具有超人性质，所以 enduri 还具有"高超的、出色的、奇特的、无与伦比"的义项，可见在满族先民的心目中，神灵最根本的性质之一即是一种超乎人之上的存在。这种超人的存在可以体现在许多方面，或者体现在行动和认识能力上，或者体现在空间和时间上，或者体现在精神和道德上，或者体现在所有这些方面的总和上。何光沪在总结神性论时说："任何事物无论有无人格性，如果没有超于人的性质，也就没有值得宗教崇拜的价值。"[①] 满语中 enduri 这个词即体现了这一点，它作为构词成分，与其他构词成分构词，即具有神奇、奇特等义，如 cooha 义为"兵"，如果结合成为 enduri cooha，则为神兵，使兵赋予了神奇、神圣义；gege 义为"女人"，如果结合成 enduri gege，则义为"仙女"。于此衍生出 enduringge 一词，义为"圣、至高无上、神圣的、至尊的"，eme 义为"母亲"，如果结合成 enduringge eme，则义为"圣母"，等等。这些满语词语反映了满族先民的神灵观，所谓神灵，它们的超人的特

---

① 何光沪：《百川归海》，北京：中国社会科学出版社，2008，第 138 页。

点不是在量上，而是在质上，它们赋予了原先平凡世俗的东西以超凡性。再如：

enduringge mergen 贤人
enduringge niyalma 圣人
enduringge šengge 圣神
enduringge saisa 贤人、哲人

这些词语反映出了满族原始信仰神灵观的神圣性和超人性。"这些信仰对象都具有一些共同的特征，即具有超人间性和超自然性，具有无边的智慧、权能，而且主宰着人类社会的一切事务。这些超人间的存在被人们叫做神。"[①]学者们普遍认为，最早的神灵观念产生于人类社会初期，当时人们对抗自然的能力很小，面对强大而不可理解的大自然产生了恐惧，当时人们出于生存的欲望，就试图寻求超自然力量的保护，他们通过想象，把人类的本性附会到不同于人类自身的超自然的对象上面，这样就逐渐地形成了不同的、众多的神灵。这样神灵就必然具有了人性的特点，也可以用某些人类所具有的特性进行附会说明。神灵的发怒和赐福是各种信仰文化中的普遍现象，这就表明了所谓神灵是具有人类的某些性格特点的。神灵的所作所为则是人类的思想和情欲在崇拜对象中的曲折而真切的反映。

神仙、仙人的另一词形为 endurin，也是褒义词，endurin gasha 义为"仙鹤、天鹅"；endurin soro 义为"仙容"。由 endurin 再引申出形容词 enduringge，则有"至高无上的、神圣的、至尊的"等含义，它构成了很多褒扬神圣的词语，如 enduringge eme 为"圣母"，enduringge

---

① 彭自强：《宗教学概论》，北京：宗教文化出版社，2008，第 82–83 页。

ejen 为"圣君、圣主",enduringge kicen 为"圣功",enduringge mergen 为"贤人",enduringge niyalma 为"圣人",enduringge šengge 为"圣神",enduringge saisa 为"贤人、哲人"等。"鬼"是个中性词,既可为祥、为善,也可为凶、为恶,而"神"的词义则全都是对于人类有正面的、积极的意义的。

二、满语词语蕴涵的原始信仰文化宇宙观

先民面对广袤无垠、变幻莫测的大自然,既感到恐惧,又惊叹于它的神奇与伟大,于是,先民对于这种超越人类本身的力量产生了无穷的遐想和追问,由此产生了对大自然的崇拜心理。满语 wesihulembi,义为"崇拜、尊崇",满语 akdambi,义为"信奉、信仰",与汉语的"崇拜"有些接近。人类的崇拜心理,需要丰富的想象来塑造被崇拜者,人们把他们在生活实践中的一些连续出现的自然现象,用联想的方式,构划它们之间的因果联系,认为一定是有某种神灵主宰操纵着一切。这种被构想的神灵就成了崇拜对象。李申认为"崇拜产生神","人类恐惧和感恩的对象,假如不值得崇拜,也不会被当成神祇。"[①] 满文中 abkai ejen,有人译为"上帝",其实这个"上帝"与西方的"上帝"一词并没有相通之处。西方"上帝"一词是人格化的神灵,而满文中的这个词是指主宰自然万物的"上天","ejen"一词为"主人"的意思,两个词合起来是指在自然界中,上天是最高的主宰,而并非一神论中的"上帝"的称呼。满文中的"abka",义为"天",它的另一个词义则表示惊叹、惊奇、可译为"天啊",这是指人们在惊奇时发出的对上天的感叹,因为上天就是无比的神奇、令人惊异的。《庸言知旨》:"abka, aimaka iningge be edelefi toodarakū gese." 可以汉译成

---

① 李申:《宗教论》,北京:中国社会科学出版社,2006,第 195 页。

"天啊,好像欠他什么没还似的"。一切信仰对象的出现,都是由于惊叹、惊奇而产生的崇拜,于是就产生了神灵,把人性投射到自然物上,则为神性。"abka i han"也可译为上帝(其中"han"义为"君主、皇帝、国王",这个词应当是后来才产生的),这个词语表现出"abka"词义的引申演变:人们由最初的拜天逐渐地变成拜信天穹中的各种自然现象,由此"abka"一词又具有了"至高无上"的形容词义,作为某词的修饰成分。这个词直译则为"如同上天一样的至高无上的君主",这是对君主地位的夸张的语义渲染。富育光说:"这个时期虽有了天的概念,也有了天神,但它们之间是独立的,并未有主与臣,主与奴之间的隶属关系,而是平等的母系姊妹之间的民族平等的大家庭观念,将人间的母系氏族关系搬上了天穹,完全是从母系氏族概念来认识与解释诸种天穹自然现实与自然现象。"[1]

满族最初崇拜天,还不是崇拜天神,他们首先把天看成是一个混沌的物体。在中国古代有所谓的天体形成的"宣夜说",以为天无实质,苍苍然然,是一个混沌的没有分化的整体。《淮南子·精神训》中说:"古未有天地之时,惟象无形,窈窈冥冥,芒芠漠闵,澒蒙鸿洞,莫知其门。""宣夜说"的来源最早有《晋书·天文志》上的一段话:"宣夜之书亡,惟汉秘书郎郗萌记先师相传云:'天了无质,仰而瞻之,高远无极,眼瞀精绝,故苍苍然也。譬之旁远之道之黄山而皆青,俯察千仞之深谷而窈黑。夫青非真色,非黑非有体也。日月众星,自然浮生虚空之中,其行其止,皆须气焉。'"这种说法在《庄子》中即有"天之苍苍,其正色邪,其远而无所至极邪?"这应当是"宣夜说"的滥觞。在满族神话中,这种关于宇宙形成的说法相当详细。

《老三星创世》:"最早的宇宙间什么也没有,整个宇宙空间里充

---

[1] 富育光:《萨满教与神话》,沈阳:辽宁大学出版社,1990,第34页。

满了水，混混沌沌，一片汪洋。但当时的那个水和我们现在自然界中的水不一样，满族老萨满称这个水为'巴纳姆水'，也叫'真水'。巴纳姆水是满语，翻译成汉语叫'地水'。这种水能产生万物，也能消灭万物。"

"由混沌的初分，产生了'创世之神'老三星……灵气是老三星的真元之气，它和老三星同时产生。灵气产生之前，和水混合在一起，有一种气体叫混元之气，混元之气没什么害处，但它是黑的，不透明。"①此中的"巴纳姆"满文为 banamu，banamu hehe 指地水女神，banamu 与 banaji 是同源词，banaji 义为"土地神"，也可译为"土地爷爷"。这则神话认为地水后来演变成了神灵，即成了土地爷爷。

《天神创世》："从前，没有地，天连着水，水连着天。"②

《天宫大战》："很早以前，整个宇宙像水一样流淌，像云一样飘逸，这是一个荒古未开，天地未分的混沌世界，后来阿布卡赫赫和一些神禽神兽开天辟地创造了这个生命世界。"③

阿布卡赫赫，满文写作 abka hehe，前文说过 abka 义为"天"，它是满族原始信仰文化中主要的崇拜对象之一。在以上创世神话中，天蕴涵着所有的自然神祇，代表着自然崇拜的总体观念。从"天"观念的发展过程看，它最初没有固定的形体，像水一样流溢，像云一样缥缈。到后来天有了层次之分，人们用"九天""九层"来形容天体的恢宏广大。与汉语一样，"九"代表着最大的数字，它是形容极多之义，人们后来又附会每层天都住有一个自然神祇群，形成一个独立的神系，各层之间互相沟通，形成了一个庞大的神祇王国。后来又形成了"九

---

① 傅英仁：《满族萨满神话》，哈尔滨：黑龙江人民出版社，2003，第 10 页。
② 乌丙安、李文刚：《满族民间故事选》，上海：上海文艺出版社，1983，第 1 页。
③ 富育光：《萨满教天穹观念与神话探考》，《学术研究丛刊》1987 年第 5 期。

天三界说"。

abka hehe 传说为母性神，abka enduri 为男性神。在满族创世神话中，他们是人类和生灵的始祖神，是自然崇拜的总代表。阿布卡赫赫与地母"巴那吉额母"、布星女神"卧勒多妈妈"同为宇宙创世三姊妹神。传说她们生育出整个宇宙，她身上搓落的泥变成了女神"赫赫瞒尼"，在赫赫瞒尼震天动地的鼓声中，生出了人类和其他生灵。[①] 巴那吉额母，满文为 banaji emu，卧勒多妈妈，满文为 elden mama，（elden 义为"光"）也称为"穹宇妈妈"，它是满族星祭中的主神，为众星的领袖，司命女祖神。我们认为满族古老的原始崇拜即包含了对宇宙的认识，包含了对天穹间的自然崇拜，在与满族原始信仰文化有关的行为仪式中包含了多神崇拜。原始信仰文化认为天地最初并没有分野，神、人、动物之间并没有不可逾越的界限，认为天地自然间有多少事物，便有多少神灵。宇宙间充满了神灵，人类居住的大地，只是无限宇宙层次中的一层而已，各个层次的神灵可以通过孔洞上下通行。

前文说过的 abka hehe，原为"朱赫他坦"，满文为 juhe tatan，juhe 义为"冰"，tatan 义为"窝铺，住地"，合起来即为"冰窝铺"。这个词组的出现，体现了满族作为北方民族的生态特征和生存环境特点。满族居住习俗的形成，与满族居处的地理位置、气候条件等环境因素有着密切的联系，这在语言中也有许多反映。"由于东北地区气候寒冷，满族先民在很长的一段历史时期内都是夏天巢居，冬天穴处。所谓巢居，即是在树与树之间利用枝干搭结成棚，以避兽害，以防潮湿。巢居在夏天凉爽，通风，冬天则不可行。为保暖避害，满族先民在冬天都穴居地下。"[②] 到了明代后期，东北地区的部分满族仍然保留有穴居

[①] 杨学政:《中国原始宗教百科全书》，成都：四川辞书出版社，2002，第3、30页。
[②] 江帆:《满族生态与民俗文化》，北京：中国社会科学出版社，2006，第48页。

和以桦皮为帷的传统，只是这时的穴居已由全地穴式改为半地穴加棚盖式了，这与汉民族东北地区先民居住型制就完全相似了，如在沈阳的"新东遗址"即是如此。相关的文献记载有很多：

《太平广记·肃慎国记》引："肃慎氏，其地在夫余国北可六十日行，东滨大海，夏则巢居，冬则穴处。"

《后汉书·东夷传》："挹娄，古肃慎之国也……处于山林之间，土气极寒，常为穴居，以深为贵，大家至接九梯。"

《旧唐书·北狄列传》："黑水靺鞨最处北方……无屋宇，并依山水掘地为穴，架木于上，以土覆之，状如中国之冢墓，相聚而居。夏则出入水草，冬则入处穴中。"

《明一统志》："女真野人……暑则野居，冬则屋处，……住平屋，屋脊间开孔，以梯出入，卧以草铺。"

以上这些文献记载都说明了当时的满族"夏则巢居，冬则穴处"的居住特点。问题是为什么阿布卡赫赫作为天女神、最高的天神却与居处词"冰窝铺"有关系呢？这可以从满族神话中得到一些启示：

世上最先有的是什么？最古最古的时候是什么样？世上最古最古时候是不分天不分地的水泡泡，天象水，水象天，天水相连，象水一样流溢不定，水泡渐渐长，水泡渐渐多，水泡里生出阿布卡赫赫。[①]

可见，在满族先民的宇宙观里，天地是一个相连的、像水一样流溢不定的世界。这与印度神话中的开辟神话十分相似："最初，此世界惟有水，水以外无他物，水产生出了一个金蛋，蛋又成一人，是为拍

[①] 富育光：《萨满教与神话》，沈阳：辽宁大学出版社，1990，第228页。

拉甲拍底,实为诸神之祖。"①富育光先生书中接着引录说:"她象水泡那么小,可她越来越大,有水的地方,有水泡的地方,都有阿布卡赫赫,她小小的像水珠,她长长的高过寰宇,她大得变成天穹。她身轻能飘浮空宇,她身重能深入海底。无处不在,无处不有,无处不生。她的体魄,谁也看不清,只有在水珠里才能看清她是七彩神光,白亮湛蓝。她能气生万物,光生万物,身生万物,空宇中万物愈多,便分出清浊,清清上升,浊浊下降,光亮上升,雾气下降,上清下浊。于是,阿布卡赫赫下身又裂生出巴那姆赫赫(地神)女神。这样,清光成天,浊雾成地,才有了天地姊妹尊神。清清为气,白光为亮,气浮于天,光浮于光,气静光燥,气止光行,气光相搏,气光骤离,气不束光,于是,阿布卡赫赫上身才裂生出卧勒多赫赫(布星女神)女神,好动不止,周行天地,司掌明亮。阿布卡气生云雷,巴那姆肤生谷泉,卧勒多用阿布卡赫赫眼发布生顺、毕牙、那丹那拉呼(日、月、小七星)。三神永生永育,育有大千。"②在满族的信仰中,阿布卡赫赫是智慧和勇敢的象征,她具有万能的神力,正因为她"小小的像水珠,她长长的高过寰宇,她大得变成天穹。她身轻能飘浮空宇,她身重能深入海底。无处不在,无处不有,无处不生",因此,在满族的原始观念中,阿布卡赫赫就是宇宙,宇宙就是阿布卡赫赫。在茫茫无际的宇宙中,宇宙是浑然一体的、混沌未开的,只有阿布卡赫赫才是唯一孕育着生命和力量的源泉,人们赋予了阿布卡赫赫神圣的、超人的、超自然的力量,认为她是创造万物的万能神,由于她的出现,宇宙间的万物才随之产生和形成。天女神阿布卡赫赫是宇宙万物、人类以及天体神的创始者,是创世神,也是无所不能的超神。

---

① 茅盾:《神话研究》,天津:百花文艺出版社,1981,第164页。
② 富育光:《萨满教与神话》,沈阳:辽宁大学出版社,1990,第228页。

满族认为最初的宇宙是由许多"水泡泡"组成的,承认了世界的物质性。天神阿布卡赫赫是由水中诞生出来的,本身即是物质演化的结果。这些水泡泡弥漫整个宇宙,宇宙混沌未分,是一个浑然的整体,后来才逐渐地"清清上升,浊浊下降,光亮上升,雾气下降,上清下浊","清光成天,浊雾成地,才有了天地姊妹尊神"。[①] 这种宇宙产生于混沌的思想在汉民族文献中也有反映。《山海经·西山经》:"又西之百五十里,曰天山。……有神焉,其状如黄囊,赤如丹火,六足四翼。浑敦无面目,是识歌舞,实为帝江也。""浑敦"与"混沌"实同一词,也是指宇宙当初混沌未开的情景。阿布卡赫赫又裂生出巴那姆赫赫,"巴那姆"的"巴"满文为 ba,汉译为"地方"或是广袤无垠的"土地","那"满文为 na,汉译为"地","姆"则为"额莫",满文为 eme,即"母亲"。仅使用"姆"来表示的音节,可能是因为音变或是方音而成。"巴那姆赫赫"直译则为"土地母亲女神"也可称为"地母女神"[②],如果从满族原始神话的谱系来看,阿布卡赫赫应为至上神,由她化生创世,又创生出了卧勒多赫赫这个光明神和巴那姆赫赫这个地母女神,由此便产生了宇宙三界和包括人类在内的世间万物。这三个女神是"同身同根,同现同显,同存同在,同生共孕",则反映了满族先民在原始母系社会时代,对于母性的崇拜。满族神话中神界故事系列,真实地反映了当时人们对社会的认识和当时人们所有的精神文化成果。

在满族神话中,abka hehe 无疑是至上神,是诸神中的主神,这位主神的诞生,对于原始信仰文化及其神话表现形式是至关重要的。从

---

① 富育光:《萨满教与神话》,沈阳:辽宁大学出版社,1990,第 228 页。
② 宋和平:《满族萨满神灵初探》,载金香、色音主编《萨满信仰与民族文化》,北京:中国社会科学出版社,2009,第 50 页。

世界神话类型来看，宇宙起源、人类起源、英雄事迹等，都可看作是一种相对清晰的神际谱系关系，并由此形成了相对完整的神界故事系列，而这一神界故事系列，又必须依仗着一个主神的确立才能完成，才能将人神故事的各个神话片断构筑成一组有内部因果联系的事件网络，使之逐渐浑然一体，也使整个神系内部的各神之间产生等级层次关系。abka hehe 的诞生，使满族原始信仰神话具有了全新的形式和面貌——由此而确立了神的名号、神的职能、神的造型和神际关系等，也使神话叙事具有了完整性和统一性。abka hehe 作为至上神，是从神话本身表现出来的，而不是被刻意认定的。因为仅仅具有至上神这个空泛的、孤零零的观念是不行的，她作为神，还必须要用神界故事和神话关系之网来支持，否则就不会具有至上神的地位。至上神观念的确立需要两个方面的条件：其一，必须具有原始崇拜方面的意义，她必须成为作为体系神话中枢和核心的主神；其二，她还必须是各类神话故事借以繁衍生发的核心，由她来衍生出更多的神话故事，而核心始终不变。主神是各种神话故事的源头。满族萨满神话出现了至上神 abka hehe 的意义是非常重大的，她使满族原始信仰文化从此具有了神谱系统（即"神系"）。在神话中，每个民族都起源于某一个神，部落首长所在的民族甚至起源于一个更显赫的神，如果没有这样的神就要想方设法创造出一个来。在人世间的力量越显赫，就越需要塑造和造就一个更普遍、更权威的神来统辖。在原始时代，社会群体是由许多氏族、部落、部落联盟组成的，在它们统一为一个社会群体时，就要吸收其成员的各个社会群体的各种神灵，再给它们按照世俗势力予以序位，在安排这种序位的同时，就更需要指出一个最高的主神，以象征部落联盟的权威地位。满族原始信仰文化选择了 abka hehe，即由水中诞生之神而逐渐演化成的至上神。

前文说过，abka hehe 下身裂生出了巴那姆赫赫，即地神。在神话传说中，地的形象伟岸，腹乳高隆，巨若山丘，威力无比，她身上搓落的碎泥软毛化作了树海山岩，滴出的汗水化作了淙淙清泉。① 巴那姆赫赫，在《清文鉴》中写作 banaji，所以又称为"巴那吉"或"巴那吉额母"（banaji emu）②。如果有鬼怪作祟，则要禳祈安宅，以求土地平安，即 banaji tebumbi。③ 前文说过，巴那吉额母为地神，巴那姆水称为地水。在满族萨满神话中，万物产生于水，水为万物之源，这种说法不仅在《天宫大战》中有，在其他满族萨满神话中也大量存在。前文提到的《老三星创世》中说："最早的宇宙间什么也没有，整个宇宙空间里充满了水，混混沌沌，一片汪洋，但当时的那个水和我们现在人间的水不一样，满族原始信仰称整个水为'巴纳姆水'，也叫'真水'。巴纳姆水是满语，翻译成汉语叫'地水'，这种水能产生万物，也能消灭万物。……由混沌初分，产生了'创世之神'老三星。……灵气是老三星的真元之气，它和老三星同时产生，灵气产生之前，和水混合在一起的有一种气体叫混元之气。混元之气没什么害处，但它是黑的，不透明的。老三星产生之后出现了灵气，才把这种混元之气澄清了，这种混元之气往上升成为灵气，造出了天宫，也就是第一层天。下沉成为浊气，这种浊气同巴纳姆水混到一起，巴纳姆恩都里用它和七彩神土造出了大地。"④

从上述满族神话来看，水在其中占据了相当重要的位置，万物产生于水，水为万物的源泉，水成为产生一切的初始基质，由水来构成

---

① 杨学政：《中国原始宗教百科全书》，成都：四川辞书出版社，2002，第30页。王宏刚所撰写"巴那吉额母"条。
② 江桥：《清代满蒙汉词语音义对照手册》，北京：中华书局，2009，第446页。
③ 江桥：《清代满蒙汉词语音义对照手册》，北京：中华书局，2009，第452页。
④ 傅英仁：《满族萨满神话》，哈尔滨：黑龙江人民出版社，2005，第10页。

并衍生万物。如果从万物生成的谱系来说，水应成为谱系的根源，这在语源学上也可以找到证据。满语 ba na muke 为地水，即巴纳姆水，其中 ba 为地、土地义，这个词同时又有"故乡""老家"的义项，即从根源上来说，万物的出生地即为老家。ba 还有个义项为婆家，古代宗法制度认为女人出嫁后才有家，在汉字中，"嫁"的是女人，女人出嫁后方有家，"嫁"是个会意字。再看与 ba 同词根的词 banin，它有天资、天性、本性等义，因为天资和天性等来源于血缘的遗传，故此词又有同根源的意义，特别指（血缘）亲的，（血缘）近的，可构成 banin mafa（亲祖父），banin mama（亲祖母）等词，从中也可看出"根源"的意义来。na 为土地义，此词与 ba 的区别在于地上还是地下，ba 一般泛指土地、地面；na 可用于特指，可指地下、地底层，所以这个词的义项有表示（布、化、纸等的）底子、地儿等意义。muke 指水，ba na muke 合起来指地水，从神话中可见地水具有孕育万物的圣水之意，也含有万物始于此之意。与水（muke）音相近的词为 mukūn，义为"族""宗族"义，于此义派生出一系列的词，如 mukūn falga 义为"宗族"，mukūn nala 义为"氏族"……从词源学角度来说，"水"是宗族血缘联系的纽带。土地的另一个词形写作 boihon，义为"土、泥土"，也可指土神、社稷等。而表示家眷、家属的词 boigon 的另一个词形也是 boihon，笔者认为这绝不是偶然的。因为家眷、家属等是具有同样血缘关系的人群，它们也是同根同族的。于此可见，在满族萨满神话中，他们认为世间万物都产生于水，至上至高之神从水中产生，至上神又产生了地神，地神即水神，与此相关的满语词语的意义中都有根源的义项，这从语言学的角度阐释了满族人对于天穹宇宙、世间万物的来源的认识及其对天神、地神的崇拜。abka hehe 被称作"冰窝铺"，除了与满族人的生存环境有关，也与满族人对水与天神、宇宙的关系的认识有很大关联。

我们再回过头来分析关于满语 abkai ejen 的这组词：

abkai ejen 上帝
ejen 主人
ejesu 记性、记忆力
ejetun 志、记录、标志
ejetun bithei kuren 志书馆
ejetungge dangse 记录功臣、著名人物的档案

满语 abkai ejen，义为"上帝"，是一个复合词，ejen 义为"君主""主人""天子"。它表示远离人间的至上神，这与 abka hehe 是不同的。富育光认为，满族原始信仰文化中，最有特色的是"九天三界说"，"认为自然宇宙分为九层，最上层为天界，天界，又称光明界，可分成三层，为天神阿布卡恩都里和日、月、星辰、风、云、雨、雪、雷、电、冰雹等神祇所居，除此之外还有众多的动物神、植物神以及诸氏族远古祖先英雄神，高踞于九天'金楼神堂'之中。在许多姓氏绘制的影像图中，可见九天上有神鸟，左日右月，光照寰宇；中层亦分为三层，是人、禽、动物及弱小精灵繁衍的世界；下层为土界，又称地界，暗界，亦分三层，是伟大的巴那吉额母（地母）、司夜众女神以及恶魔耶鲁里居住与藏身的地方。萨满是'九天'的使者，既可飞升于高天之上与神通，又可伏治中界的精灵，更可以驰降于地下暗界最底层，去铲除殃及人类的诸魔怪，并随时迎请巴那吉额姆给予大地以丰收和富足。"①
满族神话把宇宙分为三界，中间一界为人间，是人和动物等居住的地方，

---

① 富育光：《萨满教与神话》，沈阳：辽宁大学出版社，1990，第 26 页。

这一层最重要，它上接天界，下接地界，虽然有许多神灵可居住在天界和地界，但作为神的常态，却大都在人界中。例如 abka hehe，作为神来说，她却具有人格，是一位人格神，她的下身可以裂生出巴那姆赫赫，她的眼睛变成了日、月，头发变成了森林，汗水变成了溪河……她虽然被称为神，却是具有人的形体与性格的神，是可想象的具有人性的神。从 abkai ejen（上帝）一词的语义构成来看，abka 表示上天、天空、大自然，由此可引申出神灵居住的地方；ejen 义为"主人"，也可指君主、皇上或天子，说明此上帝不是一位人格神，它没有具体的名称，有具体名称方可能称为人格神，它只是人们虚拟的非人间的神，它高高在上，高不可及，也无形象可以描绘摹状，是一个泛指的、无上的权威。人们可以敬畏它，却不能去具体地描绘它，它是满族祖先对于遥远世界的追忆，模糊朦胧，不能够被确指。这使我们想到神话起源的问题。关于神话起源可以有许多不同的说法，其中一种说法认为神话来源于远古人类对于早期社会生活的记忆。王小盾说："神话叙述之后总是隐藏着历史真实。神话是一个族群的神圣活动，是世代相承的集体记忆……神话是关于人类进化的那段早期历程的所有记忆的总和。"① 这种说法在满语中得到了证实——与 ejen 一词同源的词的意义与"记忆、记载"有关：ejesu 是指记性、记忆力；ejetun 是指志、记录、记号等，它还可再组合成短语，如 ejetun bithei kuren 指志书馆，ejetungge dangse 则指记载功臣、著名人物的档案。于此我们设想，abkai ejen 是满族祖先对于远古社会生活的记忆和追想，因为它是高高在上、邈不可及的远古形象。从满语词语来看，神话的来源之一，可能是对远古时代人们社会生活历程的记忆的总和。

满族萨满神话中有许多化生型创世之说。上文谈到的满族神话

---

① 尹荣方：《神话求原》，上海：上海古籍出版社，2003，第 2 页。

《天宫大战》称，现世的万事万物都是由 abka hehe 等三个女神从自身上生出来的，所谓生，是指神用自己躯体的一部分化生出来。一些同族神话还认为 abka hehe 的身体器官也可化生为天体及森林河流："有一次，阿布卡赫赫和恶魔耶鲁里争斗，她不慎上了恶魔的当，被压在一座座雪山下面。阿布卡赫赫在雪山下饿得没有办法，又无法脱身，只好啃着巨石充饥，把山岩里的巨石都吞进了腹内，于是阿布卡赫赫顿觉周身发热，坐立不安，浑身充满了巨力，熔化了雪山，一下山又重新撞开层层雪海雪山，冲上穹宇。可是热火烧得阿布卡赫赫肢身融解，眼睛变成了日、月，头发变成了森林，汗水变成了溪河……"①abka hehe 化生创世，在世界神话研究中具有典型意义。在汉文文献中，盘古开天地也是典型的化生型创世，《广博物志》卷九引《五运历年纪》："首生盘古垂死化身，气成风云，声为雷霆，左眼为日，右眼为月。四肢物体，为四极五岳，血液为江河，筋脉为地理，肌肉为田土，毛髭为星辰，皮毛为草木，齿骨为金石，精髓为珠玉，汗流为雨泽，身之诸虫，因风所感，化为黎甿。"说明汉民族的化生创世说以盘古创世神话为代表，是盘古肢体分裂创造了世间万物。但满族神话与汉族神话还有显著不同，盘古创世是在他在垂死之时，或者说死后化身为世间万物，这种行为是被动的。而 abka hehe 的化身则不同，她在还没有死亡的情况下就主动地将身体的某些部分化为宇宙间的万物。

满语中表示养育、赋予的词 hūwašabumbi，也可指栽培树木，此词的原形 hūwašambi，指生长、成长。前文说过，《天宫大战》称 banamu hehe（地母神）是从 abka hehe 的下身裂生出来的，elden hehe 是从 abka hehe 上身裂生出来的。谢选骏说："自我化身类似肢解，带有根块植物繁殖的象征性，充满毁灭与创造，死亡与再生的交错。其

---

① 富育光：《萨满教与神话》，沈阳：辽宁大学出版社，1990，第234页。

动力也是自发的，而非外来的。"① 在先民的眼中，人体的分裂即意味着一个新的生命的诞生。这在满语词语中有很清楚的表述：破裂 hūwajambi，也有破碎、分裂的意义等，这个词与 hūwašabumbi（栽培、养育）音近义通，也与 hūwašambi（生长、成长）音近义通，所谓的意义相通，是我们今天的解读。在满语中，分裂义与生育义竟然采用了相近的语音形式，这不会是偶然的，它们是由同一词根分化而来的。在满族人的思维中，所谓的生育生长等都是通过裂变而产生的，所有的新生命的诞生途径即是由母体分裂而完成的，这在满语词语中表现得如此充分！

关于人类的起源，全世界各民族神话都在试图做出解释，其中抟土造人是最具典型性的一种说法。阿尔泰语系民族的神话中，也有许多种版本和说法②，其中就有天神以土造人事迹的介绍：相传，人是恩都里下凡捏泥造成的。现今人出汗时，就能搓出泥垢来，这就是恩都里当初捏泥人时的遗留。他造完人，在又凉又湿的地面上搓泥人，让男的屈膝跪着，让女的盘腿坐着，所以现在的男人膝盖骨发凉，女人下身寒大。这是恩都里造人时粗心留下的遗迹。③ 在满族神话故事中，也有以泥造人的说法：赛音妈妈拿出自己的石头罐子，准备把天兽放出来。其中五个罐子放到天穹，五个罐子放到大地。她刚要把往大地放的罐子打开，阿布凯赫赫阻止说，你先别打开，我用七彩神土先给放到地上的天兽安上生殖器，让它们在大地上能够继续繁衍后代。④ 满

---

① 谢选骏：《中国神话》，杭州：浙江教育出版社，1995，第20页。
② 那木吉拉：《中国阿尔泰语系诸民族神话比较研究》，北京：学习出版社，2010，第273–284页。
③ 满都呼：《中国阿尔泰语系诸民族神话故事》，北京：民族出版社，1997，第178页。
④ 陶阳、钟秀：《中国神话》，北京：商务印书馆，2010，第153页。

语 jurambi 义为"塑造",这个词与义为"起程""出发"的 jurambi 是一个词形,这反映了满族人的思维内容:他们认为塑造泥巴意味着神灵创造万物的第一步,人及万物生灵最初都是由神捏塑泥巴开始的。这个词及其意蕴反映了满族人对于人类诞生的认识。

综上所述,我们从满语 abka、enduri、muke\mukun、ejen、hūwašambi\hūwajambi、jurambi 等词语入手,分析探讨了满族原始信仰文化的宇宙观,包括满族人对神的总的看法,即认为神离人间的生活很近,有和人一样性格特点;满族人认为宇宙是水组成的,abka hehe 最初也是水,她创造了万物,是满族神话的主神;认为世界是由 abka hehe 化生创造的;认为人类最初是由 abka hehe 用神土捏制的;认为神话是对远古时代人们社会生活历程总和的记忆,等等。满语词语隐含的这些信息也证明了满族神话系统的完整性。

本章的核心内容为考察满语词语反映的满族原始信仰文化灵魂观。首先考察了满语中"梦(tolgin)"一词,发现与"梦(tolgin)"有关的一系列词语都与灵魂有关,反映了满族信仰的灵魂观念产生的基础即在于梦境;满语中的"影子(helmen)""痕迹(oron)"等词语都可以成为灵魂形态的印证,同时分析比较汉族的有关文献资料,进一步证明了先民信仰所具有的共通性;关于魂的分类及其存在处所,笔者考察了"牙齿(weihe)""骨头(giranggi)""尸体(giran)""头发(funiyehe)"等满语词语,印证了灵魂存在的处所的说法;通过分析满语词 sukdun(气)和 ergen(元气)的义项,可知满族先民认为灵魂与气存在着密切的关系。其次,考察了"天(abka)""神(enduri)"等词语,发现满族对于宇宙和人类的起源的构想在满语词语中都有遗存,并且有满族神话和传说作为证明;宇宙天神具有创世、生育等功能在满语词语中也都有反映。

第三章 满语词语表述的原始信仰文化行为

本章探讨的原始信仰文化行为主要围绕着满族的祭祀活动展开，包括"萨满"、萨满与神灵沟通的方式和手段、祭祀仪式、祭祀器具和禁忌。选取了一些满语词语进行系联并做词义分析，试图探寻其中蕴涵着的上述原始信仰文化行为的信息。

第一节 满语词语与"萨满"神职

一、满语词 saman 解析

（一）同源词 saman、sambi、samdambi

"萨满"即满语"saman"，也可译成"巫师"，这与汉语中的"巫"的医治病痛的含义是一致的。满语中，"巫医"写作"saman oktosi"，如

《字法举一歌》:"julergi ba i niyalma henduhe gisun, niyalma de entehen akū oci, saman oktosi seme ojorakū sehengge."汉译为"南人有言曰:人而无恒不可以作巫医"。"saman"一词为名词。表示萨满进行法事,男女萨满跳神驱鬼,则组合成动词短语,写作"samam fudešeme yabumbi",指巫觋跳神的动作行为。与 saman 同源的动词"sambi",(-mbi 为动词词尾),义为"知道""晓得",《八旗满洲氏族通谱》:"mini beye sambi sere anggla, abkai fejergi sarkūngge akū."汉译为"不独朕知之,天下无不知者"。由此词再引申,有照见、洞察的意思,《黄石公素书》:"genggiyen fejergi be same tesumbi(tesure)."汉译为"明足以照下"。与"saman"同源的词有"通晓""有智慧"的意思,可见,满族原始信仰文化认为,萨满巫师是沟通神人的智者。

张光直认为,中国古代文献中的"巫"应译为"shaman",而不能译为"术士""magician"(英文,"术士""巫师"),或"wizard"(英文,"巫")。张光直说:"在中国古代,鬼神祭祀时充当中介的人称为巫,据文献的描述,他们专门驱邪、预言、卜卦、造雨、占梦。有的巫师能歌善舞,有时,巫就被解释为以舞降神之人。他们也以巫术行医,在作法之后,他们会像西伯利亚的萨满那样,把一种医术遣到阴间,以寻求慰解死神的办法。可见,中国的巫与西伯利亚和通古斯地区的萨满有着极为相近的功能,因此把'巫'译为萨满是合适的。"[①]张光直认为中国古代的"巫"与"萨满"是同一性质的神职人员,反映了人类具有共同性的原始信仰。我们再从汉语的"巫"来看萨满的社会功能与职能,《说文解字》:"巫,祝也。女能事无形,以舞降神者也。象人两袖舞形。与工同意。古者巫咸初作巫。"依《说文解字》的"象人两袖舞形""女能事无形,以舞降神者也"的话来看,"巫"本

---

① 张光直:《美术、神话与祭祀》,沈阳:辽宁教育出版社,1988,第35页。

指女巫，这与满族萨满最初多为女性是吻合的。《宗教百科全书》"萨满"条："许多民族中的巫师是妇女。东北亚和堪察加地区的男萨满主持宗教仪式时，常常装成妇女的模样，平时也有摹仿妇人说话和举动的。"[1]对于"巫"字本义有许多异说，其一是说巫字象两人相向对舞之形，工似神坛形，意为巫歌舞于坛上；其二是说巫是古代一种以跳舞降神为神职的人，"巫"即"舞"的讹变，是由甲骨文讹变为小篆的今形；其三认为"巫"在甲骨文中是指女巫所用的舞具之形。这些说法具有的共同特征即是指以舞来悦神，"巫"与"舞"具有同源关系，王力先生说："上古时代，巫婆以舞蹈装神弄鬼，故'巫'与'舞'同源。"[2]从"巫"的社会职能看，巫主要是为了沟通鬼神与人间，巫师降神，所用的手段即是以舞蹈的方法迎请神灵。瞿兑之说："人嗜饮食，故巫以牺牲奉神；人乐男女，故巫以容色媚神；人好声色，故巫以歌舞娱神；人富言语，故巫以词令歆神。"[3]"巫"字的字形，上一横划为天，下一横划为地，中间一竖划为天地沟通，两边的人字形则为巫者，跳舞娱神使其降临。在中国古代文献的记载中，巫的职能非常清晰：《国语·楚语下》："昭王问于观射父曰：'周书所谓重、黎实使天地不通者，何也？若不然，民将能登天乎？'对曰：'非此之谓也。古者民神不杂。民之精爽不携贰者，而又能齐肃衷正，其智能上下比义，其圣能光远宣朗，其明能光照之，其聪能听彻之，如是则明神降之……'"此段也可以解释满语"saman"的特点："萨满"必须是有智慧的明达之人，萨满的职能即是使"明神降之"。秋浦说："萨满

---

[1] 中国大百科全书总编辑委员会:《宗教百科全书》，北京：中国大百科全书出版社，1994，第277页。
[2] 王力:《同源字典》，北京：商务印书馆，1982，第178页。
[3] 瞿兑之:《释巫》，《燕京学报》1930年第7期。

是灵物的代表，他可以交往于人神之间，他有法术的力量，可以为病人赶鬼，为猎人祈福。"①他在他主编的《萨满教研究》中指出，萨满作为人和神之间的中介人，其职能有以下三个主要方面：一为消灾而祭神、跳神。所祭的神有天神、祖先神等；二为病人跳神，根据不同症状祭不同的神，使其不要作祟，致祷词许愿供祭该神，求对病人宽恕；三为祈求丰收祭神。②这些职能，都在满语的"saman"一词中得到了体现。

前文曾说，满文的"sambi"为动词，与 saman 一词有相同的词根，表示"知道""晓得"等含义，它还有另一个词义却没有引起学者们的重视，而这一词义对于理解"萨满"的神职功能更加重要。"sambi"还有一义是"伸""伸开""引"的意思。《续编兼汉清文指要》："monggon sampi gorokon tuwambi."汉译为"伸首遥望"，其词义核心即为"引"。《百二老人语录》："abkai fejergi gemu monggon sampi musei guruni enduringge erdemu de forome, taifin jirgacun be erendumbi（erendure de）."汉译为"天下皆引领，望我国圣德冀享太平。"其中的"引领"即为"伸长头颈"。这与汉字"申"有比较的必要。《说文解字》曰："申，神也。七月阴气成，体自申束。从臼，自持也。"段玉裁注曰："谓此申酉之篆，即今引申之义也。……《律书》曰：'申者，言阴用事，申则万物，故曰申。'《律历志》曰：'申坚于申。'《天文训》曰：'申者，申之也。'皆以申释申，为许所本……古屈伸字作诎申，亦假信，其作伸者，俗字，或以掺入许书人部耳。《韩非子·外储说》曰：'申之，束之。'今本讹绅。申者，引长；束者，约结。《广韵》曰：'申，伸也，重也。'"段玉裁是说阴气成体后自行伸屈，神灵是由上降下的。这种

---

① 秋浦：《鄂温克人的原始社会形态》，北京：中华书局，1962，第86页。
② 秋浦：《萨满教研究》，上海：上海人民出版社，1985，第68页。

说法与满语词"sambi"有"引""伸""伸延"义相一致，即上天的神灵是由萨满跳舞娱神，使神灵降临人间的。

前文说过，萨满是沟通人神的中介，这是萨满的主要职能。中介即是指处于中间，满语中有"萨满跳神"意义的还有一词"samdambi"，这个词还有一个义项，指"隔垄种"，这是指种地时，在两垄中间种别的粮食。如"samdame tarimbi"。在耕种的时候，垄与垄之间有一道间隔用的土地，人们往往在其上种别的庄稼，这种庄稼就介于两垄庄稼中间。这个词与 saman 有共同的词根，从词语来看，萨满显然具有沟通神人中介的职能。前面提及秋浦认为萨满所具有三项社会职能中，作为中介则是其最本质的功能。富育光说："在许多民族中流传着一个类似的萨满来历的神话，人们传说，最初的萨满是天神命神鹰变幻的，或说是神鹰和女神交配后诞生世间的。由于是神的派遣或神的裔种，通达、了解神意是当之无愧的，聪明、机灵自不待言，而且对天机还有极深刻、敏感的悟性，这便是晓彻。萨满本自天穹下界，翔天入地应为本性，萨满晓彻神谕，在人神间往返，代达庶望，为民服务。"[①] 所以，尽管人们对于萨满的本质特点及其解释众说纷纭，但是从语言学本身来说，"samdambi"一词，既表示萨满跳神，又表示两垄庄稼的中间的义项，已很好地表达了萨满的本质功能即为神人中介的意义。从中也可看出语言学解释各种文化现象的不可替代的魅力。

（二）汉语言学中的"萨满"的词源——"美门"

满族的原始宇宙观念使萨满可以代表其氏族的族人，向"上天表示他们虔诚的敬意和希冀庇佑的意愿，也才可以从天上带回神谕和恩惠使族人得到精神上的慰藉。""萨满在今世——当然是在一种神秘的宗教气氛中——就能和天神交往，这才使他成为人神的'中介'——

---

① 富育光、孟慧英：《满族萨满教研究》，北京：北京大学出版社，1991，第 258–259 页。

人的代表、神的使者。所以,'萨满'一词最古的含义就是和天穹紧密相连的。所以,'萨满',通古斯语,其含义按满族民间著名史诗《乌布西奔妈妈》中解释是'晓彻'之意,最能通达、了解神意。有些满族萨满神谕中称萨满又叫'阿巴汉','乌汉赊夫',这与《三朝北盟会编》中记载女真语称萨满又叫'乌达举'是一致的。'乌达''阿巴''乌汉'实际都是满语'天'(阿布卡)字音转,译成汉语即天的奴仆、天使、天仆。"①富育光在《满族萨满文化遗存调查》一书中结合女真语、词语构成(构词法)、辞例分析等方面又做了深入的分析,认为"'萨满'一词是满族先人女真人的语言,其词已经被世界各国所接受,成为世界萨满学科的公用语。这不能不说是满族对世界萨满文化的一种贡献。"②富育光等学者关于"萨满"词源的论证论据充分,论证严密,特别是注重从语言学的角度来分析原始信仰文化现象,这是很值得提倡的研究方法,也是原始信仰文化研究的科学方法,这也早已为缪勒等宗教学者证明为行之有效的方法。

"萨满"一词在我国史籍上的记载最早见于南宋徐梦莘编的《三朝北盟会编》:"兀室(完颜希尹)奸猾而有才,自制女真法律、文字……国人号为珊蛮。珊蛮者,女真语巫妪也,以其变通如神。""珊蛮"即是"萨满"译音的另一种写法。《金史》称"萨满"为"撒卯"或"撒牟",《金史·国语解》注:"撒卯""撒牟"为"萨满",并称其为"巫"。在《清文鉴》中"saman"释义为"enduri weceku de jalbarime baire niyalma be saman sembi",汉译为"于神祇前行祷祝之人称萨满"。《清文总汇》释"萨满"为"巫人","samdambi"一词释为"巫人戴神帽,束腰铃,扭腰摇摆,打神鼓走着跳神。"《清史稿》中记载:"乾隆

---

① 富育光、孟慧英:《满族萨满教研究》,北京:北京大学出版社,1991,第175页。
② 富育光:《满族萨满文化遗存调查》,北京:民族出版社,2010,第33页。

三十六年，定春、秋骟马致祭，萨满叩头。萨满者，赞祀也。"① "萨满"一词有许多译音异写，这是相当自然且普遍的现象。其实，"萨满"一词还可追溯到更远的时代。《史记·封禅书》："致物而丹沙可化为黄金，黄金成以为饮食器则益寿。""始皇逐车游海上，行礼祠名山大川及八神，求仙人羡门之属。"《史记·秦始皇本纪》："始皇之碣石，使燕人求羡门高誓。"集解："韦昭曰：'羡门，古仙人。'"此处的"羡门"即是"萨满"的译音异写，从上古音来看，它们的读音非常相近：

羡　　　　　　　　　　　　门
元部 邪声　　　　　　　　　文部 明声
萨（sa）　　　　　　　　　 满（man）
月部 心声　　　　　　　　　元部 明声

"羡"与"萨"两字，韵部的主要元音相同，它们声音很近，常常互相转化，是阴阳对转；它们声母相近，"精""清""从""心""邪"排为一列，同为齿头音，它们通转的情况，在古代汉语的文献中非常普遍。"门"与"满"字，"文"部与"元"部主要元音相近，韵尾相同，为旁转，在古汉语文献中，它们互相通借也是很普遍的现象，这两个字的声母都为"明"声，当然可以通用了。② 所以我们认为"羡门"应当是"萨满"一词在汉语文献中的最早写法。至于哪个为源，哪个为流，尚较难判定。

汉语属于汉藏语系，满语属于阿尔泰语系，虽然它们是属于不同语系的语言，但也可能因为接触而受到影响，各自产生变异。朝鲜语

---

① 赵阿平：《满族语言与历史文化》，北京：民族出版社，2006，第235页。
② 王力：《同源字典》，北京：商务印书馆，1982，第12–20页。

与汉语也分属不同语系，它们却有许多同源现象，侯玲文对此做出了很有益的探索，提出了"汉、朝语言强度接触关系假说，这种关系不同于一般的语言接触关系，也即上古汉、朝语对应词并不等于借词，而可能是操汉语和朝鲜语群体历史融合的结果"。[①]我们认为汉语中的"羡门"一词与通古斯语的"saman"即是这种强势接触所产生的语言现象，它们可能互为因果关系。如果这种说法能够成立，则可推知汉族与满族在原始信仰文化上早已有了互相融汇影响的关系。汉民族的巫教文化源远流长，后来融汇为儒家的思想体系，成为儒家思想的主要来源之一，对后来的满族原始信仰文化产生了深刻的影响。近些年来，人们对于汉语的系属归类有了许多新的想法，对汉语与中国北方民族语言的关系做了比以往更深入的探讨。李葆嘉认为汉语不是仅仅归属于汉藏语系的语言，而是一种"中国民族混合语"，并且认为汉语具有"阿尔泰化"的特点："所谓'阿尔泰化'主要是北方民族在换用北留中原汉语的过程中以阿尔泰语音特点改变了汉语，形成了阿尔泰语的表层。"[②]这种提法主要是从人口接触、地域接触等几个方面得出来的，很值得重视。日本学者桥本万太郎提出了著名的"语言地理类型学"，也认为汉语在发展中存在着"汉语的阿尔泰化"的特点。他认为："正式的宫廷语或书面语，当然是我们现在称之为满语的通古斯语。但在'满族'平民中，通行的却是一种混杂语——严重地满化了的汉语或汉化的满语。"[③]尽管人们对他们的说法可能有不同的意见，但我们坚信，saman 与"羡门"具有互相影响、同源的关系。"羡门"作为汉语固有

[①] 侯玲文：《上古汉语朝鲜语对应词研究》，北京：民族出版社，2009，第8页。
[②] 李葆嘉：《中国语言文化史》，南京：江苏教育出版社，2003，第360页。
[③] [日]桥本万太郎：《语言地理类型学》，余志鸿译，北京：世界图书出版公司，2008，第191页。

词语在后代还有留存，如汉代张衡《西京赋》："美往菩之松乔，要羡门乎天路。想升龙与鼎湖，岂时俗之足慕？若历世而长存，何遽营乎陵墓！"这说明"羡门"一词源远流长，与 saman 有同源关系，只是由于后来"羡门"被"萨满"等写法替代,就很少在典籍中见到"羡门"一词了。

二、满语词 farakabi、forobumbi 解析

萨满（saman）是一个被（原始）社会认可的、为人祛病除灾、占卜预测、在人间与精灵世界沟通往来的人。前文通过对一系列反映原始信仰体系词语的分析，可见满族人具备相信超人间力量的观念，他们相信有 abka hehe（天女神），有 fodo mama（柳树娘娘）等神灵的存在，并且在心中虔诚地信仰它们，在生活中祈望得到它们的庇佑。萨满可以说是原始信仰文化（即萨满文化）的核心和主要特征，没有萨满，就无从谈起原始信仰文化。满族人正是通过萨满，与天神地神建立联系。在萨满做仪式的过程中，萨满认为自己拥有上天遁地的"法力"，同时萨满又在认同他具有这种"法力"的人群中施行萨满术，表现出异于正常人的举动，例如昏迷、舞蹈、癫狂、念念有词等。满语 farakabi 义为"发昏"（"-kabi"是满语完成体词缀之一），同一个词根"fara-"之下的词，如 farambuha 义为"使之昏"（"-bu-"在满语中是表示使动态的词中缀，"-ha"在满语中是表示过去时的词缀之一）。根据元音和谐律，将阳性元音"a"全部换成阳性元音"o"，我们找到 forobumbi 一词，该词词义为"祝赞"，即萨满在仪式中的歌唱与祈祷。由词与词的内部曲折关系可见，昏迷与萨满的仪式有一定的关系。孟慧英认为，萨满活动仪式的主要组成部分是进行巫术，萨满往往是通过昏迷来完成巫术的。"萨满通

过与精灵之间交往的昏迷形式,去完成他的任务。"[1]在《中国北方民族萨满教》一书中,孟慧英还介绍了萨满昏迷的两种形式,即"离魂"和"附体"。萨满仪式中,萨满的灵魂离开身体,或者被精灵附体,萨满都会陷入昏迷、昏睡的状态,他们醒来之后,则会通过唱神歌的形式描述自己在天国地府中遇到了谁,和谁说了什么,做了什么事情。

《尼山萨满传》中,在尼山萨满把色尔古代费扬古的灵魂带回他的躯体之时,书中是这样描述的:

"(唱词)...deyangku deyangku bairengge jilaka, deyangku deyangku jaci labdu kai, deyangku deyangku labdu basa werihe, deyangku deyangku geren dendehe, deyangku deyangku teni waliyame jihe, deyangku deyangku." slefi, tuhai oncohon fahabuha be da jari geli hiyan ci oforo šurdeme fangšafi, teni gelahabi.

译文:"(唱词)……德扬库,德扬库,实在可怜,德扬库,德扬库,又留下纸钱,德扬库,德扬库,众鬼才散,德扬库,德扬库。一番周折,德扬库,德扬库,刚刚回返,德扬库,德扬库!"唱到这里,萨满仰面朝天倒下。大扎立又用香烟熏她的鼻子,方才清醒过来。

尼山萨满的灵魂游离出身体,到地府找回了色尔古代费扬古的灵魂,她完成了这个任务,才从昏迷的状态中醒来。可见萨满在进行仪式的时候,必须借助昏迷、昏睡、不清醒的状态使用神力。farakabi 与 forobumbi 两个词的词源比较结果,似乎可以更充分地说明萨满的这种

---

[1] 孟慧英:《中国北方民族萨满教》,北京:社会科学文献出版社,2000,第230页。

通神方式。

三、满语词 belgeri ilha、bolgombi 解析

萨满在祭祀仪式上进行通神时常常昏迷，他们需要通过做出一系列的准备来诱发这种昏迷的状态，或者营造一种适合产生昏迷状态的氛围。萨满在仪式上唱的神歌、跳的舞蹈、佩戴面具、使用法器等都可以帮助达到昏迷。萨满唱着具有内在韵律的神歌，踩着有节奏的鼓点翩然起舞，加上面具或者其他特殊的色彩、样式的服饰所烘托出神秘氛围，很容易陷入意识失常的状态，步入离魂或者神灵附体这两种通神的途径。在这些诱因中，使用致幻剂药物在很多民族和地区的原始信仰文化祭祀仪式中都有存在的证据。例如曼陀罗这种植物，它具有剧烈的毒性，但北美几乎所有的印第安人部落都存在着对这种植物的崇拜，原因就是吃了曼陀罗可以产生幻觉，它是一种非常有效的致幻剂。也就是说，它可以促使萨满达到昏迷的状态，在仪式中可以更快速地完成灵魂上天入地、为信众祛病除疾这些任务。鄂伦春等北方少数民族则使用爬山松的枝茎和花叶制作香料，在祭祀仪式中使用这种香料，它们燃烧起来便发出浓烈的气味，人将这些烟雾吸入体内，会产生头昏耳鸣的症状，这也有利于萨满进入昏迷的状态。用作致幻剂的材料很多，比如娄兜草、乌头、杜鹃花等植物，比如蜈蚣、蜘蛛、蟾蜍等动物的器官和体液提取物。有些民族的萨满在进行仪式之前还会喝一些酒，酒精也会导致人的意识不清醒，这样可以使之更快地"入境"。

在满语词语里，有一组词 belgeri ilha 和 bolgombi 值得我们注意，通过分析它们的词源关系，可以科学地证实在萨满祭祀仪式中，使用药物也是促使萨满达到昏迷、完成通神的手段之一。

belgeri ilha，《清文总汇》解释为："罂粟花，叶似茼蒿菜。"将该

词组主干部分"belge-"中的阴性元音"e"根据元音和谐律全部换成阳性元音"o",可以在《清文总汇》找到词根为"bolgo-"的一些词语:

1. bolgo 《清文总汇》解释为:(1)射箭干净;(2)清廉之清;(3)洁;(4)净;(5)水清之清;(6)声音清浊之清;
2. bolgombi 《清文总汇》解释为:(1)洁净;(2)胜负决以分晓;
3. bolgobumbi 《清文总汇》解释为:(1)使见以分晓;(2)使洁净;(3)使断决,胜负之断;("-bu-"是满语表示使动态的词中缀)
4. bolgomimbi (1)斋戒乃净己身不饮酒不吃荤;(2)清心之清;(3)蠲。

词根 bolgo- 之下的这些词语,都具有"清""洁净"的意义,从语言学的角度来看,这些词语都与 belgeri (ilha) 存在着一定的词源关系,也就是说,"罂粟花"和"洁净"在满语中是有着密切联系的。罂粟花即是罂粟开的花朵,有白、黄、紫、粉红等多种颜色,花大而艳丽,花落之后才能结出饱含毒汁的果实。果实含有吗啡、可卡因等物质,过量服用会产生兴奋不安、头昏、谵妄、昏睡或昏迷等症状。罂粟的作用众所周知,有的萨满也会选择它作为辅助自己完成仪式。致幻剂除了可以使人更快进入昏迷的幻境之外,它还有祛除灾病、除去污秽功能。"致幻药还被萨满们视为祛病除秽、提神的妙药,并被奉为精灵,萨满常在请神和神附体前适量秘服自制的致幻药物,从而表现出超常的体能和技能,充分展示神灵的风采,使阖族祭典收到理想的效果。"[①] 萨满还会让患者吃一些致幻药物,帮助他们祛邪,使他们身

---
① 郭淑云:《中国北方民族萨满出神现象研究》,北京:民族出版社,2007,第156页。

体轻松、健康。由满语词语 belgeri ilha 和 bolgombi 等词的词源比较可见，致幻剂不仅可以帮助萨满进入昏迷的状态，还有使萨满周身洁净、轻松，即祛病除秽的功能。词根"bolgo-"下的 bolgomimbi 还有"为斋戒而洁身不饮酒不吃荤"之义，又可见这两组词之间的密切联系，同时也从词源学的角度说明了致幻剂在萨满的祭祀仪式中的功能和作用。

四、满语词 serebun 与萨满的"涉奔术"

萨满在一些方面具有超出常人的特性，比如对外界环境的信息反应敏捷，具有"第六感"等。我们知道，有些萨满仪式，需要进行数十日甚至更久，而整个仪式，都需要萨满作为主导，在这个过程中，萨满的眼睛、耳朵、鼻子等器官的感觉都要保持敏锐，时刻注意接受外界的各种信息，并且做出反应。通常我们所说的"第六感"，是"超感官知觉"的俗称，这种能力可以不使用正常的感官而使用其他的渠道接受信息，预知将要发生的事情，这种能力通常与具有这种能力的人平时的知识、经验的积累无关，换句话说，这种能力并不是一种推断能力。萨满是"第六感"发达的人，这里我们所说的"第六感"，指的是凭直觉认识事物、预知未来的能力。直觉是"人的一种心理活动和认识能力。凡是事先没有经过逻辑推理而直接获得某种知识的能力，一般就称为直觉"。[1] 直觉思维的特征也就是原始思维所带有的具体的思维的基本特征。萨满的这种思维方式，这种思维特质，是萨满可以获得一系列独特的个人感受、经历的原因。

富育光认为萨满具有异于常人一种知觉术，用满语说就是"涉奔

---

[1] 许征帆：《马克思主义辞典》，长春：吉林大学出版社，1987，第 711 页。

术"。据满族族传史料《富察哈喇礼序跳神录》记载:"涉奔,满语'知觉'也,为千聪万慧之源。凡事不预,临源何悲。"这里的"涉奔"即满语中的 serebun,《清文总汇》解释有"知觉"的意义。《清文总汇》中词根"sere-"之下的词语还有 serembi 和 serehun 意义与 serebun 相近。serembi 义为"先觉""知觉""知晓""预先明白通晓";serehun 义为"虽睡着了心还明白""睡的醒"。满语中,sa 义为"知道之知",sara 义为"知也",sarasu 义为"知识之知"。无论从同词根词来看,还是从同源词来看,serebun 的"知觉"义,仅仅有"知道""感觉得到""先知先觉"的意思,而没有"直觉"的意义。直觉,满语为合成词"tondokon serebun"("tondokon"义为"直直的")因此,我们认为,萨满的这种"涉奔术"(知觉术)与萨满所具有的直觉的思维方式有一定的区别,也就是说,这种"知觉术"并不能等于"直觉术"。知觉是"感觉刺激转化为有组织的心理体验的过程,是对客观事物的表面现象的外部联系的一种综合的反映。"[①] 词典里对 serebun 的解释,也看不出"没有经过逻辑推理而直接获得某种推断"的意义。从满语词语看,我们认为,这里的"涉奔",是一种先觉先悟的、对事物敏感并且可以快速领悟事物内容的能力。萨满具有的直觉与这里的"涉奔"不同,萨满的这种"涉奔术",可以来自萨满的直觉,但更与后天的练习密不可分。萨满需要经过一个教育阶段,无论是世袭萨满还是被挑选出的萨满,他们都要接受萨满训练,包括被传授神话、学习族传秘诀、祭祀仪式的程序和规则、神歌、舞蹈、昏迷的方术等。萨满在进行过一整套的练习之后,他们就会比常人更敏感,而一些特殊事物的特征在进行训练的过程中潜移默化地进入萨满的脑中,使他们更容易觉察出来

---

① 石磊、崔晓天、王忠:《哲学新概念词典》,哈尔滨:黑龙江人民出版社,1988,第 208 页。

并且也更容易在事物与事物之间建立联系,表现出超乎常人的"知觉"。因此,所谓的"涉奔术"是需要经过后天练习,而非仅仅依靠直觉来形成的这种萨满的特殊品质与能力。

第二节　满语与原始信仰文化中的祭祀——以"换索"仪式为例

所谓"换索",是指用新的线索换下脖子上的旧线索。换索是满族人对他们的始母神"佛多妈妈"的祭祀仪式。满语中"绳子""线索"写作 futa,"用绳捆绑"则写作 futalambi,在祭祀求福时拴在小孩脖子上的各种颜色的线索写作 sorokū futa,在满族原始信仰文化的祭祀行为中,绳索和线具有特殊的意义,不容忽视。

"'他哈绸子'或称'他哈布',盖系初时用布以后用绸,是祭祀时拴于'索绳','线索'上的小布(绸)片。为马祭祀时也用它拴于马的鬃尾上。一般分为三色,每块一色,有用白、月白,蓝三色的,但也有忌用白色的。……'新索'是指准备于祭祀过程中佩带更换的'换索'。满族旧俗,某家新生子女,其家人要向同族中儿女双全并有'福气'的人家讨要彩线数条合为一股,称为'索',经过祭祀仪式,环系于小儿颈项,以需求福之意,此为'带索'。此后,每遇祭祀都要更换新索,即'换索',直至男子娶妻,女子出嫁才将索摘下,归于本家'索绳'上保留。所以每次祭祀时都要备新索以供换索之用。"①

"孩子降生时,悬于门外的弓矢和红布条,待满月后收回拴在子孙绳上,放在西墙正中北侧的子孙袋里,是为佛托玛玛(满语,柳。佛

---

① 姜相顺:《辽滨塔满族家祭》,沈阳:辽宁人民出版社,1991,第13页。

托玛玛系司生育和子孙繁衍的女神）神位。每到春秋两祭，须向佛托玛玛祭祀求福，祭时，将子孙绳从佛托玛玛神位拉到院里柳枝上，家族无子男女和抱小孩的妇女跪于案桌前叩拜，萨满用柳枝蘸水遍洒孩子头上，又捧香碟在每个孩子前熏一下，意味着驱邪除魔，随后取下子孙绳上的五彩线，分别套在孩子们颈上或手脖，脚脖上，如有的孩子没有，则由其母接代领，按'男左女右'将锁线套在拇指上。过三天，将五彩线收回贮于子孙袋里，因五彩线要带回家放西坑上挂一年再换。有的姓氏，于阖族大祭时，才进行换锁仪式，各仪式各异，但佛托玛玛——保婴之神的吉祥物'锁线'一直受到满族的珍重。"①

"在绑着锁线的柳树上还挂着密密麻麻的水团子（黏饽饽），象征着人口众多，孩子们都来抢神树上的水团子，以图吉利。换锁仪式在祈求人丁兴旺，祛病除灾，也可以是一种古老的家族续谱活动。"②

我们选录了三篇较重要的文献，旨在说明线索、绳索在满族祭祀行为当中的重要性——在春秋祭时，在孩子出生时，在孩子长大时都要有线索的参与。那么线索和绳索到底意味着什么呢？这都与生殖崇拜有关。线绳的生殖文化意蕴源远流长，我们远在中国的神话当中可见到线绳的身影。东汉应劭《风俗通》："俗说天地开辟，未有人民，女娲抟黄土作人，剧务，力不暇供，乃引绳絙泥中，举以为人。"希腊、罗马等民族的神话中，有所谓命运三女神，他们控制着人类的命运。其中纺线者克络索仿造人的生命之线，支配人的出生；编花者拉契西丝为人生的织物编织花环、桂冠和荆棘；裁命者安特波丝在人的生命

---

① 王宏刚、富育光：《满族风俗志》，北京：中央民族学院出版社，1991，第 155–156 页。
② 富育光、王宏刚：《满族萨满关志远、关柏荣访问记》，载于吕大吉《中国各民族原始宗教资料集成》，北京：中国社会科学出版社，1999，第 536 页。

到头时剪断生命之线。①在中国古代传说中也有线索丝绳缔结婚姻的事。五代后周王仁裕《开元天宝遗事》卷上《牵红丝娶妇》节:"郭元振少时美风姿,有才艺,宰相张嘉贞欲纳为婿。元振曰:'知公门下有女五人,未知孰陋,事不可仓卒,更待忖之。'张曰:'吾女各有姿色,即不知谁是匹偶。以子风骨奇秀,非常人也,吾欲令五女各持一丝,得者为婿。'元振欣然从命。遂牵一红丝线,得第三女,大有姿色,后果然随夫贵达也。"这些都说明了丝线与婚姻生殖的联系。再如冯梦龙《挂枝儿·山歌一·瞒娘》:

昨夜同郎做一头,阿娘困在脚跟头,
郎呀,扬子江当中盛饭轻轻哩介铲,
铁线升粗慢慢哩抽。

这里的"铁线"是隐喻男根,"铁"喻坚硬,"线"则与满族萨满神歌中的七彩线是同一性质的。法国让·谢瓦利埃和阿兰·海尔布兰编著的《世界文化象征辞典》中说:"在远东,两条红线组成的绳象征着婚姻;新婚夫妇的命运之线从此结为一条。在南亚的其他国家中,人们用一条白线绑住新婚夫妇的手,这是共同命运之线。"②由此可见,世界许多民族都会以线索来祈愿生殖与婚姻。

满语中血脉,脉络写作 siren,《呻吟语摘》:"fejergingge samsimbime ishunde hafundure siren fisen akū."汉译为"下散而无脉络相贯通"。如果用为形容词,则重叠而成为"siren siren",义为"绵绵",这个词的词源为藤子和丝线,丝线绵绵不断,犹如血脉传承,绵延不绝,血缘

---

① [美]魏勒:《性崇拜》,史频译,北京:中国文联出版公司,1988,第215页。
② 编写组:《世界文化象征辞典》,长沙:湖南文艺出版社,1992。见该书"线"条。

关系即体现为丝线的绵长纠缠。满族人看到了丝线的绵长不断，则用丝线绵长来喻指子孙后代的繁衍生息。siren futa 连用构成合成词，即表示"换索"。futa 与 fodo（柳枝）读音相近，在词源上说明了柳祭和换索的性质以及它们之间的联系。在柳树上挂满了丝线，则喻指由柳树母神生育的后代子孙如同丝绳永远承接延续。《满汉成语对待》："hūturi baime fodo wecembi aise tuwaci siren futa tatafi ilhari hūwaitahabi."汉译为"想是祈祷树柳枝祭，看他们拉着忌讳绳子拴上五色纸条儿"。满语中丝线与血脉、血缘联系在一起，即是线绳生殖崇拜的语言学的证明。在满族神歌中，更有这样的例子：

fori fodo omosi mama, enduri de bairengge, fori fodoho gajifi, uce i hanci tebufi, siren futayarufi, targa faidafi, omosi mama kūlikai, fabtara nirui gala de jafafi, tacire futa sirdan de hūwatafi, omosi mama kesi de hasufi hala guwalgiya hala elende, aha seme boigonde, omosi mama de bairengge, angga seme aljafi, heheri seme gisurehe, omosi mama be solifi, fe biya be fudefi, ice biya be aliki, omosi mama be gingneki, olo be jafafi, gabtan nirude hūwaitafi, omosi siberefi, hefeli de hofeliyefi, abdaha sain de icemleki, fulehe sain de fuseki, omosi juse fulu akū kai, omosi mama de hengkiseme bairde, juse omosi jalide, nimhan amsun dobofi, uyun sori efen faidafi, bolgon buda sindafi, toholi efen faidafi, ginggun sain sindafi, omosi mama gingneki, ayan hiyan be dabufi, gemu menen yarufi, ereci amasi, tanggū aniya targan akū kai, ninju aniya nimeku akū kai, omosi mama kesi de sakdatolo banjiki, enduri mama hiyan tuwa be aliki.

译文：

祈请佛里佛托鄂谟锡玛玛神灵，取来垂柳枝条，插在屋门近处，牵来换索之绳，拴上绸片，祭拜鄂谟锡玛玛，手里拿着弓箭，把绳子拴在梅花箭上，恭请鄂谟锡玛玛降福施恩，哈苏里哈拉，本家姓关，奴才在家祭祀鄂谟锡玛玛，众口许愿，满口应承，恭祀鄂谟锡玛玛，辞去旧月换新月，手拿线麻，拴上弓箭，子孙捻线，揣在怀中，乞求根深叶茂，子孙绵延。叩拜鄂谟锡玛玛，为了后辈子孙，供上鱼牲，摆上九样饽饽，供上洁净的饭食，恭敬陈设，乞求鄂谟锡玛玛尚飨，点上芸香，竭诚领神，自此以后，百年无灾疆，六十年无病患，永享鄂谟锡玛玛之恩泽，承继鄂谟锡玛玛之香火。①

在"满语词语与原始信仰文化的图腾（祖先）崇拜"一节中探讨过，满族原始信仰文化认为柳树是生育之神，是强大的生殖能力的代表。先民崇拜柳树、祭祀柳树，无疑表达的是对子孙绵延不匮的向往。在柳树上挂丝绳、细线，将线绳与柳树祭祀结合起来，这说明两者是紧密联系在一起的。"换索"仪式蕴涵着的是满族的生殖崇拜文化。

第三节 满语与原始信仰文化中的祭祀器具

祭祀器具即祭神器具，在本书中指原始信仰文化活动中使用的与祭神相关的工具和用品。满语中没有表示祭祀器具的专用名词，而有 tetun，义为"器具"，泛指一切器皿、器具、物品。它也可与其他词组成复合词，或称短语，如 tetun agūra，也义为"器具"。《满洲实录》："tere boo tarire usinje tere jeku tetun agūra ai jaka be yooni buhebi（bufi）."

---

① 石光伟、刘厚生：《满族萨满跳神研究》，长春：吉林文史出版社，1992，第 90–93 页。

汉译为"房屋田地粮谷器具等物，全都给了"。满语词 agūra 也指器皿等，但主要指一些形制较长的如器械、武器等物品，如《满洲实录》："coohai agūra be dasaha, morin be tarhūhuha."汉译为"厉兵秣马"。但"agūra"一词另有一个义项为"仪仗"。《档案》（包括土尔扈特档等）："amala dahalara juwe amban ilibuki gocika hiyasa be soorin i hancikan bade ilibuki agūra be soorin i juwe dalbade faidaki."汉译为"请设立后扈大臣二人，令御前侍卫立于宝库附近，将仪仗排列于宝座两旁"。这个义项很值得注意。

祭祀神灵时所使用的器具也可称为"法物"，此词出现得很早，《老子·五十七章》："天下多忌讳，而民弥叛，民多利器，国家滋昏；人多知而奇物滋起；法物滋彰，盗贼多有。"河上公注曰："法物，好物也。"《后汉书·光武帝纪》："益州传送公孙述瞽师、效庙乐器、葆车、舆辇。于是法物始备。"李贤注曰："法物，谓大驾卤簿仪式也。"上古时代一般指帝王所用之礼乐仪仗之物，或帝王依礼法所用之物皆称为法物。

"agūra"一词有器具的意义，也有"仪仗"之义，这与汉语当初用"法物"特指"仪仗"是一致的。最初的信仰从对于法物的崇拜开始，所以有的学者认为仪式是先于宗教存在的，这在汉语和满语中可得到印证。通过对满语词"agūra"的分析可见所有的祭祀用品最初从仪仗开始，而仪仗即是仪式的最开始的程序或物品。由于后来宗教信仰和仪式的展开，致使"法物"一词由专指仪仗而泛化为指称祭祀器具的词语了。可以指出，最初满语中 tetun 指一切器具，而 agūra 则专指仪式中的仪仗，将两词合起来，既可以指生活和生产中的物品，也包括祭祀中的物品。但在 agūra 一词中，仍然保留着"仪仗"的这一义项，为我们探讨满族原始信仰文化祭祀器具词语的内涵提供了线索：在祭祀神灵过程中所进行的一系列程序，可称为原始信仰或宗教仪式，在进行这种仪式时人们所使用的具有神圣神秘色彩及象征意义的旗帜、伞、扇等具有装饰职能的物品，则指仪仗，再由仪仗逐渐地可扩大为指一切祭祀用品，再与 tetun 结合而成 tetun agūra 一词，泛指一切器具物品，agūra 一词仍然可特指"仪仗"。

富育光、孟慧英认为："满族祭祀是萨满教活动最为集中和最有代表性的表现，所用器具几乎囊括了满族的基本神器，他们主要有三类：设祭用品，萨满服饰，萨满通神工具。二、三两类交叉很大，因为一些具有模拟和象征性的神器就装戴在萨满身上。……神器即人神相通的媒介这一基本属性，各民族是一致的。""按功能划分，满族神器一类是设神位，供祀用的，一类是萨满披挂饰物，再一类是请神、通神用的。"[①]我们选取原始信仰文化祭祀仪式中两种不可或缺的器具——鼓和鼓槌来从语言学的角度说明。

满语"鼓"写作 tungken，女子鼓写作 untun，男手鼓写作 imcin，鼓槌写作 gisun。鼓形有圆形、长条形、椭圆形不等，由皮草蒙面，并缀有铜线，鼓把在鼓背中间。以鼓鞭或鼓槌击鼓，其声高远洪亮，似雷声激荡昂扬。在鼓面上常绘有神界、神偶像、飞鸟、鹿、熊、狼、鱼、兔、虎、狍、牛、龙、蛇、海怪、松树、太阳、月亮、星星等图案。神鼓在萨满祭祀中起着十分重要的作用，被认为具有驱逐恶魔的能力，蕴藏着巨大的恐吓力量和震慑威力。萨满认为，神鼓的图案是宇宙的象征，神鼓周边的九个结表示萨满在作灵魂飞升时所要停留的九个世界，神鼓内侧环绕十字梁的铁圆用于防护恶魔的侵袭。萨满通过敲打神鼓来警告他周围的自然界。萨满认为，神鼓是他们的交通工具，是飞天的乘骑。在鼓上的飞鸟图案象征着萨满具有翔天的功能，神鼓发

---

① 富育光、孟慧英：《满族萨满教研究》，北京：北京大学出版社，1991，第 150 页。

出的声音即是他们飞翔天界的声响，萨满灵魂乘坐神鼓可以飞天入地。当萨满敲击神鼓时，似翱翔于天界，以此通达于神界。[①] 从功能上来说，神鼓是萨满魂魄上天入地的坐骑和护身的法器，它的声响象征着宇宙神灵行进的声音，能够驱除邪恶、招请善神。

《尼山萨满传》多次提及了神鼓：

……nadande tefi, tungken dume tebufi, tereci nisan saman beyede siša hūsihan be hūwatafi, uyun cecike yekese be ujude hūkšefi, uyaljame amba jilgan acinggiyame den jilgan tenggeljeme saikan jilgan yayadade…

译文：……说着坐在炕上，打起鼓来。这时，尼山萨满身上拴上衣裙和腰铃，头戴九雀神帽，浑身开始颤动。但见她腰铃哗哗作响，手鼓声音阵阵，并轻声地歌唱……

……mama hendume: absi onggoho inu kai! bi simbe banjibume unggire de, si fuhali generahū ofi, bi simbe jilatame, siša etubufi, imcin jafabufi, jilatame samdame efime banjibuha bihe kai, yaya saman tacire baksi tacire aha mafa ilire ehe facuhūn yabure serengge pai efire ark inure omire gemu mini baci toktobufi…

译文：……娘娘说：怎么给忘了！我让你转生时，你不去。我怜爱你，为你穿上腰铃，拿上手鼓，跳着神，玩似地让你转了世。凡是萨满、学者、奴才、老爷，以及行恶作乱、打牌饮酒者，都由我这里定……[②]

在萨满祭神的响器中，最能起到推波助澜作用的莫过于鼓。鼓，

---

① 赵阿平：《满-通古斯语言与萨满文化（四）》，《满语研究》1999年第2期。
② 荆文礼、富育光：《尼山萨满传》，长春：吉林人民出版社，2007，第149页。

在萨满法器中居最神圣的地位。鼓是萨满迎送诸神祇的最主要的神器，它不是萨满的辅助法器，而是萨满的必用神器。萨满在祝祭中，缺其他神器尚可，唯萨满神鼓绝不可少。在原始信仰观念中，萨满是人神的中介，常需要奔波于神人两界。萨满要有通魂术，随时能够造访神祇。神鼓的声音，象征着宇宙的变化和呼吸的声音。神鼓又象征着承载宇宙万物的广宇、海涛、风雷、闪电，以及宇宙和世界的变幻，生命的孕生和死亡，全部囊括和演绎在小小的圆形神鼓上面。所以，萨满将神鼓赋予了极神秘而崇高的神性。神鼓本身便被奉为精灵，被认为能聚神。前文论述过，萨满神鼓可以作为萨满魂游宇宙的飞行器。神鼓是萨满义化精神的重要体现，是神祇与宇宙超自然力的象征和代表，又是萨满职能地位与神权的标志物，也是萨满在进行神事活动时最重要的随身法器之一。古代萨满祭祀时，其鼓法是复杂多变的，他们认为鼓是神的步履与声音，终究要归返穹宇之中去。萨满在长期的以鼓娱神的过程中，形成了一套特有传统密码，整个声音语言符号，全由鼓声点数变换反映出来。

同神鼓具有同样魔力的法器，则是鼓槌了。神鼓与鼓槌，是相辅相成，相互辉映的萨满神祭中响器的核心法具。在以神鼓祭神时最重要的与神灵沟通的方式或途径是什么呢？是语言——神鼓是沟通人神的工具，鼓槌敲打神鼓发出的声音则为神鼓的语言，它是萨满与神灵沟通的最重要的方式和途径。

满语中，神鼓的鼓槌为 gisun，这个词同时也表示"语言""言语""话语"等，如"满语"写作 manju gisun，"方言"写作 ba i gisun，"言语傲慢"写作 gisun cokto balama 等。这都说明在满语中，gisun 这个音节既表达神鼓的鼓槌的意义，又表达言语的意义。满文文献中的用例也有很多，《满洲实录》："gisun dahasu, saišaha seme balai urgunjerakū, ehe gisun be donjiha seme da banin i urgun i fiyan be gūwaliyandarakū."译为"虽然说的话顺耳，受了夸奖也不狂喜，听了坏话，原来高兴的脸色也不改变"。满语的这些语言现象，表明在原始信仰文化中，萨满是用鼓槌敲击神鼓发出的声音这种特殊的"语言"来与神灵交际的。满语中表示"神鼓的鼓槌"一词同时也有"语言"的义项，这很好地反映了萨满祭祀的实质，即萨满作为沟通神灵与人间的中介人，他们的职能就是用特殊的语言与神灵沟通，既传达神灵的旨意给人间，又将人间的诉求反映给神灵。

满语词 gisun 也可以与 hese 相组合，成为复合词 gisun hese，也可译为言语等，但此种用法往往指称具有调理的说辞和有理论性说明的言辞，与单个言语片段是有区别的，例如《菜根谭》："tunggen i dorgi udu hiyase buraki be silgiyafi unggihe manggi, gisun hese teni amtangga be serebumbi."汉译为"胸中涤出数斗尘，语言方觉有味"。此处的"语言"绝非一般的"言辞"所能替换，此处的 gisun hese 并非等同于 gisun 一词，它指有体系、有条理的言辞；再如《金瓶梅》："beye teksin gūsin se ohobi, gisun hese getuken kengse niyalma de hūwaliyasun sain."汉译为"其人五短身材，三十年纪，言谈滚滚，一团和气"。此处的"言谈"必有条理。可见，由 gisun 构成的合成词的意思都是指有条理的议论，如古人的语录具有经典性和可依循性，可写作 gisuren i isan，可译为"谈荟"，而"论语"则译为 leolen gisuren。这些证据都说明 gisun 与一般言辞是有区别的。

所谓沟通一定是双向的，既有人间向神灵的表达，也有神灵对人间的旨意的传达。神灵对人间的旨意可称为神圣的旨意。我们看到，满语中 hese 一词的本义即为圣旨、谕旨、敕命，《平定金川方略》："ineku inenggi kingfu hesei imbe gemun hecen de amasi gajifi, dorgi yamun de baita icihiyabure turgunde, bukdari arafi kesi de hengkileme wesimbuhe (wesimbuhede)."汉译为"是日，庆复以奉到谕旨召回京城办理阁务一事，具折陈谢"。前文也有对满语 gisun hese 一词的分析。这种词义现象说明在满语中，神鼓用鼓槌来敲击发声，这种发声是沟通人神的特殊语言，这种语言如果是上天返回来的旨意，则为圣旨、诏书等，于是在表示鼓槌的 gisun 与表示圣旨意义的 hese 集合而成 gisun hese 一词时，虽然还是言语，但在 hese 词中，我们看到了神鼓的作用，神鼓鼓槌与有"圣旨"义项 hese 一词的结合，反映了神鼓在原始信仰文化中的本质含义。

神鼓是萨满用来沟通神灵和人间的神器，这在许多民族都有先例。有学者说，在西非、南美、新几内亚的原始农业社会，鼓构成一种文化特征："由于鼓槌大小和鼓手所用力量之不同，可以发出高低不同的声音，结果便有可能发展出无穷无尽的密码系统。"[①] 在汉族古代的教育中，钟乐教育相当重要，周代文化被称为"礼乐文化"，孔子教育学生的所谓"六艺"即为"礼乐射御书数"。人们常常把音乐的发明权归之于远古时代神话传说中的神和圣人，如王逸注《楚辞·大招》中认为"伏羲氏作瑟，造《驾辩》之曲"，《山海经·大荒西经》有夏禹之子启从天神处带回九辩九歌的说法，《吕氏春秋·仲夏纪》中有黄帝命令伶伦定乐律的说法，这些都说明音乐具有作为沟通圣俗二界并维系神人关系的特殊语言的功能。周策纵说："《说文》壴部：'彭，鼓声也。'甲骨文彭字壴象鼓形，三撇或作五撇，表示声音。……巫祝常用鼓，见于许多记载。"[②] 有人统计，在中国最早的诗歌总集《诗经》中，

---

① [德]利普斯：《事物的起源》，汪宁生译，成都：四川人民出版社，1982，第 221 页。
② 周策纵：《古巫医与"六诗"考——中国浪漫文学探源》，上海：上海古籍出版社，2009，第 111 页。

共有二十二首诗四十一次直接写到"鼓",一百六十首风诗提到鼓的仅有五首;而一百四十五首雅诗颂诗却有十七首写了鼓,这充分反映了鼓在庙堂祭祀当中的作用。《周礼·春官》中的大司乐职,是掌管音乐舞蹈的官吏,"以六律六同五声八音六舞大合乐。以致鬼神,以和邦国,以谐万民"其中的"以致鬼神"即沟通人间与神界,这是最重要的,然后才有可能"以和邦国""以谐万民"。

神鼓在萨满祭祀过程中,击鼓的方法即表达了这种特殊语言的含义,各民族的萨满都依据一定的程序和方式,通过各种不同的方式来表达不同的含义。这是一套秘不外传的方法。不同的击鼓声音表达了不同的语义内容,鼓点的点数及其变换是改变音律的主要手段。据富育光说,祭祀时不同的击鼓拍节和鼓点变换称为"鼓经""鼓法",大致分有啄米点、雁翔点、走马点、鱼跃点、缓步点、水漏点以及涌浪、滚雷、碎蹄等细微击鼓点法。萨满们还用抱鼓的不同姿态来改变鼓声的音色,使鼓声所表达的意义更加细密丰富,可有抱鼓、蹲鼓、仰鼓、转鼓、卧鼓等不同姿势,由此引生出不同的鼓声音律,表示不同的意愿要求。在神鼓发出声音时,鼓槌起到相当大的作用,鼓槌具有与神鼓同等神力的能量,萨满们将鼓槌视为驾驭、控制、扬抑声调高低、音域广窄的控制器,萨满外行可留鼓在家,鼓槌却从不离身,因为萨满熟谙神祭与神歌,常在紧迫特殊情况下以鼓槌敲击任何物件,皆能使物体发出声响,再自己喃喃自语请神。鼓槌虽然细小,却亦是不可轻视的寓神之所。从某种意义上说,鼓槌具有比神鼓更重要的作用。于此,我们得出结论,gisun 既表示鼓槌本身,同时也表示言语,反映了鼓槌敲击神鼓发出的声音是萨满用以与上天沟通的语言;gisun hese 义为"有条理的言语",可以理解为神槌通天后,上天下达人间的旨意,这种旨意是神的语言,因而是有条理的，并且是不可抵抗改变的。由此也产生了其他的词语，如 hese buhengge 即是"天命的""命中注定"。满语词 gisun 的词义，反映了大量的满族原始信仰文化的信息，也更充分证明了萨满的性质。

人类与其他动物相同的地方在于要满足生理需求，但人类还是一种社会性动物，还生活在一个符号的世界中。"人类最基本的特点是把自己的心理过程外部化，使其在物质符号和文化观念中再现。"[①] 人们将自己对于宇宙和自然社会的解释和理解投之于物质层面，使其能够形成外化了的物质，这就构成了祭祀时的器具，即所谓"法器""法物"。人类内心构筑的神灵的世界，需要外化来实现社会群体的维系。人类学会制造工具，并且创造了语言，"那么就可以通过图画和言语的符号和标记来代表这些精灵；一个崭新的意义世界和戏剧世界也就出现了，而文化，正如我们所了解的那样，也就诞生了。文化意味着以灵魂、精灵和神话影响世界的能力，通过共同的崇拜和仪式把它们传达给群体成员，使群体与它们保持联系。通过文化符号，群体成员分享着他们的情绪体验，并且彼此之间找到了情感交融之处。"[②] 通过上述分析，特别是满语词语的意义解析，我们了解到，在萨满祭祀过程中，神鼓的声音是一种特殊的语言，通过这种语言符号使每一个参加仪式的人都得到共同的情绪和信念的感染，这种仪式通过鼓声，使人们具有和强化了共同的信仰，既联络了各自的信仰的情绪，构筑了共同的信念，又加固了信仰的虔诚程度。

---

① [英] 乔治·弗兰克尔:《心灵考古》，褚振飞译，北京：国际文化出版公司，2006，第33页。
② [英] 乔治·弗兰克尔:《心灵考古》，褚振飞译，北京：国际文化出版公司，2006，第50页。

第四节　满语与原始信仰文化中的禁忌

禁忌也称为禁戒，或忌讳，是指禁讳普通人接触的事、物或人，以及对此所持的机会态度。禁忌始于原始社会，禁忌有世俗民间的所谓民俗禁忌，也有后来的宗教禁忌。某些特定事物，或被视为神圣，或被视为不洁，只有具备了特殊赋予的灵力的巫师或祭司等神职人员方能接触处理，擅自或偶然触及的普通人必会触犯神意而遭遇灾难，甚至会祸及氏族及他人。

禁忌是一种常见的宗教文化生活的现象，具有地域性和时代性，各个民族及其宗教信仰的各种禁忌表现各不相同，但这些禁忌的本质却是一样的，即是对于神圣的力量的敬畏和避让。吕大吉说："由于人们对神秘力量和神圣对象在观念上有所意识，在体验上有所感受，一般就会在情绪上产生惊奇、恐惧、畏怖以及尊敬、爱戴等宗教感情。这种敬畏感往往在行为上表现出来，在人与神秘力量和神圣对象关系上，体现为对自己行为上的限制和禁戒规定，这就是宗教禁忌。"[①] 吕大吉从发生学的角度来说明禁忌产生的原因。人类都有趋利避害的本能，有些灾害不可预防甚至当它发生后人们也不知应该如何处理，这使得人们在以后的社会生活和生产中，必然主动地避开这些行为，并认为是某种行为导致了这些灾祸。禁忌便是人们通过原始思维形式，将这些无法预知的灾祸与人们的某些行为设想为因果关系，主动地形成了避免和禁戒这些行为的意识和做法。当人们将此形成条例法规，则形成了后代的所谓戒律。

从语言学的角度研究原始信仰和原始宗教，是西方宗教学者们从

---

① 吕大吉：《宗教学纲要》，北京：高等教育出版社，2003，第 107 页。

最初宗教学的诞生以来到今天一直采用的研究方法之一。美国宗教学者威尔弗雷德·坎特韦尔·史密斯说:"我们的方法将从简单的词语探究入手,因为我们使用词语的方式构成了我们思维方式的一个重要指标。而且,从更积极的角度讲,它也是决定我们如何思维的一个重要因素。为了理解这个世界,也为了理解我们自己,如果我们能够对我们所使用的术语和概念保持一种批判的眼光,都将是大有助益的。"他认为,英语 religion 一词来源于拉丁语,后来有多重含义,既指一种禁忌,又指人们的一种内在情感,这两种情况是同时存在的。① 史密斯认为禁忌与宗教信仰是二位一体的东西,只要有信仰存在,则必然会存在禁忌。禁忌的起源很早,早期人类对神灵之物产生了相反相成的情感:既对此顶礼膜拜,又害怕亵渎神灵,正面的为"宜",要怎么做即为崇拜;负面的则为"忌",要怎样避免,就是禁忌。英国宗教学者罗伯特森·史密斯认为,在古代人关于神圣物的观念中,有两类事物:一是崇高洁净的事物,是为洁净的神圣;二是污秽不洁的食物,是为不洁的神圣。这两类神圣物各自与神的关系不同:纯净的事物与神有关,和神发生联系,所以人们不能随意触碰;不洁之物使神讨厌,如触碰便是对神的亵渎,因此不准它在神圣的场所出现。于是,人们对这两类事物都做出了禁戒规定。② 史密斯认为"神圣"一词的词源出于闪族语言,词义本身即含有"分离"的意思,因此,神圣观念即是"禁止",神圣与禁止是统一的。两位学者都认为信仰与禁忌同根共生,同出一源。英国的史密斯提出的"崇高洁净"和"污秽不洁"的说法得到了后代学者弗雷泽、杜尔凯姆等的认同和依循。

---

① [加] 威尔弗雷德·坎特韦尔·史密斯:《宗教的意义与终结》,董江阳译,北京:中国人民大学出版社,2005,第20–21页。
② 吕大吉:《宗教学纲要》,北京:高等教育出版社,2003,第108–109页。

前文我们谈过 enduri 这个满语词语的语义。满语词 enduri 义为"神、神仙""仙人",与它相关的复合词如 enduri hutu 义为"神鬼",enduri gege 义为"仙女"。这是 enduri 作为名词,在与其他词构成复合词时,充当定语的用法。如《择翻聊斋志异》:"niyangzy sini jekdun jilihangga be,enduri niyalma uhei kundulembi,buya niyalma manggai oitobume mohofi arga akū de ere gusherakū baita be yabuha dabala."汉译为"娘子贞烈,神人共钦佩,小人辈不过贪乏无计,作此不仁";enduri 为名词,作定语,则表示"神奇的""高超的""出色的""奇特的"等意义,enduri fayangga 义为"灵魂""仙灵",《上谕八旗》:"mini deo i enduri fayangga jobome gasame elhe baharakūngge absi ojoro be sarkū ombi."汉译为"吾弟之化灵,不知如何变得忧戚不安"。满语中表达神仙、仙人的另一个词写作 endurin,它与 enduri 是同源词,只不过这个词表达的词义比 enduri 更具体一些,常常指称活在当世的得道之人。如《择翻聊斋志异》:"cohome hūwang ting nomon i oyonggo doro,endurin ojoro jergi tangkan inu."译为"这是黄庭经的要旨,成仙的阶梯"。又:"loo šan alin de endurin labdu seme donjifi hithen unume genefi emu cokcihiyan de tafafi tuwaci tuwaran boo umesi bolgo."译为"听说崂山上仙人很多,背着书箱登上山顶一看,有一座观宇,很幽雅"。由 endurin 可以派生出形容词 enduringge,与前面的 enduri 作定语的用法一样,都指"高超的""奇特的"的意义。enduringge ejen 义为"圣主、圣君",enduringge elhe be gingguleme baimbi 义为"恭请圣安"。《八旗满洲氏族通谱》:"iktambuhangge jiramin selgiyebuhengge wesihun ofi,enduringge eme be eldeke be dahame,toktobuha kooli songkoi temgetuleme fungnere giyan."译为"积厚流光,笃生圣母,应遵定制,锡以褒封"。通过分析满语词 enduri 及与其有关的词的词义来看,"神

圣""神灵"与"惊奇""奇异"结合在一起,正是因为原始人对超人间力量有了惊奇的、惊异的感受,才逐渐地产生了神灵观念。神灵观念的产生必然就产生了对神圣和敬畏的规避心理,于是禁忌就产生了。亚里士多德说:"古往今来人们开始哲理探索,都应起于对自然万物的惊异。他们先是惊异于种种迷惑的现象,逐渐积累一点一滴的解释,对一些较重大的问题,例如日月与星的运行以及宇宙之创生,作成说明。一个有所迷惑于惊异的人,每自愧愚蠢(因此神话所编录的全是怪异,凡爱好神话的人也是爱好智慧的人)。"①亚里士多德认为,对自然万物和天体现象的惊奇感是产生宗教和神话观念的根源,正是因为人类惊异于外在的自然界万物,才会产生探究和解释的欲望,这些解释用故事讲出来,则为神话;用超自然的理论形式表达出来,则为宗教;用自然的形式来说明这种理解并将之理论化,则为哲学。因此惊奇感和惊异感是产生禁忌的直接原因。阿奎那则直截了当地总结为,上帝及宗教产生的原因即是来源于奇异的感觉感受。"奇迹这个词来自于惊奇。当出现了某种效力而其原因却不得而知时,奇迹便产生了。""一种东西之所以被称为奇迹是因为它充满了神奇,是因为它的原因无人知晓,而这原因就是上帝。因此,上帝在我们的知识范围之外所创造的那些东西就称之为奇迹。"②巨大的自然力量使人感到恐惧惊叹,壮观的自然景观令人感到惊奇赞叹,精巧的自然结构使人感到惊异,严整的自然秩序和严格一致的自然规律使人产生敬畏感。满语中 enduri 等一系列词语,既表达"神仙、先人"等名词意义,同时也表达为形容词义"神圣、神奇"等,这就反映了满族原始信仰中的禁忌的来源和基

---

① [古希腊]亚里士多德:《形而上学》,吴寿彭译,北京:商务印书馆,1959,第5页。
② [意]阿奎那:《神学大全》,载于[美]阿德勒、范多伦编《西方思想宝库》,北京:中国广播电视出版社,1991,第1252页。

础,即人类的惊异和恐惧的心理。令人奇怪和奇异的事物本身就与神圣联系在一起,满语中 ferguwecuke 义为"神奇的、奇妙的、奇异的、异常的、珍异的",如《易经》:"e, a i tulbici ojorakūngge be ferguwecuke sembi."译为"把阴阳不可测,称之为神奇"。汉语原文则为"阴阳不测谓之神"。于此可见神奇与神圣的关系了。正因为神奇与神圣联系在一起,满族统治者将 ferguwecuke 作为对死后的皇帝的封谥用语,即"圣洁"的意思。《平定金川方略》:"enduringge eniye hūwang taiheo de ferguwecuke colo tukiyehe gungge de kurulame hafan i hergen buhe."汉译为"圣母皇太后,封号徽,念其功德,授予官衔"。因为是神奇的,所以能令人们震惊、使人们产生崇拜之情。ferguwecuke 为形容词,它的动词形 ferguwembi 义为"感到奇怪、惊异",《择翻聊斋志异》:"golmin salungga niyalma terei dunggu de tehebi sehe be ferguwembi(ferguwere)."译为"长须人听说它住在洞里,很奇怪"。《八旗满洲氏族通谱》:"ejen ere niyalma be adarame saha ni seme ferguwerakūngge akū."译为"主子如何知道此人,无不惊异"。由此词义引申,令人惊异的事则使常人难以企及,于是又有了赞叹和激赏之义。《三国志演义》:"城上城下,人所见者,无不喝采。"满文的原文则为:"hoton i fejergi niyalma hoton i dergi niyalma sabufi ferguwerakūngge akū."综上所述,禁忌与宗教是同时产生的,西方有的宗教学者认为宗教起源于惊奇,我们从满语词语的意义分析也可看出对神灵的崇拜和对神灵力量产生惊奇感受是有密切联系的。惊奇是人类对于不可抗拒外力产生的心理反应,如果人们将这些外力与某种行为设想为具有固定的某种联系,这种意识就会指导人们,做应当做的、不做不应当做的。于是,崇拜和禁忌同时产生了。

再如,前文说过的满语词 ferguwecuke 的名词形为 ferguwecun,义为"灵、灵怪"。如 hutu serengge yen i ferguwecun,译为"所谓鬼,

即阴之灵怪"。这个词还有另一个义项为"祥瑞，吉祥，吉祥的征兆"。《上谕八旗》:"hūwaliyasun sukdun de ferguwecun isanjimbi."汉译为"和气致祥"。《平定金川方略》:"sain baita de ferguwecun tucin jifi afahakū gungge mutebuhe."汉译为"吉事中有祥，不战而功成"。因为神奇而惊叹，可称为神奇的人就是祭拜对象，而好的征兆即是所崇拜的神灵的指示，所以有吉祥、祥瑞之义；相反，如果是不好的征兆则要规避，人们主动地选择一些要避免的事情则为禁忌。前文说过，这是由于信仰造成的相反相成的选择。按照圣人神灵的指示去做应当做的事情，而后果然得到了好的结果；没有对一些行为做好规避工作，而后果然得到了坏的结果，这都是"灵验"，于是就派生出了 ferguwen 一词，义为"灵""灵验"。《择翻聊斋志异》:"donjici sini booi dobi umesi ferguwen acabun bi sehengge, yargiyan nio."汉译为"听说你家的狐狸很灵验，是真的吗"。这一组满语同源词都说明了宗教和禁忌来源于神奇的心理反应。

满语词 so 表示不祥之兆，也可称为恶兆、凶兆，它的表义与 ferguwecun 正好相反。《满汉成语对待》:"ede geli emu baita akū mujanggao, so jorimbi."汉译为"这里连一件事情都没有吗？这是个不祥之兆"。其中 so jorimbi 义为"不祥之兆"，jorimbi 义为"指示"，因为这是上天和神灵给予指示的征兆，所以 jorimbi 还有提示、训示，甚至训斥的意义。《三国志演义》:"baba i ing ni coohai hafasa yaya jaka gemu dagilame wajifi, damu jorire be aliyambi seme alanjiha."汉译为"各部门回报一切俱办，只等指挥"。满族人面对着不吉祥的征兆，就要主动地采取回避的措施，于是禁忌就开始实行了。同源词 soroki 表示忌讳的事物；sorombi 与其另一词形 soroko，表示禁忌、忌讳、不吉利等义。《择翻聊斋志异》:"ši niyang juwali seme hendure be dembei soroki obumbihe."汉译为"十娘甚讳言蛙"。《西厢记》:"uthai uttu benjici, emude oci beyede sinahi bi, jaide oci cooha de soroki seme alana."汉译为"不方便送来，一来孝服在身，二来与军不利，你去说"。《满洲实录》："han i beye enteke jobolon de geneci sorombi ayoo." 译为"汗王亲自奔丧，恐怕不吉利"。由此可见，最初 so 表示不祥之兆，用同源词 soroki 表示忌讳的事物，于是产生了动词 sorombi 表示禁忌、忌讳，凶兆与禁忌的关联在满语词语的意义中得到了很好的阐释。

在满语中还有一词 targambi，这是个及物动词，意思为"戒""禁戒""戒备""警戒"等。《异域录》："nadan inenggi dolo juwe inenggi yali be targambi."译为"七日内戒肉食二日"。《上谕八旗》："mini kesi fafun be hafan cooha de neileme ulhibufi targara hukšere be sakini."译为"宣布我的恩意，申明法令，使各官兵警戒感奋之"。《地藏菩萨本愿经》："nure yali miosihon dufe holo gisun be targambi(targame)."译为"酒肉、邪淫及妄语戒之"。这个词的使动词形写作 targabumbi，《上谕八旗》："bi inenggi dari geren ambasa be targabume taciburengge umai damu niyalma be wakašame beyede forgošome bairakūngge waka."译为"朕之每日训饬诸臣者，并非但以责人而不求之于己也"。它的名词形写作 targacun，《上谕八旗》："ere umesi gicuke yertecuke baita geren ambasa uhei targacun obuci acarangge."译为"此事甚为可羞可愧，诸臣当共以为戒"。满语中有关禁忌、忌讳的词语这样多，表明在这个社会群体中，此类概念在当时具有重要地位。前文说过，禁忌是原始信仰的重要组成部分，禁忌与崇拜同时产生，许多学者将宗教禁忌认为是巫术的一种。弗雷泽在《金枝》中用了许多篇幅来说明世界上许多民族的禁忌的实例。弗雷泽从原始思维的角度出发，认为禁忌有以同类感应为其思想原则的，也有以接触感染为其思想原则的。例如信仰图腾的民族禁吃图腾动物，孕妇禁吃兔肉（害怕因此而生出兔唇之子，在现今汉族的民间禁忌中也有）；有些民族禁止进入圣地，禁止接触圣供，禁止在神圣的节日发生性行为。吕大吉等认为："宗教禁忌作为宗教处理和对待人－神（神秘力量和神秘物）关系的方法和一种手段，是介于巫术与祈祷之间的一种类型。"① 笔者完全同意吕大吉等人的看法，满语的很多词语的意义证明了此点。targambi（戒）与 tarnilambi（念咒）为同源词，tarnilambi 的名词形为 tarni，义为"咒、诀、秘诀"，即在原始信仰和巫术中所使用的密语，此种密语被认为使用了即可达到某种目的。《择翻聊斋志异》："damu ere fadahan be bahaci heo sembi sehebe, doose injemeliyen i angga aljafi tede tarni ulahabi（ulafi）."译为"但得此法，足矣。道士笑而允之，乃传以诀"。它的动词形式 tarnilambi，则是使用咒语的动作、行为，指念咒、念诀。吕大吉等人接着分析说："巫术对神秘力量和神圣物的态度不是纯粹的谦卑和屈服，而是旨在通过某种方式力图控制和支配它，使之为己所用；禁忌对神秘力量和神圣物的态度则是敬拜和畏怖，它力图控制和限制自己的行为，以免于干犯神秘力量和神圣物，使之不为己害。因此，在表现形式上，巫术是积极的，进取性的，禁忌则是消极的，防范性的；在目的上，巫术是为了达到某种有利于己的目的，禁忌则是为了避免某种有害于己的结果发生。"② 在满语中，表达禁忌、戒备的词以 targa- 为词根，表示用咒语来支配外界、用咒语念咒的词以 tarni- 为词根，而它们是同出一源的。从满语词语中，可以看出禁忌与巫术的紧密联系，弗雷泽等人认为禁忌来源于巫术的说法在满语中得到了证实。因为咒语是典型的巫术活动的一种。满语中表示禁忌与表示念咒的词语同出一源的现象，证明

---

① 吕大吉:《宗教学通论》，北京：中国社会科学出版社，1990，第 274–275 页。
② 吕大吉:《宗教学通论》，北京：中国社会科学出版社，1990，第 274 页。

了禁忌的这一性质。

前文说过，宗教学者罗伯特森·史密斯认为，在古代人关于神圣物的观念中，有两类事物：一是崇高洁净的事物，是为洁净的神圣；一是污秽不洁的事物，是为不洁的神圣。这两类神圣物各自与神的关系不同：纯净的事物与神有关，和神发生联系，所以人们不能随便使用；不净之物则使神厌恶，如使用便是对神的亵渎，人们也不准它在神圣的场所出现。于是，人们对这两类事物都做出了禁戒规定。[①]满语词语的例子可以证明史密斯这一关于圣洁和污秽分类的说法之科学性。既然将神圣之物分为洁净的和污秽的两种，我们可以认为洁净的神圣物是要祭拜礼敬的，对于污秽的东西是要远远逃离的：

满语 bolgo，义为"清、清洁、干净、纯净"。《上谕八旗》："amba muru balai kūwasa niyalma oci, abka be bolgo untuhun sukdun, niyalma ci sandalabuhangge umesi goro seme gūnimbi."译为"大抵妄诞无稽之人，则以为天乃清虚之气，去人甚远"。说到自然环境，则可译为清净、寂静等。《上谕八旗》："bolgo dobori tunggen be bišume gūnici, adarame elhe be bahaci ombi."译为"清夜扪心，何以自安"。清洁的神圣之物要礼拜崇敬。在崇拜仪式上更要洁净，神灵对于洁净的东西才能喜欢，才能接受祭拜。于是人们礼拜要有洁净的仪式，此之谓斋戒，是指在祭祀前沐浴更衣，不饮酒，不吃荤，以表示虔诚。满族在举行萨满祭祀大祭前三天致斋，沐浴更衣，饮酒有节制，不食荤，不吊丧，不问病，严禁一切凶秽之事。满文中的斋戒写作 bolgomimbi，与表示"干净"的词 bolgo 为同一词根，即可理解为干净地祭祀礼拜，从中可证史密斯认为洁净与污秽的两分法是可以相信的。因为在满语中，表示"干净"的词与表示"斋戒"的词为同源词，说明满族确实是视

[①] 吕大吉：《宗教学纲要》，北京：高等教育出版社，2003，第109页。

洁净的祭祀为神圣的。《百二老人语录》："unenggi gūnin i bolgomime targafi, gingguleme hengkileme jalbarime baimbi."译为"务先诚意斋戒，敬谨叩祷"。《择翻聊斋志异》："buya bithei niyalma bolgomime indefi jihengge."译为"小生斋宿而来"。"doose hendume bederefi bolgomime tuwakiyakini, akūci acabun akū sefi, uthai baitalara kunesun bufi bederebume unggihe."译为"道士曰：归宜洁持，否则不验。遂资斧遣之归"。其中的 bolgomime targambi 的词语组合很值得重视，因为 targambi 即是禁忌的意义。如果从洁净地祭祀的角度来说，由 bolgo 这个表示洁净的词根表示出来；如果从禁戒不洁净、不圣洁的角度来说，则出 targambi 一词表达出来。整个词语的组合可理解为要干净地祭祀，禁戒不干净的祭祀。从满语词语可见干净与不洁两者与祭祀的关系。

与洁净相反的则为污秽，具体地说是脸上有污垢，写作 bortonombi，《庸言知旨》："ineuggidari funiyehe lekdereme dere hūmarame, niyaki boriname bortonome, beyei gubci nimenggi dele nimenggi labsihabi."译为"终日蓬头垢面，鼻涕糊着，浑身油上加油"。这是一个动词，意义具体，如果抽象一些，则有 berten，它为名词，可表示品行，道德等方面的缺失，如《庸言知旨》："tere niyalma berten icihi akū, derengge, dere hairambi."译为"那个人没有一点污点，体面，自爱"。如果词义再抽象一些，程度更深一些，则有 nantuhūn，可译为"污秽、肮脏，在品行上的评价则为"不廉洁的、卑鄙的、恶劣的"等意义。《一百条》："niyalma de efiku injeku arara dabala, nantuhūn fusihūn sere gebu ci guweme muterakū kai."译为"给人当作玩物罢了，避免不了下贱不干净的名声"。前代学者将禁忌分为四类，有语言禁忌，有行为和作业禁忌，有饮食禁忌，性禁忌等。在满语中，也存在一些负面词语与污秽有关，如《西厢记》："tere aha dufe buyen be mutere, doosi nantuhūn be bahanara dabala, ai dabure babi."译为"那奴才不过是好色贪财之徒，是在不值一提"。此处的 nantuhūn 显然是指性方面的贬义词，它的本义即是不洁净。langse 一词也指不洁净、污秽，但此词可用来专指淫邪、淫秽之事。《择翻聊斋志异》: "niyalma de dufe gūnin bici langse arbun tucinjimbi, niyalma de langse gūnin bici kūlisitara arbun tucinjimbi."译为"人有淫心，是生亵境，人有亵心，是生怖境"。这段话中，将性禁忌的意义表达得很清楚，即有禁忌义，这种意义也是由不洁净而产生的。

总之，满语中表示神圣的词语与表示禁忌的词语是联系在一起的，可证明前人将禁忌的产生归之于对自然界和整个外在世界的惊奇感和恐惧感这一理论是有道理的；满语中表禁忌的词语与表巫术的词语是同出一源的；前人又将禁忌神物分为洁净的和污秽的两种，这在满语中也有体现，表示干净的词语与祭祀有关，而污秽一词表示禁忌，其中的性禁忌在满语中也有表现。于此可见，以满语来证明和说明原始信仰文化现象的可能性和必要性。

第四章

国外满-通古斯语民族原始信仰词语及其文化语义

第一节 满语与各种通古斯语原始信仰词语比较的意义

　　除了满族之外,在其他满-通古斯语民族的精神生活中,也存在着浓厚的萨满文化要素。为了进一步加深对满语词语与满族信仰文化的理解,了解其他满-通古斯语与萨满文化有关的词语是十分必要的。在俄罗斯的东西伯利亚和远东地区以及日本北海道,分布着属于满-通古斯语族的那乃人、乌尔奇人、乌德盖人、奥罗奇人、奥罗克人(乌伊勒塔人)、涅吉达尔人、埃文基人、埃文人,在这些民族的精神生活中,萨满文化曾长期处于核心位置。在他们所说的各种通古斯语中,保留下来大量的萨满神灵名称与萨满文化相关的专门术语,这些词语反映了萨满信仰独特的神灵系统和宇宙观,具有丰富的文化内涵。在萨满词语的记录、解释方面，俄国学者做了大量工作。本章所列举的萨满相关词语选自以下各书：斯莫利亚克《萨满：身份，功能，宇宙观》（А. В. Смоляк. Шаман: личность, функции, мировозрение. М., 1991）、阿夫罗林《那乃人的语言和民间文学资料》（В. А. Аврорин. Материалы по нанайскому языку и фольклору. Л., 1986）、基列《那乃民间文学》（Н. Б. Киле. Нанайский фольклор. Новосибирск, 1996）、谢姆《那乃语方言概要：比金（乌苏里）方言》（Л. И. Сем. Очерк диалектов нанайского языка. Л., 1976）、苏尼克《库尔－乌尔米方言：那乃语研究和资料》（О. П. Суник. Кур-урмийский диалект: исследования и материалы по нанайскому языку. Л., 1958）、佐洛塔廖夫《乌尔奇人的氏族制度与宗教》（А. М. Зоротарев. Родовой строй и религия ульчей. Хабаровск, 1939）、苏尼克《乌尔奇语》（О. П. Суник. Ульчский язык. Л., 1985）、别列兹尼茨基《奥罗奇人的神话与信仰》（С. В. Березницкий. Мифология и верования орочей. СПб., 1999）、阿夫罗林和列别杰娃《奥罗奇语文本和词典》（В. А. Аврорин, Е. П. Лебедева. Орочские тексты и словарь. Л., 1978）、钦奇乌斯《涅吉达尔语》（В. И. Цинциус. Негидальский язык. Л., 1982）、斯塔尔采夫《通古斯－满洲人关于自然和社会的民族观念》（А. Ф. Старцев. Этнические представления тунгусо-маньчжуров о природе и обществе. Владивосток, 2017）。

第二节　国外满－通古斯语原始信仰词语的文化语义

一、那乃语

1. абаха айма：萨满的助手神。

2. адильтани дуэнтэ：与森林孪生子神 адо дуэнтэ 有关的神灵。

3. адо дуэнтэ：萨满的森林孪生子神。

4. адо эдени：孪生子神的主人，女萨满的助手。

5. айкагдян：来自海边的拟人神灵，助手。

6. акпан ама：联想到太阳的神，也联想到天空。

7. алдани алби сэвэни：萨满的"中间人"神。

8. алха ама：萨满最重要的助手神之一。

9. алха мама：阿亚米（аями）神，"母亲"，女萨满的助手神。

10. алха нэктэ：野猪样子的天神，第四重天球上的居住者。

11. алха энин：阿亚米神，女萨满的助手神。

12. амбан сэвэн：恶神，经常是虎、豹的形象，有时带翅膀，有时带着骑手。能使人们得各种疾病。

13. амбан сэвэни：恶神，其形象结合了虎和豹的身体。能使人得各种病。

14. амбан хосоидони：神灵，萨满与其进行过搏斗。

15. амбару энин：阿亚米神，拟人形，萨满的助手。

16. аодян：致病的神，画成鲈鱼的样子。

17. арингтари，арингорго：居住在第四重天球的两个神灵。

18. армуки：造成头痛的神，画成虎头的样子（孔东村）。

19. арнгале сэвэн：萨满的助手神，他的妻子。

20. аси пиктэ：字面意思是"小姑娘"，萨满的助手神эдэхэ。

21. атака，атака мама：眼病神，画成蜘蛛的样子。

22. аями：阿亚米，萨满的助手神，可以作为遗产被新萨满继承。

23. аян：防止各种疾病的神，雕像是乌龟的样子。

24. бали мама：瞎眼的老太婆，在女萨满得萨满病之初折磨她的神。

25. Боа：天空，大地，上天的神灵。

26. Боа ама：上天的父亲，大地的主人。

27. боа чиучки：神灵，眼病并且最经常是目盲的罪魁祸首。

28. боа эдени：天空之神"主人"。

29. боа эндурни：神灵，上天之神。

30. буни гаса：冥界神鸟（дурулди，обиби，топто，туту，яоги，яркон гаса），在萨满卡萨仪式——最后的葬后宴上起重要作用。

31. бусэу~бусиэ：恶神。

32. бучилэ：能百般变化的恶神（人、白鼬、线、图案装饰、鸡雏、狗崽、缝针，等等）。

33. бучу：（布丘）色翁，致病之神，带有尖脑袋的人形。有时可以用来占卜。

34. бэи ама：阿亚米，"父亲"，萨满的助手神。

35. бэкэ мама：阿亚米，萨满的助手神。

36. вандяха ама，даи дака：萨满的助手神、"老伯伯"。

37. вэю：众神灵色翁，女萨满的助手们，她的"士兵"。

38. гаглехи：萨满的小蠹虫样子的神灵。

39. гадюамда：恶神，萨满与其搏斗。

40. гали амбани：恶神，使人在河里淹死。

41. гасику（孔东村）：蠕虫－指路者，走在萨满所有随从的前面，吞下在路上的所有人。

42. гемтур ярга：致病的色翁神（直译就是水豹），雕像是虎、豹的样子。

43. гида янггильни：萨满长矛的神－主人。

44. гингпоня：萨满的萨满鼓木槌的神－主人。

45. гирки（нируки）：纸和织物上的治病之物，大多画的是天神

（боа гиркини）、太阳（сиун гиркини）、老虎（амбан гиркини），由于各种疾病（眼、胸、肚子等）而制作的。

46. гирмэнди талианди：色翁，萨满的助手神；带着大锤和凿子的雷母。

47. гисил эдени гиксинга гимингка：神鼓木槌的神－主人。

48. гора эдени：萨满领地 гора 的主人，萨满的阿亚米神，萨满领地 гора 的第一位女首领。

49. городо：带来心理紊乱的神，使胸等部位疼痛。有时是萨满的保护神。假定为人形；头上有 3，5，7，9 个突出部，直立向上，每个突出部就是一个神像。

50. гуранта：死人世界布尼的神－主人。

51. дадка мама：阿亚米，女萨满的保护神。

52. даи дака：萨满的保护神。

53. даи эндур：萨满的保护神。

54. дёгбор дуэнтэ：沿岸冰面的致病的神－主人。

55. дёгдэр дуэнтэ：致病的森林神。

56. дёгдэр мари：来自烧焦之地的神，豹的样子。

57. дёгдэр ярга：来自烧焦之地的神，雪豹的样子。

58. дзулку：冥界布尼的神。

59. дзэвэ：黄蜂样子的致病神。

60. дилу мама：女萨满的助手神、阿亚米。

61. дилигда：致病的神，引起头疼。头的样子。

62. дилигдэн：致病之神，导致头痛。其形象是木头做的或画的虎头。

63. дилуэктэ：苍蝇，萨满的助手神。

157

64. димунгга：萨满的助手神，他的"侦察员"。

65. диулин：人的保护神，住所的主人；萨满的助手神；萨满的引导死者灵魂前往冥界的狗。

66. дурулди：冥界布尼的гаса 鸟神。

67. дуэнтэ аян：森林神，（害虫）麦椿象和小熊的样子。把它们的像用线绳带在脖子上，可以防止各种疾病。

68. дуэнтэ сэвэн：森林神，通常是熊的样子，防止各种疾病，带有这些名称的变体：将熊雕像内部挖空，里面放入若干人形雕像，也可以是刺猬等的样子。预防不孕症。

69. дуэнтэ эндурни：森林神 – 主人，熊的样子。

70. дябдян：蟒蛇样子的神。

71. дяоланди мама：神灵，萨满仓库中的重要灵魂保护者。

72. дярголь：神灵，幻想中的野兽。

73. дяригда：熊头样子的神，防止头痛。

74. ёрха эндури：神灵，掌管第二重天球。与ёнггой хоситка 星座对应。

75. илан дёло аилби："三位老哥哥"，萨满的石头神灵，位于阿姆贡河。

76. ингдаола：狗样子的神，制造肚子疼痛。

77. ингда дилини：狗头神，防止头痛。

78. исэлэн：蜥蜴样子的神。

79. кадя：狗样子的神，卡萨 – 萨满（касаты-шаман）雪橇的领头拉套者。

80. калгама：森林神，人形：致病神；能够帮助渔夫和猎人；是真实的（有时是巨大的）人的样子的生物。关于他的生活有许多传说。

81. керген, керген бучу：致病神，人的样子。

82. кинаило：燕子神，将萨满托向天空。

83. колиан：蛇形致病神，虽然有时能帮助萨满。

84. конггипу：森林恶神。

85. коори：阔力，奇幻之鸟（谷仓那样大）的神。卡萨－萨满前往冥界旅行时最重要的助手神之一。

86. коргиру：致病神，用木头做成小链子，链子的末端是神的头。防止关节痛。

87. курбэнчу：蜻蜓样子的神。

88. кэймэдэ：女萨满狗样子的助手神。

89. кэйчэн：女萨满的类似狗崽的神。

90. кэку：布谷鸟样子的神，萨满助手，帮助萨满飞到天上去。雕刻或画在萨满神杆上。

91. кэнггэрэ кэнку тонггоро топто：冥界众鸟（буни гаса）中的布谷鸟，帮助卡萨－萨满与亡魂谈话。

92. лаобатор：女萨满的助手神，带着9条龙从海里来。

93. лаии, лаоя：居住在天上的神，掌管第五重天球。

94. лаха：引起肚子痛的神，描绘为鲶鱼的样子。

95. ливэнэ диулин：萨满的男人样子的助手神。

96. луглуки：三头蛇样子的致病神，居住在乌云上，городо 神（使人精神错乱的神）服从于他。

97. лунг：水神（外来的）。

98. лунгэ эндури：居住在天上的女神，掌管第七重天球。产妇的保护神，有 50 个孩子。

99. майдя мама（майдя энин）：萨满的助手神、阿亚米，居住在

第二重天球，许多萨满灵魂库房的重要女保护神。

100. майдя мапа：майдя мама 的神－"丈夫"，萨满的助手。

101. мамельди~мямельди：冥界布尼的首领神，英雄哈多（Хадо）或哈道（Хадау）的妻子。

102. мамари：新生儿的保护神，脸的样子，挂在摇篮上。

103. мапа маяни：虎爪，表现为手的疾病。

104. мари：豹样子的致病神。

105. мари мапа：阿亚米，豹样子的助手神。

106. маси：人的保护神，居住在第一重天。也是若干组致病神之一。

107. миавалдако：致病神，刻画为心脏的样子。

108. мойга：蛇样子的神，用草编成的像，缝在手有病的人的衣袖上。

109. моктоа энин：阿亚米神，萨满的助手。

110. мокто пуймур：阿亚米神，女萨满的助手。

111. мудур：神灵，天上的龙，萨满的助手。

112. муйки：蛇样子的致病神，也是萨满的助手。

113. мукэ эндур пиктэни：水神的孩子神，萨满助手。

114. мухан：林中野兽模样的致病神。

115. мучусу дуэнтэ：烧焦地方的森林神，萨满 С. П. Сайгор。

116. муэ муйки：水蛇神。

117. муэту：水獭模样的致病神。

118. муэ синггэрэ：水鼠神。

119. муэ тэмуни：水神－主人，表现为织成的"圣像"，防止肚子痛。

120. муэ эдэни：水下世界的神，能致病，折磨人的灵魂。

121. мэдур пиктэ：龙的孩子－神，女萨满的助手。

122. мя ингдани：狗样子的林中恶神。

123. мя огбони：铁人样子的水中恶神。

124. на эндурни：大地之神－主人。

125. найму эндур：世界的神－建造者，人、野兽、一切生灵的创造者（现在，С. П. Сайгор 将之称为 санси）。

126. наму ама，наму эдэни：海的父亲，头上戴着军刀的神－恶魔，女萨满的助手，来自地下世界（доркин）。他又叫作 диулимди ама——"指引父亲"，女萨满在行巫术时首先要寻找他。

127. нгэвэн：恶神。

128. нека маша：卡萨－萨满的手杖神。

129. нёукта，ногда：萨满的灵魂。

130. нируку：表现为太阳、鸟、蜥蜴等样子的神，画在鱼皮上，而不是用草制作。防止眼病。

131. нунну：大自然的保护神（孔东村）。

132. нянгня：居住在天上的女神，儿童的保护者（她自己有 100 个孩子），第八重天球的掌管者。

133. Одял энин：奥佳勒（Одял）氏族的神，"母亲"。

134. Одял ама：奥佳勒氏族的神，"父亲"。

135. олгома：蛇样子的神。

136. Онинка ама（也叫 Онинка хото）：奥年卡（Онинка）氏族的神。

137. пакари：人形神雕像，放在床上。

138. панян：灵魂。

139. Пассар ама：神，帕萨尔（Пассар）氏族的保护神。

140. пиктэи паталан：小女孩，萨满的助手神。

161

141. подя：火神 – 主人；在腿有病时制作的雕像。

142. пуймур：神 – 恶魔，女萨满的助手。

143. пунчилкэн：刺猬样子的致病神。防止肚子疼。

144. пурмил дуэнтэ：森林蠓虫神。С. П. Сайгор 萨满。

145. пурэн амбани：老虎样子的森林恶神，萨满的助手。

146. пэргэликтэ пиктэ：萨满的神 – 儿童。

147. сагди ама：主要的氏族神，也叫作 докеда ама, ойро ама, 霍哲尔（Ходжер）氏族的神。

148. сайка：恶神。

149. сангия, сангия мапа：天神。

150. сангия энин, саяка энин：女天神。

151. саньси：天上的居住者，第三重天球的掌管者。

152. сиарон дуэнтэ тава：森林火神（胡米村）。

153. сигакта：牛虻样子的致病神。

154. симур, симур дуэнтэ：蛇样子的神；森林蛇，带来脊柱病。

155. симур пиктэ：蛇神 – 儿童，萨满助手。

156. симур эденгуй：萨满的蛇神 – "首领"。

157. сиун：太阳神。被来自太阳的 дэгдэ сиун 宠爱。

158. соли холиодини："捣鬼的狐狸"的神，恶神。

159. суикэ дуэнтэ：山神（胡米村）。

160. сунгкэ：动物的灵魂（所在的位置是野兽的鼻子）。

161. сэлэ кэктэ：铁野猪，女萨满的助手神。

162. сэлэмэ гаса："铁鸭子"神，在萨满的仓房中保护灵魂。

163. сэлэмэ гихон：铁鹞神，萨满的助手神。

164. сэлэ симур：蛇样子的恶魔，萨满的助手神。

165. сэнггэ мама：萨满的助手神，拟人形。

166. сэрумэ пиктэ：萨满的助手神，"光身儿童"。

167. тава энтурни（类似 подя 火神）：火神。

168. таримса дуэнтэ：林中刨花样子的神（胡米村）。

169. тойкорпу：表现为鳄鱼样子的神。

170. толкиру（或者 эди）："梦中的丈夫"，神灵，未来的女萨满会在梦中见到他。他有病，她就会有病。

171. тонгдор ярга：豹样子的神灵。坐着的动物，头上有直立的突出部。防止胸痛。

172. топто，туту：冥界的鸟。

173. тудин манга：萨满的助手神。

174. тулбуэ：狗神，保存在灵魂仓库中。

175. тусу：女萨满灵魂仓库的守护神。

176. тэму дуэнтэ：熊样子的林中神和水中野兽。用沼泽地中的塔头墩子制作。防止各种病。

177. тэму пиктэни："水中儿童"，萨满的助手神。

178. тэму эдени，тэму эндурни，муэ эндурни：水神－主人。

179. тэму эниэмби：女萨满的助手神、"水中母亲"。

180. удир гуси，удир энин：萨满的来自乌德利湖（оз.Удыль）的助手神。（逐词翻译，就是来自湖的老伯伯、母亲）。

181. укса：萨满灵魂之一。

182. унгчуфу эдени，умингка уксинга：萨满的神鼓的神－主人。

183. уминээдени：萨满的神鼓神－主人。

184. упа：阿亚米神，也叫 пэргэликтэ пиктэ，"女谋士"；萨满称她为"半大姑娘"；神 хото 的女儿。

185. хадо，хадау：哈多，哈道，神话英雄，世界的创造者；居于天上者。

186. хопон：致病神，画成虎的样子。

187. харха мама，харха эндур：女萨满的助手神（女助手）。

188. хасима：萨满清洁之后色翁神的真正实质。

189. хойхол хото：萨满的助手神。

190. холохса хопа：萨满的助手神。

191. хоралико：色翁，引起妇女病，还有手脚病的神。

192. хосиа эндурни：居住在天上者，第九重天球的掌管者。

193. хото（Онинка хото，хэсил мапа）：奥年卡（Онинка）氏族天上的保护神。

194. хурэн эдени（хуту ама）：山神 – 主人，熊。

195. хуту эндурни：居于天上者，第一重天球的神 – 主人。

196. хэрсуй тэму：水中虎的神。

197. хэрэ：蛤蟆样子的神，帮助萨满。

198. чиучки：引起眼病的神。

199. чолинга чочианга：萨满的助手神。

200. Эден：神 – 主人。

201. эдехэ：与天空有关的神，萨满和猎人的助手。

202. эндури，эндур ама：最高神，父亲（тэму энтурни，дуэнтэ энтурни，на энтурни，水神，林神，土地神）。

203. эндури：小的（毛皮的、鱼皮的，等等），女主人。

204. эндур эдии：女萨满的助手神，"丈夫"。

205. энин мама：萨满的主神，在"占领"萨满领地时附到萨满身上。

206. этугдэ（этумди）：人的保护神。

207. ямтурханиани：萨满的助手神。

208. яогингка ямингка：萨满的腰带神。

209. яоги，яркан гаса：冥界的鸟神。

210. япоро пиктэ：三头蛇样子的萨满助手神，"孩子"。

211. ярга：雪豹样子的神。

212. ярга пиктэ：雪豹幼崽神，其雕像能防止各种病。

213. акпанггован：мугдэ（死者雕像）盖上被子躺下睡觉。

214. ангмани нихэли：字面意思是"张开嘴"，成为萨满，封为萨满（达达、奈欣、胡米村）。

215. байгоачи：敌对（байгоан，敌人）；萨满。

216. боа：（1）天空；（2）天气；（3）土地神；（4）地方。

217. буни：布尼，冥界。

218. гани（谢卡奇–阿梁村）：萨满所带的панян（灵魂）。

219. гойлинг：变成别的东西（гой，其他的）。

220. гора：萨满的领地。

221. гуйнгулу：在前往冥界的路上遇到奔向另一个萨满的死者的灵魂。

222. гэен：作法，寻找，确定病因。саман гэендини，萨满为此目的而行巫术。在词典中，埃文基语的意思是"发声"和"知道病因"；гэен就是"萨满"。

223. гэечи：在卡萨仪式上行巫术：萨满和所有亲属坐在窝棚（итоан）里，萨满为灵魂作法，灵魂还在家里。

224. гэлэндэ：寻找、察看什么（гэлэ，寻找）。

225. дахаламди：伴随萨满的人。

226. дёгдян, дёгдиан, дёкасон, дёасу：灵魂仓库。

227. дёргиль：没有萨满参加时的小助手（来自 дёгди, 燃烧）。

228. дёргиль：萨满神话中的继承领地。

229. добо, добоча：用食物供养死者、灵魂（панян）、死者雕像（мугдэ）。

230. дуумди（奈欣村）：萨满助手。

231. дуэнтэ（孔东村）：坐在后爪上的熊雕像。

232. дэгбэмбучи：在最后的葬后宴上行巫术，为了使亡魂离开家。

233. дюгбичи（上埃孔村），дюлбучи（奈欣村）：行巫术时的萨满向雕像呼唤神灵。

234. дюки：色翁神（有时是恶神 амбан）进入雕像。

235. дядон：最后葬后宴篝火旁边的树：буни дядони——死人篝火，илдан дядони——活人篝火（所有这两堆篝火都在葬后宴上）；在传统的葬后宴卡萨（каса）上，带着梯子一样横木的树在丧棚的旁边；在前往布尼（冥界）之前，萨满被举到树上。

236. дяидини（孔东村）：在新的色翁雕像之上，萨满作法。

237. илгэси（记录自所有村落）：萨满在行巫术时，根据身体上的特征确定病人的灵魂，根据死者衣服的颜色和藏在衣服里面的物品самогдан 确定亡魂。

238. илиочиори, илиочихэни（奈欣村）：为了不失去孩子而举行的仪式。

239. итоан：大葬后宴仪式上的窝棚；在其中供养 мугдэ——灵魂雕像 – 储藏所。

240. кала（上下季培村）：喂养（萨满喂养色翁）。

241. касата：打发亡魂去冥界。

242. коаго：为了欺骗恶神而变成鸟。

243. коори：阔力，神话中的鸟，萨满乘着它从冥界返回。

244. кэку：行巫术，与亡魂谈话。

245. лэусу：在大葬后宴仪式上作法，请求死者的灵魂从屋中移住木雕像。萨满请求亡魂 панян 不要哭泣，要安心。也是婚礼典结束后，不是萨满的人向山神－主人和众神灵的请求，这样的歌曲由不是萨满的有名歌手来唱的。

246. мугдэ：木雕像，死者灵魂的住所，在最后的葬后宴上打发亡魂去冥界。

247. мэу：行巫术，跳舞；在给不是萨满的人作法时跳舞。

248. нганигойни（达达村）：在治疗时寻找病人的灵魂。

249. нингманта：举办有萨满的葬后宴（人死后的第七天）。

250. нингмачи：带鼓行巫术。

251. нингмати：下游那乃人的葬后宴。

252. нэу（扎里村）：把灵魂木雕像从家中移到窝棚（итуан），这之后萨满将亡魂（панян）迁移到木雕像（мугдэ）中（пупсинг-пуксинг，吹入）。在《通古斯－满语比较词典》（列宁格勒，1975年，卷1）中，нэу，нэвугу，带走什么；нэвугуйчэ，赶出什么。

253. оксоки чэучэури：驱赶оксоки（记录自 Ф. К. Онинка，他来自 Хаю）。

254. оняго：在与恶神的战斗结束后，变成鸟，飞回来。

255. пангга，панггачи：用石头панггапон 占卜。

256. панё：雕像，灵魂居所，在人死后保留一年多。

257. панёури（奈欣村）：在雕像中喂养灵魂。

258. панягуи（达达村）：在卡萨仪式上，大萨满呼唤来冥界之鸟

буни гаса，这时把亡魂从家中迁移到窝棚（итуан）。

259. панялто（达达村）：在хэргэн仪式（死后第七天的葬后宴）上，将复活的灵魂迁入雕像（панялто，回复、返回——奈欣土语）。

260. панямба пупсинг：把灵魂交还给病人；萨满"制造风"，吹向病人的后脑勺、头顶。пуксин，暴风雪、风（不是动词）。

261. панян：灵魂。

262. панян хасиси：驱赶拿走灵魂的恶神。

263. пойпоачи：里朝外翻卷过来。

264. полан：给卡萨萨满的报酬（丝绸或毛皮长袍）。

265. пунгкичи：在点燃杜香时吸烟，用烟熏色翁（它喜欢这个）；也在行巫术时吸烟。

266. пупсинг（хуопсинг）：吹；хуксинг，吹风（谢卡奇-阿梁村）；пуксинг，把萨满救下来的灵魂交给病人。

267. пэргэчи：思考、预测、猜测病因。

268. самогдан：放到死者衣服里的物品，萨满根据物品知道是哪个死者的灵魂。Самугдан татагуй，在根据物品寻找亡魂的仪式（илгэси）上，"寻找"死者的物品（这个由萨满的神灵来做）。

269. саола（саолан）：黏土坛子，作为神灵的住所。

270. сикэльбучу：把死者放在板床（хуо）上时，在床的边缘补充刻痕，也在为死者建的小房子的门上刻痕迹。

271. сипонго：藏在地下，躲避恶神。

272. сиурингку-сама：普通的治病萨满。

273. сугди：在боава уйлэури仪式上，摆在色翁前面（在狩猎开始前）、庙（мио）前面的祭品。

274. сэкпэн，сэкпэнгу，сэкпэчи：咬、咬住；咬紧（牙）；一般

地咬（奈欣村）。萨满咬住病人的灵魂，将其从魔鬼那里夺回来，但按照那乃人的说法，是用嘴咬（不用牙），为的是不损伤被囚禁的灵魂，这经常借助于阿亚米神灵的帮助。新入行的萨满在献出灵魂时要咬自己灵魂的偷窃者。

275. сэнг：给萨满的报酬，为了"嗓音不消失"，把钱用绳挂在萨满的脖子上。

276. таочини-сама：普通的治病萨满。

277. уйлэури，уйлэчи，уйлэчигури：在向神灵供奉食品时，向神灵祈祷。

278. унди：每年的萨满仪式。

279. хасиси：驱赶恶神，为了使其净化。

280. хора：在神灵世界危险情况过后拯救剩下的生灵。

281. хоричи（达达村）：(萨满）呼唤色翁神，同神灵说话。

282. хоричи（谢卡奇－阿梁村）：献给神食物，喷水，抛洒一块块食物，萨满判断说：чуы，чуы（赞叹声）。

283. хэргэн：人死后第七天的葬后宴。

284. хээчи：萨满没有鼓，带着扎枪作法（唱神歌），驱赶恶神。

285. чачарику аями（孔东村）：在萨满旅行时他的代表神；布尔罕头上的7–9个мангге，бучу 神。

286. элечиори：为了儿童不夭折而举行的仪式（奈欣村）。

287. элкиугдэ（孔东村）：清除疾病的大刨花。

288. эндур：最高神，боа эндурни，天神。

289. эпили：在行巫术时请求神灵进入雕像，并且喊："кя！кя！"总之，是在行巫术时向神灵提出请求。

290. ямаха：在谢卡奇－阿梁村，在谈到萨满腰带时用来代替

янгпа 一词。

291. яя：萨满行巫术。

292. ундиури：萨满绕行，是萨满避开邪恶力量，找到人的灵魂的行为。

293. сэнгэ：一个老太婆，是恶神，她不仅相貌奇特，而且是那乃人现实信仰中的人物。在那乃民间文学中，因为主人公破坏了某些古老的婚姻规则，她便向其复仇，老太婆折断了主人公的弓和箭，使其丧失生命力。

294. боа：根据那乃人的观念，存在三个世界：боа，上天世界；на（илу，илэ），中间的，大地；доркин，地下世界，冥界буни——人死后的世界就位于那里。在过去，每个那乃人大概都会把世界想象为若干层构成的。现在，在现实信仰体系中，这样的观念消失了，但在故事中还能偶尔遇到。故事中说，上天世界分为二层，第一层（底下的）住着боралда，上面一层住着更强大的сангиа老头。

295. пуймур：是个老大娘的形象，在那乃人的神话观念中，她是掌管河流和湖泊的神。在某些那乃氏族中，则是选图腾动物作为пуймур。

296. омиа мони：灵魂树。在那乃人的宗教信仰中，未出生的孩子的灵魂是小鸟的样子，栖息在神话树омиа мони上。每个家庭都有自己的омиа мони，树上有几只小鸟，这家就会生几个孩子。在婚礼长袍的图案中，必备的要素就是灵魂树，绣在长袍的背部。过去，这种长袍用鱼皮制作，儿童灵魂树用颜料画上或绣上。

297. О шамане Пассар（帕萨尔萨满）：有一天，帕萨尔萨满说："我的死期到了，在我死后，不要让任何人到我的坟墓这来，你们要把所有的好狗拴起来。经过6天，我的灵魂将返回来。"过了6天，人们来到他的墓地，看到萨满从坟墓中站了起来。他因此成为大萨满。在行巫术时他唱道："强大的神被халигда（白蜡树）赶走，太阳被сисигда（落叶松树）赶走，铜圆盘被симчингэ（清静神）抓住。"（а кпадали халигда, сиун дали сисигда, толи дякпай силчингэ）。当他唱时，众色翁（сэвэны）向萨满老头淋浸了杜香的水，并叫嚷着向他的前额吹气。他的妻子死了，他又使之复活。这样他就成了法力高强的萨满。

萨满的强大法力借助于其助手神、保护神的力量。为了保护自己的"形象"，萨满就要完成供养自己神灵的仪式，在作法之前他要供给色翁仪式性宴席каалан，喝杜香酒，吃的食物是амсон，即几碟花瓣和其他美味，例如稠李的幼芽等。所有这些都只端上一小点。人们认为，萨满们的竞赛表现的是它们色翁的对抗，胜利者是由于其色翁强大。在萨满神歌中涉及树，在过去，人们认为它是氏族的保护者。白蜡树（халигда）神和落叶松树（сисигда）神是萨满意志的执行者，而沉默的симчингэ（清静神）则是萨满的保护者。铜圆盘是萨满的神镜，类似于盾牌，保护萨满不受敌对神灵的伤害。众色翁往老头（萨满）的身上洒浸了杜香的水，并大声喧哗着往他的额头上吹气，这样，助手神就将神力加持在萨满身上。

298. кори（阔力鸟）：在我们祖先的时候有阔力鸟，它能把人抓走：女人和男人。只要人们听到阔力的叫声，就会丧失理智，跟着她奔跑，即便失去知觉也不会跌倒。一天，一个最有力气最勇敢的霍哲尔人去猎野鸭，他悄悄靠近野鸭时，听到了空中阔力的叫声，他没有惊慌失措。他看见阔力带着一个女人，她的辫子有5丈长。他向飞过去的鸟射了一箭，并朝着自己的箭射出的方向走去。他看见阔力坐在海边的一块大圆石上，于是就小心翼翼地悄悄向阔力走去，靠近了大圆石，他拉弓射出一支铁镞箭，射中了阔力。那个女人后来成了他的妻子。老人说，从那以后阔力就不再抓人了，因为最勇敢有力的霍哲尔人杀死了阔力。

299. амбан：恶神，食人恶魔。

300. аями：阿亚米，萨满最重要的保护神，用毛皮、木头、金属制作的人雕像。

301. буни：布尼，即冥界、阴间。

302. бучуэн：萨满的色翁助手，用木头、毛皮、金属制作的人雕像。

303. итоан：丧棚，在其中完成送亡魂前往冥界的仪式。

304. калан：（1）帮助人摆脱进入其体内的恶神的仪式食物；（2）供给萨满和色翁的食品。

305. каса：卡萨，大型葬后宴，送亡魂前往冥界的仪式。

306. киангпора：用木头、毛皮、金属制作的鱼形保护神。

307. киргиабучуэн：毛皮、金属制作的人形保护神。

308. мугдэ：（1）木头人形雕像；（2）树桩。

309. мапа~мафа：（1）老头、主人；（2）熊。

310. панё：木雕像，放在木托盘上，托盘上有个孔代替人嘴，作为亡魂暂时的安身之处。

311. сэвэн：色翁，萨满的助手神、保护神，也是人的保护神。

312. сэвэрэн：执行者之神、保护神（通常是祖先神）。

313. эдехэ~эджехэ：用金属制作的人形雕像，用骨头制作的是祖先神的雕像，戴在脖子上作为护身符。

314. эндур~эндури：最高的神。

315. аями：阿亚米，萨满最重要的助手神和保护神，被人格化为人形雕像，аями 也能够属于普通人（不是萨满），并且成为他们的保护神，保卫他们的健康和幸福。

316. буни：冥界，死人的灵魂生活在那里。

317. бучуэ：带脚的木头神偶，比色翁神偶大，半米长；他有尖脑袋，手只是初具轮廓。他是萨满、莫日根和福晋（пуди）的听差和助手。

318. бурхан：布尔罕，用木头、铁或其他材料制作的神偶。根据那乃人的宗教观念。它是法力或大或小神灵的贮藏所，因此它具有超自然的能力。

319. дюлен：最大的神偶，用石头雕成，有时也用木头制作，有棱角的立方体形状，头为方形或五角形。

320. идахан арин：人形神，很高，沿着山走，偷窃、杀人和吃人。

321. каса：卡萨，大型葬后宴，在萨满的帮助下，派遣亡魂前往冥界时举行，是伴随着参加者歌唱、游乐、宴饮的神秘剧。

322. маглако：萨满高台，在卡萨葬后宴上，萨满向上射一支箭，然后随着第二支箭从台上下来，这时他要撑一根木棍，这叫作сама маглаини。

323. мугдэ：人形木雕像，在举行卡萨仪式时制作；根据那乃人的宗教观念，在卡萨仪式时，逝者的灵魂从其雕像паню 迁移到мугдэ，卡萨完成后就将其毁掉。

324. орки：将人冲撞而死的恶神。

325. паню（пана）：立在屋中至卡萨葬后宴的逝者像，是人形雕像，死者的灵魂居住在其中。雕像放置在铺板上，那里要保持肃静，雕像前供奉食物。在卡萨葬后宴时要将其毁去，因为死者的灵魂已经"离开"，去了冥界布尼。

326. сайка：比色翁大的神偶，但比 дюлен 神偶小，用木头或铁制作，头上是马鬃。圆形的 сайка 是萨满的助手神。它是恶神中最凶恶的，是乱伦的兄妹死后"变成"的。

327. сиулиэ：护身符，熊的胚胎；得到这个小男孩或小女孩样子的护身符，护身符能够防范被派来刺探的狐狸、乌鸦和其他动物，帮助狩猎，使人不会陷入死亡及其他危险之中。

328. сэвэн：色翁，木头小神偶，是用木棒雕刻制成的，是萨满的助手神，普通的男人和女人（不是萨满）也可以拥有。

329. таре：在萨满行巫术时，帮助萨满的人的叫喊声，萨满在击鼓，他的助手这时要喊叫。

330. эчжехэ：狩猎护身符，可以有各种样子，比较常见的是金属或木制雕像，戴在脖子上，为了狩猎成功。

331. торо~тора：萨满树或木杆，萨满坐在上面，鸟类也在上面休息，在那上面，萨满"杀死"自己所供奉的牺牲的灵魂。

332. туйгэ：萨满木杆，比 торо 大。

333. Jаотан（奈欣土语为 итоон）：用亚麻布建造的面积 25～30 平方米的帐幕，用树的枝条弯成弧形绷紧，人们在这里面待 3～5 天。帐幕四周插着萨满神杆 торо，用来纪念这个村子的所有死者。

334. бола：萨满手杖。

335. буни таони：冥界之火。

336. буун иуикэни：冥界之门。

337. бууни эргэни：冥界的方向。

338. бусу：寿衣。

339. бэфу мафа：祖先神。

340. гахо：祭祀，祭祀小房"庙"（мяо）中的红布。

341. гисала：萨满木槌。

342. дааи сама(н)：大萨满，按照那乃人的观念，这样的萨满能够陪伴亡魂前往彼岸世界。

343. дорки：地下的、死亡的世界。

344. дохоло：一条腿的色翁。

345. дуду~дудул：肚子疼时扎上的腰带。

346. дунсу гул：恶神，由冻死的人变成的。

347. дусху：三个木头布尔罕形式的家神。

348. дэуди：杆子，在庙的神殿入口旁。

349. захара：萨满的供桌。

350. зу аинани：父母去世两年后的葬后宴。

351. зуули(н)：带有尖头的人形布尔罕，房屋之主。

352. зэгди(н)：（1）葬后宴；（2）烧掉死者的东西。

353. зэгдинку：萨满祭台，在萨满杆旁边。

354. ила(н) аинани：母亲去世三年后的葬后宴。

355. илиочири：保护体弱儿童生命的法术形式，第二次魔法降生。

356. ирмуха(н)~ирмухо(н)：地下世界的主人，他接收死者的灵魂，并将他们送往彼岸世界。

357. jaja：萨满作法（唱神歌）。

358. jaмка：萨满腰带上叮当作响的铁饰物。

359. кава：（1）狩猎小窝棚；（2）氏族小房子。

360. калнама：两根手指的色翁，猎人和渔夫的助手神。

361. касда~каста：举行大葬后宴，伴送死者。каса，大的葬后宴。

362. коацэс：轿子，抬死人的担架。

363. кори：阔力，神话中带有铁翅膀的三头鸟。

364. кумту：恶神。

365. кэрхэ мама：驼背老太婆样子的恶神。

366. кэрхэ мафа：驼背老头样子的恶神。

367. лаинфу：祷告小房子。

368. луу(луэ) амбани：回声的主人。

369. маиза мама：布尔罕，能治病者；掌管生育的女主人，儿童的女保护者。

370. мало~малу：玛鲁，炕（кан）上尊贵的地方，对着门。

371. мало торани：旧房子中央的柱子。

372. муу~мэу：萨满作法，击鼓，绕圈走（行巫术时）。

373. наика：用干草、木头、塔头墩子做的布尔罕。

374. нуктэ кацани：在法术仪式上使用的老太婆掉下的头发。

375. нуучи сама(н)：小萨满。

376. она：萨满的仪式器皿——为治疗而给萨满的礼物。

377. саика：色翁，恶神，折磨人者。

378. силцэ дуэни：妻子的头发梢，放在丈夫的棺材中。

379. синхи：丧服，孝衣。

380. синхи хэткуни：妇女的丧服腰带。

381. соо：熊的鼻子。

382. согло：在其上面悬挂动物的头骨和骨头等祭品的树。

383. сои：恶神。

384. солба(н)：用柳条做的环籀，在法术仪式上使用。

385. солбачи：举行魔法清洁仪式。

386. сугди：放在色翁前面的祭祀食品。

387. сугдичи~сугдучи：宴请萨满。

388. сугдин：萨满的食物。

389. суу(н)：促使狩猎成功的护身符。

390. суна：萨满腰带。

391. суналаго：束上萨满腰带。

392. сэвэ(н)：色翁，神偶，神灵的总称。

393. сэвэ(н) горимсани：两条蛇形状的铁手镯。

394. сээксэ：（1）血；（2）给萨满的礼物。

395. толи：萨满铜（бляха）镜。

396. тороо：萨满神杆，氏族杆子。

397. тузу(н)：（1）萨满手杖；（2）给萨满的礼物。

398. тузулаго：挂着萨满手杖。

399. туигэ：为了祭祀而杀熊的地方。

400. ун：萨满带着鼓在村中走。

401. унцуху(н)：萨满鼓。

402. унцухун，унцухундэ：击鼓。

403. ускили：恶神迁移到某生物体中。

404. уфси：萨满的獾皮腰带。

405. фанала：做枕头。

406. фана(н)：（1）背光的地方、黑影；（2）灵魂；（3）枕头——死者的形象。

407. фангафо(н)：占卜装置。

408. фангачи：借助于占卜装置进行占卜。

409. фо е：天神。

410. фо зооги：家神，房屋主人。

411. фоза мама：火神（妇女形象）。

412. фоза мафа：火神（男人形象）。

413. фола(н)：布片，为治疗而给萨满的礼物。

414. фудэси：驱赶恶神。

415. фэргэ：萨满为没在水中的某物或某人作法。

416. хагдо(н)：（1）半地下室；（2）熊穴。

417. халада：氏族长。

418. цулэчи цуэлэ：带来祭品，宴请水神。

419. цуэлэ, цуэлчи~цуэлэчи：完成祭祀仪式。

420. чэе диланга мама：草做的色翁，色翁 маиза мама 的助手。

421. эм аинани：人死一年后的葬后宴。

422. гололо(н)：恶神，魔鬼。

423. зэсэ：熊头。

424. макікса：被打死的熊的连着头的皮毛。

425. мэуриури：萨满作法。

426. нгэрэдипки：民间文学中地平线的后面，大地边缘。

427. олгома забза：民间文学中巨大的蛇。

428. сэвэ(н)：色翁，萨满神灵及其形象（神偶）的总称。

429. сэвэн-униэ：色翁和神灵——萨满的助手。

430. толі：铜圆圈，戴在萨满脖子上。

431. унгту(н)：萨满鼓。

432. хана(н)：（1）影子；（2）死者的灵魂，逝者之像（чучело）。

433. хујэки：萨满帽。

434. эпкэ амбани：恶神。

435. эзэхэ：戴在脖子上的银质辟邪物。

436. эндури：恩都力，神。

二、乌尔奇语

437. адау дусэ：老虎样子的恶神（妻子氏族的）。

438. адау маси：神灵，各种疾病的原因。帮助捕鱼。

439. адау холи пурулни：孪生子神，萨满的助手。

440. адау эниэ：在狩猎和捕鱼时帮助人的神灵。也能引起疾病。

441. айами：阿亚米，助手神的称呼。

442. амбан：恶神。

443. амбан эдени：水虬样子的神，萨满的助手。

444. аян：萨满的带有鸭掌的头骨样子的助手神。

445. ба，ба эндурни：居住在天上的神。

446. ба сэлчэни：天上的恶神。

447. бакта нини：天上的人。

448. бокси：引起各种儿童疾病的恶神。

449. будала：萨满的助手神。

450. булинчэ：冥界之神。

451. буне эниэ：狐狸，女萨满的助手神。

452. бусу~бусэу：恶神，男性，"凌辱"妇女直至其自杀。

453. бучу：布丘，萨满的助手神。帮助捕鱼。

454. бэйэ панян：布丘，人的灵魂之一。

455. вэрэ：蟒蛇神，萨满的助手。

456. гали амбани：水下恶神，使人淹死。

457. гапси：天上居住者 эндур 的助手神，帮助 эндур 抓住捕捉恶神的网，帮助萨满。

458. гасупту：萨满的助手神。

459. гемдури：双头蛇样子的神。萨满腰带上的雕像。

460. гемдур дусэ：老虎样子的神。带有可移动的肢体的雕像，防止手足病。

461. гехуда：鸟样子的神，萨满的助手。

462. гиртамдини адули эдени：铁网的主人，萨满的助手。

463. городо：致病神，引起疯病和其他疾病。萨满的助手。人形雕像，头上有3，5，7，9及更多直立的突起，每一个都是单独的神灵，是病因。

464. дё эдени：房屋神 – 主人。

465. дилигда：神灵，头痛的原因，人头或某种动物头的样子。

466. доркин нини：地下世界 доркин 的人。

467. дулдума панян：人的灵魂之一。

468. дусэ：老虎样子的致病神，也是萨满助手。

469. дусэ пиктэни：幼虎，萨满腰带上的两个雕像。

470. дуэнтэ сэлчэни：森林恶神，用箭射死人。

471. дуэнтэ эдени：森林神 – 主人，能致病，熊的样子。

472. дябдян：奇幻的蛇样子的神。

473. дячигда：动物（狼、熊或狗鱼）头样子的神。

474. енггули：豹样子的神，在萨满杆子 дару 附近守卫（看管）灵魂。

475. ибаха, ибахаонди：带翅膀的恶神，拿走人的灵魂，消除人的智慧。

476. калдёму, калзама：巨人样子的神，帮助捕鱼。

477. колиан：蛇样子的神，萨满的助手。

478. коори：阔力，卡萨萨满的巨鸟样子的助手神。

479. косо：玉石圆盘，防止肚子疼神灵的居所。

480. кутуэ：蟾蜍模样的神，女萨满的助手。

481. кэнги：海象模样的神，萨满的助手。

482. лаои~лаоя：居于天上者。

483. мамари：居住在天上的神灵，奥罗苏格布（Оросугбу）氏族的保护者。

484. манги：萨满的助手神。

485. маси：住在地上的神灵，在доркин，在кэлмэн。房屋的主人。捕猎的助手。德丘里（Дечули）氏族的天上保护者。萨满的助手，萨满神鼓主人。

486. мевалдякта：致病神，引起心脏病。

487. морма：居于天上者，瓦利久（Вальдю）氏族的氏族神。

488. мудиль：三头龙模样的神，萨满的助手。

489. муи：蛇模样的神，防治胃病。

490. мухан：引起肚子疼的神，有狗的外貌。

491. мэйкудэ：居住在кэлмэн的神，（织物）根脚的样子。

492. на илини дусэ：森林恶神。

493. на эдени：大地的主人，也住在кэлмэн，森林捕猎财富的主人。

494. нгэвэн：恶神。

495. огингга：致病神，引起各种病，居住在кэлмэн，在林中，在水中。

496. олдуэнгэ：萨满的助手神。

497. осомди, осомди мама：萨满灵魂仓库的保护神。

498. очина：与水崇拜有关的神。

499. панян：人的灵魂。

500. паску амба：恶神，激怒人使人自杀。

501. пудя：火神。

502. пуймули：神–奇幻之蛇。

503. пунчилкэн：幼虎、幼熊样子的神，萨满腰带上的雕像。

504. пурэн амбани：老虎样子的林中神。

505. пута：萨满的灵魂。

506. пуянггу паня：人的下层的灵魂。

507. сайка：恶神。

508. саньси：神–居于天上者，女萨满的保护者。

509. сангия мапа：神–居于天上者。萨满和非萨满祈求。

510. сильчуранча ама：古老的西利丘拉（Сильчура）村的神，女萨满的助手神。

511. симули~симур：奇幻之蛇、龙样子的神，引起疾病。在萨满那里是神鼓主人。

512. солзимбуву：驱赶恶神（可以没有萨满）。

513. сулбэ сэвэни：神灵，"藏在湖中的金子"（蒙戈勒村）。

514. сункэ：动物的灵魂，集中在鼻子。

515. сэлчэ：恶神。

516. сэмуни：瓦利久氏族的氏族保护神。

517. сэмэль ама：奥罗苏格布氏族的氏族保护神。

518. тугбулмэ городо：带有活动腿的熊样子的萨满腰带的神–主人。

519. тэму дусэ（хуралику дусэ сэлчэни）：恶神，人因为他而抽搐或溺水而死。但他能给人鱼。

520. тэму эдени：在доркин的神–主人；水主人。

521. уде~унде：最高神，也就是哈道（Хадау）。

522. уксара：鹛鸮样子的萨满助手神。

523. унде масини：与天空有关的猎人的助手神。

524. унде амбан онди：恶神，天空之虎。

525. хабдари：恶神。

526. Хадау（Унде）：世界的制造者，冥界的首领。

527. хапун：老虎样子的致病神。

528. холзоку：致病神，有突出肋骨的雕像，肚子上挖出一个纵向的洞。防止结核病或者腹泻。

529. хорон：恶神。

530. хоста эдени мапа：神 – 老头，星星的主人。

531. хуралику дусэ：老虎样子的致病神。防止妇科病，帮助狩猎。

532. хэрэндэ тэлбуксу：萨满的助手神。

533. чагдян гаса：白色鸟样子的恶神。

534. чинды：鸟，萨满的助手神。

535. эдехэ：最高神。帮助猎人、萨满。

536. Эндури：恩都力，居于天上者。

537. этумди：人的保护神。

538. ярга дусэ：豹样子的天神，给人疾病和貂。

539. адау：孪生子。孪生子的道路。

540. амба：恶神。

541. арачу：戮熊场。通常距村落数百步。

542. астунза：表现丈夫与妻子在一起的偶像。

543. билду：旧式乌尔奇房子中四根柱子（када）中间的空地。平时在那里为狗立个木板台；节日期间收起木板台，熊放在那里。人不

183

能躺在那里，因为这个地方在一定程度上被认为是神圣的。

544. боаби：神偶。

545. бучо~бочо：在水祭（войси нялау）时以及其他一些情况下使用的神偶。与水祭有关。

546. буюмба хупи：熊节，直义为"玩弄野兽"。

547. булава：萨满手杖。

548. були：冥界，果尔特（那乃）语为буни。

549. войси нялау：祭祀水神的仪式。直义为"向水中扔"。

550. геокса：环斑海豹。

551. гесамса：刨花。

552. гэбу：狩猎的好运气、成功、得手。

553. гида：扎枪。

554. голи：祈祷，献祭；同时——成功、得手。

555. дакну хадинча：远处水里的居民，水底的居民。

556. дэрки дуса：神，其意未知。

557. докпочамбау：将熊拉过门槛一半再向后拉的过程。

558. дуэнтэ покто：（神话中的）泰加林中的道路，"林中人"的道路。换言之，就是"举办熊节的法则"。

559. дуэнтэ судалини：森林的传说，关于"林中人"法则的传说。

560. дурауpи：从每块熊肉中割下小块肉；在熊节上由熊的主人完成。

561. дуса：虎，老虎形状的木头神偶，立在泰加林中。

562. закан：龙神偶。

563. заудор：蛇（通古斯语）。

564. зугзундэ：小的熊节，作为大节日之前的"预演"，在秋天举行。

565. илдаиди：这个世界（阳间），与буни——阴间、冥界相对立。

566. када：乌尔奇旧式房屋中间的四根小柱子，在上面拴熊。一般地说，乌尔奇人的就是果尔特人的。

567. калзами：大的神偶；在大的宴会上使用。用木头做成，几乎与人同样大小。被认为是所有捕猎者，特别是捕鱼者的保护神。通常被认为是一名妇女。

568. карпа：比目鱼。

569. лауча：铁制双锋短剑；可作为聘礼、罚金。被认为源自"水中人"，具有保护力，奥罗克语为лаута。

570. лохо：来自日本的军刀，为乌尔奇人所珍视。根据传说，源自"水中人"将之遗忘在岸上。在重大事件上评判人必带的武器。

571. мафа：老爷子，熊。

572. малчу：（在阴间）捡木柴的路。

573. манга：神偶，在"水祭"时使用。

574. модул：（神话中的）蛇。

575. монгулден：穿着狗皮的神偶。被认为是萨满的"助手"。

576. монпу：盆、槽（在熊节的宴席上使用）。

577. морма：天神。

578. каса：卡萨，有萨满参加的大宴会。

579. кенга：鲸。

580. комим：包着貂皮的神偶，在向上天祈祷时使用。

581. кори：笼子，木架。

582. кори：阔力，（神话中的）鸟，萨满骑着它前往冥界。全称

вангнам кори。

583. косонг：玉石做的大指环，经常作为聘礼之一；在氏族传说中作用很大。

584. му эндури：水神。有时被称为тэму эндури，不过这个专门用语乌尔奇人不常使用，它显然源自果尔特语。

585. муча：在阿拉丘，从那里射熊的地方。

586. наузи：带有刨花的河柳棒。

587. нихэрэ：长柄木勺，为了纪念而在上面刻着节日上被杀死的熊。

588. нгарка：熊节的一个部分，在这期间进行饕餮竞赛。只在熊是捉来而不是买来时举行。

589. нгарка нерандулани：人们这样称呼参加饕餮竞赛的12个氏族。准确意义不明。

590. огинга：神偶；水祭时使用；有两种：огинга тэму——水огинга，огинга дузитэ：——森林огинга。

591. окса：木制神像。

592. омя：人类的胎儿。

593. омямонки：氏族树，其上住着神灵。

594. оркек：熊身躯（胴体）的后半。

595. отон：带有镶嵌物的木托盘。

596. охома：带有木雕鸭头的木盘。在水祭时"喂"水神的用具。只有同族人死在水中后才能制作。байба охома——普通木盘，адау охома——双胞胎木盘。

597. памаку：为了"清除"道路而擦着熊射过的箭。

598. паня：灵魂。

599. паняу：在人死之后，灵魂转移至其身体中的狗或熊。

600. поза мафа：火神爷。

601. поза мама：火神娘娘。

602. сагдимдэ：在熊节次序中最古老的氏族。

603. салча：凶恶力量，恶神。

604. семуни：天神。

605. сэвон：木头或草做的神像。

606. силдэ：小仓房，在里面放所有熊祭物品。

607. силдэ туча：雪橇，用来往村里运送所有的熊祭用品、杀死的熊、酒食。

608. си：冰窟窿。熊节时人们牵着熊绕着冰窟窿走。

609. сиула дуса：神，捕猎的主人。

610. судали：关于乌尔奇文化基本法规的次序和起源的神话。

611. сугдичи：在熊节期间祭祀熊。

612. сункэ：动物的灵魂，住在动物的鼻子里，"森林主人"将其抛给普通人，于是就能狩猎成功。因此，当狩猎成功时，人就会说，他找到了动物灵魂。

613. тэли：让熊伸直身子躺着，为的事使它肚皮朝下趴着，腿伸向四周。

614. тэму эзе："水的主人"。

615. тэму ни："水中人"。

616. тэвокса：神（恶的）。

617. тимда：作为小鸟样子存在的人类胎儿的灵魂。

618. тимтикто：树芽，在上面住着胎儿的灵魂 омя。

619. тинепу：带有人头像的木棍，作为审判时的权杖。

620. тлы нивх：天上的人（吉利雅克语）。

621. тое：喂食物，熊节上重要的喂食要持续一整夜。

622. туза：戮熊场阿拉丘（арачу）上的木桩，将熊绑在上面。

623. тумпан：熊的油脂。

624. уза：奏乐原木。

625. фаня：灵魂，也就是一个填满朽木的枕头，在人死后直到葬后宴（каса）期间供奉在屋中。

626. Хадау：哈道，世界的开端，文化英雄。

627. хусэгдэни：普通的死人，区别于"林中人"。

628. хули：在葬后宴时为萨满做的梯子。

629. чикун：神话中这个世界与冥界之间的中间地带。

630. чобо：长的槽子、勺子，用来喂熊。

631. эзэхэ уйли：祭天仪式。

632. эзэхэ：住在天上的神。

633. ягзакта：带有熊肠子的脂肪。

634. яли：熊肉，在熊节上送给每位回家的外氏族的人。

635. ярга：直义是豹－虎，神灵。

636. ялуни：神灵，含义未知。

637. янгидуса：神灵，含义未知。

638. алмунду：围绕萨满神杆дару的看不见的栅栏（3~9根），保护灵魂кальдёму和ёнггули（豹）。

639. амбалмачику：住着恶神的地方。

640. амбамба бакаву："遇到恶神"（即丧失神志）。

641. атау~атая：为死人装食物、装东西的盒子（匣子），在葬后宴上使用，直到最后的葬后宴完成。

642. бакта：上层世界。

643. гидяли：萨满的道路。

644. гилбэ：萨满变成铁毛的熊，行巫术时在空中飞。

645. дару：萨满神杆。

646. дёандини：萨满与"好的"（"洁净的"）色翁谈话。

647. дёорпу：拨浪鼓，在熊节上使用。

648. дюасу：萨满的灵魂仓库。

649. дюкуомбуву：在行巫术之后，将"好的""干净的"色翁赶入雕像。

650. илдеруву：根据"记号"认出灵魂（панян），在那乃人那里是илгэси。

651. илу，илуни：萨满的道路（на илуни 地上的，дуэнтэ илуни 林中的，тэму илуни 水中的），在大萨满那里达到9~12条路。

652. калуву：用各种食物喂色翁。

653. мэуву：萨满跳神。

654. нингмаку：带有儿童灵魂的萨满仪式。

655. нойна：祭祀阿穆尔河神用的小船（нода，抛洒）。

656. оди：行巫术的报酬：碗、锅。在萨满作法而捕获鳇鱼时，必须给桦皮桶。

657. подохо мо：神话中的树。

658. тунгкуву：用枞树、杜香的烟喂养色翁。

659. пута：用鱼皮做的口袋，灵魂仓库的象征。

660. пэйлэпу，элчиугдэ：带着一串刨花的小木棍。

661. сисапун：仪式用刨花。

662. сиулмэ сама：普通治病萨满。

663. сиурэ：萨满的主要色翁：маси，бучу，ингдалау。

664. солдимапуву（солдимасуву）：驱赶恶神。

665. соунгту~сэунгту：为捉住恶神而用干草制作的三条腿的神像。

666. сугдичи：喂死人饭食。

667. сукпачуву：在萨满行巫术之前跳舞（观众跳舞，为的是让萨满的神降下来）。

668. сэкпэмбуву：（1）用牙紧紧咬住；（2）（萨满）攻击恶神。

669. толкичи~толкини：看见梦（在行巫术时萨满要极力知道它）。

670. тэлэу~тэлэ：带有杜香的水，萨满在унди（萨满给自己治病）仪式上喝。

671. тэу：萨满神帽上用刨花做的塑像。

672. тэунгкуву：在行巫术之后制作神像。

673. унди：为了萨满自己治疗的仪式。

674. ундиву：在萨满自己治病的仪式（унди）上，同村人将萨满传递进屋。

675. упсиэ：萨满神裙。

676. хасиси：成为新萨满献祭时在空中的旅行。

677. хуадараву：没有鼓作法，唱。

678. хойракачи：弱的萨满，没有举行献祭仪式。маси 和 бучу 色翁自己不会来到他这里。

679. хортихэниву：（萨满）给自己治病。

680. хэрми：在行巫术时用草（后来用木头）做的布尔罕。

681. чэучуву：在森林中向神灵祈求；也在安葬溺水而亡的人或被熊咬死的人时祈祷。

682. чэнкэву：在熊节上跳舞。

683. чэупу：被熊咬死的人。

684. элчугдэ：几束治病用的仪式刨花。

685. эпиливу：使神灵迁入雕像，与色翁说话。

686. этэуву：守护，保卫。

687. яя，яяла：行巫术，坐着唱。

688. адаву~адау：孪生子。

689. адау поктони：孪生子的道路。

690. адау тактуни：为祭祀孪生子而建在柱子上的小仓房。

691. айами：阿亚米，布尔罕（色翁）和神偶之一种的名称。

692. ама-энэ：指萨满的神灵－保护者。

693. амба(н)：（1）恶神（恶魔、魔鬼、妖精）；（2）老虎。

694. амбамба бакаву：神志丧失，找到恶神。

695. амба(н) нини：像人的恶神（人恶魔）。

696. анзи(н)：（萨满用词）别人。

697. атау：装荐亡器皿的筐和箱。

698. баакта：上层世界。

699. баник：天上的人。

700. буули(н)：（1）冥界；（2）死者前往彼岸世界的道路。

701. букэ(н)：为死者举行的仪式。

702. булау：萨满手杖。

703. буричиву：萨满射箭。

704. бунга：刨出刨花的木棒。

705. бэбу：刨花木棒，用它将食物抛入水中享"水主人"。

706. бэрхэ：享神偶以食物。

707. ваи：用来保存被吃掉的熊的骨头的木架。

708. вайси наалаву：祈求水主人。

709. войо：用来保存熊节上被杀死的熊的骨头的架子。

710. вэрулзуву：（萨满用词）测验。

711. гаали амбани：水神，水下居民。

712. гэлчэвчиву：（萨满用词）驱散。

713. докпучумбуву：在熊节上，把熊拖过房子的门槛又拖回来的仪式。

714. дуусэ(н)：（1）虎；（2）虎样子的木头神偶；（3）虎 – 人神偶。

715. дуэнтэ эззэни：虎主人。

716. зунгдунда：小熊节，大熊节的组成部分，吃剩下的熊肉。

717. ибаха：带翅膀的神偶。

718. илзуву：熊冬眠之后醒来。

719. ипилаву：（萨满用词）摆脱。

720. йали：熊肉块，熊节时给参加者的礼物。

721. йулдуву：在萨满那里打听到真相，萨满在自己的神偶 – 保护者那里获得实情。

722. йулдуми пулахиву：萨满在行巫术时喊叫。

723. калзама：巨人样子的神灵，手上只有两个手指，野兽和鱼的保护者。

724. калзами：尖头、两根手指的巨人。

725. камсами гаса：鸟（утку）样子的神偶。

726. кали：民间文学中巨大的黑蜥蜴，生活在地上。

727. кори(н)：（1）木头架子、笼子；（2）为捕获的熊建的小房子。

728. кээлмэ(н)：地下世界。

729. лизангу：熊走的林间小路。

730. луру：熊耳朵。

731. мапа：（1）老头、老年男子、丈夫；（2）熊。

732. мани：萨满的一个神偶的名称。

733. мапава хупуву：举办熊节。

734. мапакса：熊皮。

735. мапа посиктани：熊的眼睛。

736. маси~маасу：房屋保护者、萨满助手神之一的称呼。

737. моро：熊肠子。

738. налдаву：（1）覆盖大地；（2）（萨满用词）躺着不动。

739. наму эзэни：（1）海鳇、鲸；（2）海主人。

740. наузи：熊节上使用的木头刨花。

741. наа эзэни：大地的主人，本地的掌管者。

742. нумамбуву：（萨满用词）分布（关于疾病）。

743. нэнгэ：萨满向保护神的呼唤！

744. нэлэ эсу：（萨满用词）不要注意这个。

745. нарка：熊节的一部分。

746. нарка неерани：参加熊节的亲属群体。

747. осомзи(р)：向萨满的保护神呼唤：осомзир, ама, энэ！

748. охома：祭祀水主人用的鱼形和鸭形木槽。

749. очина：祭祀水的神偶。

750. паамачуву：射出的擦过熊身旁的箭，为的是清洁道路。

751. пана(н)：（1）影子；（2）亡魂的形象；（3）灵魂。

752. панау：人死后，亡魂迁入其中的狗或熊。

753. панга：用于猜测的器具，就是萨满和巫医那里细绳上的石头。

754. пудэчиву：萨满驱赶恶神。

193

755. пурэ(н) амбани：（1）森林之神；（2）虎。

756. пучэвлуву：（萨满用词）不要打扰，不要惊慌。

757. сама(н)：萨满，巫医。（乌德盖语）самцу。

758. сансилавйо：年长的神灵。

759. сантавчуву：（萨满用词）生长，培养。

760. силдэ(н) такту：熊木架，用来保存熊节用品。

761. силдэ(н) тучи：用来运送熊节用品的雪橇。

762. симули：民间文学中的蟒蛇、龙。

763. сээ(н)：辟邪物。

764. сэвсэлзуву：（萨满用词）编头发。

765. сэвэ(н)：色翁。（1）萨满的助手神；（2）野兽或人样子的神偶，布尔罕。

766. толи：萨满金属圆圈。

767. тузэ：受崇拜的地方，那里杀过熊或埋葬着孪生子。

768. тээму(н)：水下世界。

769. тээму нини：水下世界的人。

770. тээму(н) эзэни：水、水下世界的主人。

771. улсэ：（萨满用词）肉。

772.ултэ：（萨满用词）好。

773. унтухун：萨满鼓。

774. унтухучиву：击鼓。

775. уза(н)：熊节上的奏乐原木。

776. узазупу(н)：砍下的枞树干，作为熊节上奏乐的打击乐器。

777. узазуву：在熊节上用两根小木棒敲击奏乐原木。

778. укай：神灵－色翁的名字。

779. фэй~пэй：消失、离开、消逝（萨满行巫术时的惊叹声）。

780. хабдари：众恶神。

781. хапун：布尔罕，治疗肚子疼。

782. хау(н)：造成发疯的神灵。

783. хаундараву：萨满作法（没有鼓）。

784. ходаву：（萨满用词）背诵。

785. хойлалаву：（萨满用词）偷偷看，窥视。

786. хойланга гаса：幻想的烧红的炭－鸟。

787. хоро(н)：恶神，诅咒之神。

788. хорончу：恶神迁入其中的人。

789. хорончу боа：带有恶神的地方，被魔法控制的地方。

790. хорпучиву：萨满生病之后作法，为的是振奋其活力。

791. хусэкси：熊身体的前部，在熊节上只有男人才可以吃。

792. эзэхэ(н)：（1）金属神偶，带在胸前；(2) 对神偶的祈祷仪式。

793. эзэхэмбэ уйлэву：（1）捕猎前的祭天仪式；(2) 举行氏族仪式（没有萨满）。

794. ээктэкси：熊胴体的后部，只有妇女可以吃。

三、奥罗奇语

795. абчи：熊节。

796. ава：禁止实行的各种行为，禁忌。

797. агда：агай эньдури，雨和雷的神－主人。

798. агангка：调皮的（狗的绰号）。

799. агди эзэни：雨、雷和闪电的神－主人。

800. агды：风、雷和闪电的神－主人。

801. агды сиванькини：在雷雨大作时，风雨雷电之神 агды 投向犯罪者的石凿。

802. агды суки：雷的箭 – 闪电。

803. агды талинайни：闪电。

804. агды тоони：马勃（灰球）蘑菇，在闪电击中的地方出现。

805. агды эзэни：风、雷、闪电之神 – 主人。

806. агдыча：带尖的粗木棒，插在坟墓的四角。

807. адау：孪生子。

808. адау сэвэ：孪生子的木雕像。

809. аджяха：幸运，得手。

810. аду（那乃语）：孪生子。

811. айауами：这样称呼孪生子的父亲，代替他的真名。

812. айюни：令人喜爱的姑娘。

813. амба：（1）老虎；（2）恶神；（3）禁止的某些行为、罪孽。

814. амимпи：老虎的称呼"我们共同的父亲"。

815. амине унту：神鼓 – 父亲。

816. амоси-да：环斑海豹，萨满的助手神。

817. анё унту："神鼓 – 母亲"。

818. аппуи：萨满保护神的翅膀。

819. арачу：阿拉丘，在熊节上进行仪式性杀熊的专门场地。

820. арачу бооджани：在射熊场分成两半的装饰木杆。

821. асане：（1）神 соггикэ маси 的妻子（该神的雕像在治病和捕猎获得成功时使用）。（2）奥罗奇人传统社会中对6岁之前的女孩的普遍称呼。

822. асани：治病保护神 маси 的妻子。

823. асена：萨满的女助手，他在天上的妻子。

824. асена туту：一对布谷鸟，萨满的助手神。

825. асикта канучиха：最后的用松针烟祭祀熊灵魂的仪式。

826. асикта пундиха：用燃烧的松针的烟祭祀被杀死的熊。

827. ая：鸟形的祭祀用小船。

828. ая маси：坐在小船上的两个雕像。

829. аянга-да：齿鲸，萨满的助手神。

830. баси~бачи：骑马者雕像，防止头痛的辟邪物。

831. бе на：月亮大地。

832. бе тада гапахани：在熊节上射向天空的第一支箭，为熊（它的灵魂）指示前往住在月亮大陆上的熊神－主人那里的道路。

833. бити амимпи：老虎的称呼"我们的父亲"。

834. бити заппи：逆戟鲸的称呼"我们的同族"。

835. бойды：神灵，铁钎脚，身体用杜香做成。

836. бооджя：在萨满祭祀用品之上，上端分为两半的树。

837. боочо~бучу：布丘，尖头的神；萨满在天上的妻子。

838. бото：熊的鼻子尖。

839. боха（埃文基语）：善神；火的灵魂，火的主人。

840. боха-да：虾虎鱼，萨满的助手神。

841. бою эзэни, токи, тони：驼鹿的神－主人。

842. боюн：熊节上熊的称呼。

843. боюнда авеи：熊节。

844. буа：(1) 奥罗奇人的主要善神之一。(2) 天空，大自然，地方，天气。

845. букки：死人的灵魂。

846. буккини джовака：不大的窝棚，搭建在坟墓旁边，死者的长袍和枕头放在里面。

847. буни，бунни боа，бунни：布尼，冥界；地下世界，天堂（极乐世界）。

848. бунингкэ(н)：冥界的居民。

849. бусиву：来往的神灵，既不属于善神，也不是凶恶的力量。

850. бусулэ：给死者穿上寿衣。

851. бусунгэти：寿衣。

852. бэй усингэти：驼鹿的灵魂，存在于青铜甲壳虫中。

853. бэйудуну сагды на：巨大的八条腿的无角的驼鹿，象征着大地。

854. гагда：死去的孪生子的木雕像。

855. гаки：大乌鸦、渡鸦。

856. ганкэ：恶神，具有人的躯干和野兽的头，钩子代替手，住在海里。

857. Гаппанки：图姆宁河一处受人崇拜的悬崖。根据传说，这是化作石头的妇女——世界的创造者哈道（Хадау）的母亲和妻子。

858. гарya：木头鸟，挂在儿童床上，保护孩子，使其避免遭到恶神侵害。

859. гаса：（1）鸟；（2）海鸟；生病儿童的灵魂"小鸟"。

860. гаэсу：埋葬溺死者的地方。

861. геда：萨满的木扎枪。

862. гилува-да：苍蝇，萨满的助手神。

863. гису：萨满击鼓用的木槌。

864. го：复活，再生。

865. гоко：在уни和ханяла仪式上，固定在萨满背上的木钩。

866. гулуна：埋葬熊的骨头和头骨的地方。

867. гяхада：萨满用的一堆手杖，行 кысугали 巫术后剩下的。

868. ава эзэни：大麻哈鱼的神 – 主人。

869. даемды：开始举行熊节的第一批人。

870. дептыри（奥罗克语）：恶神。

871. джобби：萨满妻子的一对拨浪鼓。

872. джоббидей：萨满带着拨浪鼓跳舞。

873. джюле маси：流行在那乃人那里的色翁。

874. джябда-да：蛇，萨满的助手神。

875. джявагде-да：蟹，萨满的助手神。

876. джялауде：蟹，"防止肚子疼的辟邪物"。

877. до：萨满占卜石上的"脸"。

878. долоунки сангами：熊笼 койни 上为喂熊而开的小窗口。

879. доонта амба：熊魔鬼。

880. доонта бооджани：射杀熊的场地阿拉丘（арачу）上劈成两半的装饰木桩。

881. доонта маси：萨满神灵的雕像。

882. доонта учала：治疗心脏的木制辟邪物。

883. доонта яви：用草做的熊样子的雕像，助手神 соггинэ маси。

884. досо：带翅膀的小人样子的低级恶神，躲在人的身后偷听偷看。

885. доха：预先规定的族外婚、血族复仇和举行熊节时互相帮助的氏族间的关系。

886. дуанта гаса киача：熊 – 鸟（鹰），萨满助手神。

887. дуанта-да хутангкина：熊神（球），萨满助手神。

888. дуанта гаса силлани：熊 – 鸟（鹤），萨满的助手神。

889. дуанта гаса хавкы：熊 – 鸟（松鸡），萨满助手神。

890. дуэнтэ：熊的神 – 主人。

891. дусе маси：萨满的神灵雕像。

892. дуся：神灵 согтинэ маси 虎 – 助手的草雕像。

893. дуся бусеу：来来去去的虎，萨满的助手神。

894. дуся гаса курупту：虎 – 鸟（鸦鹑），萨满助手神。

895. дуся мухани：防止心痛的辟邪物（小型的虎）。

896. дуся согго хуюн гаса：中国的神 – 虎——9只鸟，萨满的助手神。

897. дуся эзэни：森林、山和除了熊以外一切野兽的神。

898. дылину сэвэки：医疗用的保护神木雕像，治疗头痛。

899. дэли мыкы：飞蛇。

900. дювайма：前往冥界的道路。

901. дюлин（那乃语）：住所保护神。

902. зави：速度之神 ходо(н) 的三条狗之一。

903. зас（尼夫赫语）：奏乐原木。

904. иволга набони：白蜡树上的青苔。

905. игда холдохса：放棺材的小椁房。

906. идибиха：老头，孪生子神。

907. икко：大锅。

908. икта адзани：火老太婆 – 主人的丈夫，住在朽木蚂蚁窝中。

909. илау：伊纳乌，木头刨花。

910. инаки：(1) 狗；(2) 大熊星座中野兽的名称；(3) 女性的名字。

911. инаки хонтони：在岔路口（хактыаха）之后通往冥界布尼的

狗的道路。

912. исалада：蜥蜴，萨满的助手神。

913. исангурида：蝌蚪，萨满的助手神。

914. исели：蜥蜴。

915. када, ляджауа：在熊节上，熊背后用树枝做的篱笆，系在木桩上。

916. кадзяму~кагдяму~кагзаму：类似人的森林生物，身材巨大，尖头。

917. калгама（那乃语、涅吉达尔语、乌尔奇语）：类似人的森林生物，身材巨大，尖头。

918. колдями（奥罗克语）：类似人的森林生物，身材巨大，尖头。

919. калмада：鲸，萨满的助手神。калма，鲸。

920. капата иселе：蜥蜴。

921. касыгали：萨满的祷告。

922. катэ：萨满皮带－缰绳末端之一（分为两半）。

923. каукэ-да：乌鸦，萨满的助手神。

924. кинеко：婴儿一周岁、死人一周年时用的鸭子形状的木盘。

925. коболокто：只留下顶尖树枝的仪式用枞树。

926. койни：装熊的木架笼子。

927. кокори：蝴蝶，萨满的助手神。

928. кори：阔力，巨大铁鸟样子的恶神。

929. коро：带翅膀的小人样子的小恶神，跟在人后面偷听、窥探。

930. коттоки：在木架笼子中养熊时给熊起的名字、绰号。

931. кувара, ханява：ханяла 仪式上的萨满手杖。

932. кудома：蟾蜍（кутоо）的女神。

933. кудэма：猎神 яви 的孩子。

934. кумалан：用动物毛皮做的萨满毯子，萨满行巫术时坐在上面。

935. кумэ：治病保护神的木雕像，在心口疼时使用。

936. кутто：祭祀用的蟾蜍样子的小船。

937. кынгчи：海狗。

938. кысугали：萨满在萨满小屋（ту）和神灵仓库（севохи）之前的祷告。

939. кэку：布谷鸟，杜鹃。

940. лауича：萨满木棒。

941. ляджанга：在射熊场上用来挡箭的盾牌。

942. макта-да：海豚－白鲸，萨满的助手神。

943. малма дуся：母猫（虎的表妹）。

944. мамача：（1）受崇拜的悬崖（老太婆、奶奶），帮助海上捕猎；（2）猎神雕像；（3）дусемаси 妻子的雕像；（4）доонта маси 妻子的雕像。

945. манги：（1）圆头的神；（2）治病保护神的雕像。

946. манги，севору：萨满的助手神，经常是他的同路者。

947. мапа сингкэни：熊的灵魂，能够安排好黑花甲虫。

948. мапа(мафа) эдэни：熊的神－主人。

949. мапава ывечеты：熊节。

950. мапава эвичиви：熊节。

951. мапада авечи：熊节。

952. мапача：（1）受崇拜的悬崖（老头、爷爷），帮助海上捕猎；（2）猎神的雕像。

953. маси：（1）猎神的木雕像，帮助狩猎貂、松鼠和香獐子；（2）头上带有 боочо 神的治病保护神的雕像；（3）铸造的保护神的金属塑像；(4) 巨大的、有力的（传统的男人名字之一）。

954. мауи~мawyи：太阳落山后萨满不穿衣服带着鼓行巫术。

955. махачи：猎神的木雕像。

956. меавочо：治疗心脏病的木制辟邪物。

957. миачу：(1) 猎神 маси 胸部的辟邪物；(2) 治病保护神 кумэ 胸部的辟邪物；(3) 治疗心脏病的辟邪物（海虎 гыйха）。

958. мики：蝰蛇（一种头部扁平呈三角形的毒蛇）。

959. миочу：猎神 лауджи миочу 的雕像。

960. михуранэ：萨满下跪。

961. мія：人的灵魂前往冥界的日子。

962. моне：恶神，会飞的猴子，生活在月亮大陆附近。

963. моуки：萨满舞蹈。

964. моха，муха："狗" маси。

965. му ганихи：海神－主人的助手。

966. мугдэ：放置在孪生子及其母亲棺材中的小木棒。

967. мугдэни~мукдэни：熊节上绑在熊身上的木棒。

968. мудили（乌德盖语）：龙。

969. мудур：龙。

970. мунгичка：敲击奏乐原木的小木棒。

971. мэди：速度之神 ходо(н) 的三条狗之一。

972. мэргэ：(1) 恶神（奥罗克语）；(2) 勇士－男子汉。

973. на：(1) 大地，中间世界。(2) 岸。

974. на эззни：大地之神－主人。

975. нада сангада：(1) 七思鳗（八目鳗）；(2) 萨满的助手神。

976. нада се：头上有 7 根蜡烛的萨满保护神 сево аджень。

977. намуни：逆戟鲸（虎鲸），"海中人"。

978. нанги：在木架笼中喂养熊时给熊的称呼。

979. наму эзэни，наму эндури：海神 – 主人。

980. насамма таггы：用驼鹿皮革做的萨满服。

981. нгарка（乌尔奇语）：在熊节上举行饕餮竞赛的传统仪式。

982. ни бахали："在熊节期间人们的称呼"。

983. ни хоктони：在岔路口 хактыаха 之后死人前往冥界布尼的道路。

984. нити самани：弱的萨满。

985. нихэрэ（乌尔奇语）：在木架笼中用来喂熊的长柄勺。

986. нюмохи-да：鳗鱼，萨满的助手神。

987. огана：猎神雕像，有角动物的主人，帮助狩猎驼鹿。

988. огана~овгана：助手神 яви，治病的保护神。

989. огдоксони：埋葬死者。

990. оджюко-да：海中动物，萨满的助手神。

991. одяни：萨满致谢仪式 уни 的主持人。

992. окки боа：地下世界；地狱。

993. окки-да：蛤蟆，萨满的助手神。

994. око сингкэни：驼背大麻哈鱼（北鳟）的灵魂，能够安置于绿色的甲虫里。

995. оме：人的灵魂之一，在阴间布尼居住期满后，重新转世为异性之人。

996. омокон долихани：在举行萨满仪式 уни 时，萨满围着住宅绕圈，为的是进行清洁，保护住宅及居住者免遭恶神侵害。

997. омуа：哈道（Хадау）的石头摇篮。

998. онгена（奥罗克语）：体形巨大、尖头的林中类人生物。

999. орей，орочы：用来称呼特别的叫声"xo-xo-xo"，用这样的叫声呼唤熊。猎人在杀死熊时也要发出"o-xo"的尖叫声。

1000. ото севоки мокол：祭祀 гаса 鸟用的勺子。

1001. ото(н)：将熊关在木架笼中时，喂熊用的仪式性槽子。

1002. оукто：熊胴体的一部分。

1003. пампуда：蠓虫，萨满的助手神。

1004. поггы：占卜；萨满为狩猎祷告。

1005. пуданку：为了将恶神从病人身体中驱逐走而准备的仓库。

1006. пудя，пузя эзэни，пузя，пудзя，тива эзэни，то эзэни，ха эзэни：火神－主人；灶神－保护者。

1007. пузя азани（乌德盖语）：火神－主人。

1008. пуза мамачани：火神－主人的妻子。

1009. сагды：孪生子中后出生的；"大的"。

1010. сагды самани：强大的、有力的萨满。

1011. сагдымды：（1）舵手；（2）石头，砾石，卵石；（3）鹰；（4）鲸。

1012. сакка：恶神。

1013. саккы сэвэки，маси сэвэки：神 соггикэ маси 的铁的护身符。

1014. сапы-да：刺猬，萨满的助手神。

1015. сево(н)：萨满助手神。

1016. сево асена коку：一对布谷鸟，萨满的助手神。

1017. севору：经常属于一个地方的众神，萨满经常的同行者。

1018. севохи，севоны，сэвэки：神灵仓库，用木头、草等建成。

1019. сенке сайня：焚杜香。

1020. сиви：速度之神 ходо(н) 的三条狗之一。

1021. силокэ：葬后宴上给死者的食物。

1022. симу：蟒蛇，类似蛇的萨满助手神。

1023. сингкэ(н)：动物的灵魂。

1024. сини-да：螽斯，萨满的助手神。

1025. сипа-да：大老鼠，萨满的助手神。

1026. сиулапты кидани：固定棺材的木桩。

1027. сиса：萨满腰带，上面挂着各种金属饰物。

1028. совонги：叮当作响（关于萨满）。

1029. соггинэ маси：神灵的木雕像，为治病和捕猎成功而使用。

1030. соггинэ сэвэки：多功能雕像，并不是由萨满，而是由普通人（согги）制作，同时为了捕猎成功和治病。

1031. согги, совгене：普通人，不是萨满。

1032. согги мауи：不是萨满，而是普通人（凡人）带着鼓跳舞。

1033. соды муни：用熊葱的叶子进行仪式性浸泡。

1034. сонке муни：用杜香的叶子进行仪式性浸泡。

1035. сугдухе：雕刻的木板，为了吸烟而带一个孔。在墓地，用这块木板给死者的灵魂"喂"烟草。

1036. сугзя эзэни：金属铸造的治病保护神雕像，用来治疗各种疾病。

1037. сулаки：金属铸造的治病保护神雕像，用来治疗各种疾病。

1038. суна：皮带－缰绳，在举行 уни 仪式时，萨满将其一端缠系在腰上，其助手握住另一端。

1039. сэвэки джоли：为 сэвэки 准备的仓库。

1040. сэвэки джюнни：存放 сэвэки 的三角匣子。

1041. сэвэки самани：萨满助手神雕像的总称。

1042. сэвэ(н)：色翁，萨满的助手神。

1043. сэнгки：杜香（喇叭茶）。

1044. сэу нани：太阳大陆。

1045. сюсю аджя："空地"的主人，萨满的保护神。

1046. таагды：大锅。

1047. тайфу намуте：大海的深处，鱼在那里出生。

1048. тайфунде мамача：这个地方的老太婆－主人。

1049. тайхунза：海鱼的神－主人。

1050. тамахта-да：蚊子，萨满的助手神。

1051. тедавли-да：蜻蜓，萨满的助手神。

1052. тзеюпо：被虎和熊杀死的人的棺材。

1053. тово совигиви：死者最后的葬后宴，在安葬一年后举办。

1054. тогимочи：熊胴体的一部分。

1055. толи：萨满的黄铜或青铜镜。

1056. толоки：夜蛾，应该将其作为火神－主人的祭品抛入火中。

1057. тоому, тохокде：带有环斑海豹头的驼背神，表现为坐姿。

1058. тохькде：带环斑海豹的驼背的萨满助手神。

1059. ту：萨满小屋，为祈祷和祭祀而建的仪式用萨满建筑物。

1060. ту фундинари：在萨满小屋附近进行的熏烟仪式。

1061. тумни ханини：图姆宁河河神。

1062. туру：共同通古斯语和雅库特语对萨满小屋的称呼。

1063. тыукта-да：鲈鱼，萨满的助手神。

1064. тэга самани：萨满袍。

1065. тэму, тоому, наму эзэни, наму эндури, му эдэни：海神－主人。

1066. тэму бунини：溺死者的冥界。

1067. тэму мамачани：海鱼的神－主人。

1068. уггули：熊的神－主人。

1069. уггума эджэни：游蛇（黄颔蛇、黑眉锦蛇）的神－主人。

1070. удядинки，удядинки мони：奏乐原木，在安葬孪生子或者他们的母亲时，以及熊节上演奏，也为被熊所伤后很快康复的人演奏。

1071. узядипу（乌尔奇语）：奏乐原木。

1072. унаку：仪式木架，熊节时在上面放熊的头和毛皮。

1073. уни：感谢善神的定期萨满仪式，在仪式上，萨满绕着住所进行清洁，驱走恶神。在7月末大麻哈鱼洄游结束时举行。萨满在这个仪式上传的节日服装叫作унису。

1074. уни айу：萨满头饰，在萨满 уни 仪式上使用。

1075. унта самани：萨满靴。

1076. унту ункту：萨满鼓。

1077. унту кугурини：上火上熏鼓。

1078. унту тиджени：十字形的鼓抓手。

1079. хадамха：老太婆，孪生子的母亲。

1080. Хадау：哈道，（1）奥罗奇人的始祖；（2）主要善神恩都力（Эндури）的助手；（3）文化英雄。

1081. хакахакду（乌尔奇语）：木偶，死者的灵魂在葬后宴之前居于其中。

1082. хактыаха：前往冥界之路上，人的道路和狗的道路的岔路口。

1083. хала：（1）氏族；（2）树或杆子的分叉尖端。

1084. хамбаба（乌德盖语）：萨满面具。

1085. хангоуки, харнаунки：萨满占卜石。

1086. ханинау-да：熊蜂，萨满的助手神。

1087. ханя：人的灵魂之一，最重要的灵魂，与人的影子有关联。

1088. ханя буги：萨满将找到的灵魂吹入病人的身体。

1089. ханя джалари：萨满用小钩子抓住病人的灵魂。

1090. ханя мони：树的灵魂。

1091. ханя умуруни：人的灵魂之一，能够在梦中、昏厥等时候离开人体。

1092. ханява ханяла：寻找病人灵魂的萨满仪式。

1093. ханяла айу：在寻找病人灵魂的仪式上的萨满头饰。

1094. химму（涅吉达尔语）：恶神。

1095. ходо(н)：速度之神。

1096. холдоксо：棺材。

1097. холокдеке-да, холекдоки：飞鼠，萨满的助手神。

1098. хому：萨满占卜石上的"嘴唇"。

1099. хорали：绕圈走（关于萨满）。

1100. хоролини моуни：萨满舞。

1101. хосе：萨满裙。

1102. хото маси：环斑海豹之主，帮助捕猎环斑海豹。

1103. ху-мо：为安葬虎而建在木桩上的木架（虎的坟墓）。

1104. хута：装有食物的小口袋，放到死者的棺材中。

1105. хуюн дуонта боко：9只驼背的熊，萨满的助手神。

1106. хуюн дуся хото：9只秃头虎，萨满的助手神。

1107. хуюн тоомы доемды：一队桨手тооmy，他们是哈道创造的，他们在海中巡行，只有萨满能在梦中知道他们，他们是萨满的助手神。

1108. хыйся：桦树皮做成的毯子，萨满在行巫术时坐在上面。

1109. хэмпу кэмпунки：享神以食物用的木槽。

1110. чере：女海神。

1111. чоктори~чэктэри（乌尔奇语）：神享用供奉的食物。

1112. чукпар куликтахани：在举行萨满谢神仪式 уни 时，萨满在营地巡视。

1113. чэппэ, чэппэуji：认为是罪孽，看到禁忌；罪恶的，禁止的。

1114. чэутчи：神享用供奉的食物。

1115. эггэ(н)：人的灵魂之一，能够存在于其身体之外。

1116. эксукэн：森林恶神。

1117. энгаля：猎人的木头护身符 – 保护者。

1118. Эндури：恩都力，最有力量的善神，一个高个子老头。

1119. Эндури мамача：恩都力的妻子。

1120. эсэнти：埋葬，安葬。

1121. яви：（1）猎神的雕像；（2）治病保护神的雕像，"有角动物的主人"。

1122. яви маси：掌管猎熊的猎神雕像。

1123. яехи：熊的舌头，熊的语言。

1124. яяй：关于平安幸福的歌曲；唱歌（关于萨满）。

1125. ава：禁止、禁忌（tabu）。

1126. агдиэззэни：雷和闪电的主人

1127. бунини：狗的冥界。

1128. буни санани：冥界之孔（入口），死者的灵魂在萨满的护送下通过这里离开大地。

1129. буни улини：在冥界大地流淌的河流，这条河通往上天。

1130. дили илауни：萨满头上的仪式刨花。

1131. зобби：与熊爪形状相似的萨满拨浪鼓。

1132. јачи：将亡魂送到冥界。

1133. када(н)：在熊节上用木杆做的墙，使熊直立在墙前向其射箭。

1134. куа：刨出仪式刨花。

1135. мани：萨满助手神的人形木雕像。

1136. мугдэни：在熊节上杀熊时，固定熊的四根木棒中的每一根。

1137. нулу：清除预备作萨满鼓的皮张上的毛。

1138. нулунки：除掉预备作萨满鼓的皮张上的毛的骨制刮削器。

1139. нэриуптикэ：天球上的洞。

1140. подохо моони：神树。生长在天球的表面，树根的末端就是人们看到的星星；根有时也能伸到地上；找到并折下这样的树根，它就会成为给人带来幸运的护身符。

1141. сакка：（1）恶神；（2）破坏族外婚禁忌者、自杀者、非寿终正寝者的灵魂，这些灵魂不能落入冥界，而留在地上游荡，吓唬人并给人带来危害。

1142. тука：在树上刻出人脸的样子。

1143. ту：（1）仪式木柱，高达 8～10 米，带有人形和动物形的神像。（2）在祭祀时用来杀死狗的木棒。

1144. тэму бунини：溺死者的冥界。最后的灵魂不能返回大地，而是留在这个冥界成为水主人的仆人。

1145. узазинки：敲击的木头乐器。是晒干的树做的长而圆的梁木，一端有雕刻的熊头像；梁木的两端用绳子悬挂在交叉斜插入地面的 4 根木杆构成的木架上；用两根小木棒敲击梁木，发出各种节奏的

211

急促断续的响声，有模仿鸟喙的碰撞声、刀剁肉或鱼的响声、吃饭时桌上器皿相碰的声音，等等。唱歌时用这种乐器伴奏，这是熊节必备的仪式要素。

1146. унту куптуни：萨满鼓的外套。用桦皮按鼓的形状做成，在中心画着很密的黑色、红色圆圈。外套上面比较宽的部分被看作是头，而下面窄的部分是脚。

1147. унту мунни：萨满鼓的木头环箍，上面是绷紧的驼鹿皮或狍皮。

1148. унту тизэги：萨满鼓背面皮条交叉处的小皮垫。

1149. унту чиимини：萨满鼓背面的4根皮条。

四、涅吉达尔语

1150. аваhии：（1）恶神，魔鬼；（2）下层世界的勇士；（3）妖怪。

1151. адаху~адаку：孪生子，双胞胎。（乌德盖语）адау。

1152. алачинки：祈祷献供之处，向上天献祭品的地方。

1153. амбан：恶神，不洁的力量，魔鬼。

1154. амбачи：有恶神。

1155. аанмуки：兔子的头——萨满图像。

1156. бусих：寿衣。

1157. бусикнаат：预先准备埋葬的衣服、器皿。

1158. га, га-га-га：滚开！为驱赶致病神而行巫术。

1159. гал：（1）水神－主人；（2）溺死者——水主人的助手；（3）溺死者的氏族、家庭。

1160. галигда：在熊爪之下死里逃生的人。

1161. гали-нин, галчаа-нин：熊留在树上的牙印和爪印。

1162. гесивун~гисивун：萨满鼓的木槌。

1163. геесадан~геехадан：仪式刨花。

1164. гулии：把各种野兽的骨头放在专门的铺板上；将熊头骨插在树上。

1165. гулиинаа~гулиинээ：插在被砍断的树的劈开的端口上的熊头骨。

1166. дун-н-дун-н：敲击萨满鼓的声音。

1167. зехсэ~зэхсэ：熊头。

1168. зи：熊肉块。

1169. ебахан~ибахан：爱嘲笑戏弄人的神灵。

1170. йайа：唱歌，其中包括关于萨满的。

1171. майин：上层世界的神－主人。

1172. малу：玛鲁，住所锅灶后面对着入口的尊贵的地方。

1173. малу нахан：旧式住所后墙旁的暖炕、板床。

1174. мокча：逆向倒下——关于占卜时的萨满木槌。

1175. намос：顺利落下——关于占卜时的萨满木槌。

1176. наманчи：衰弱，变得软弱无力——关于春天和秋天的萨满。

1177. намка：带有叮当响的小饰物的萨满腰带。

1178. намка-：行巫术，萨满作法。

1179. намкал：开始行巫术。

1180. насин：熊的鼻子。

1181. наска：（来自尼夫赫语）熊节。

1182. огеенаа：恶神。

1183. одован~одуган：女萨满。

1184. одовала~одугала：跟着女萨满走，呼唤女萨满。

1185. оза：（1）循着足迹追踪；（2）按照互助组的进程切割被杀

213

死的熊的肉——从前爪到后爪和中央的躯干；(3)平展接缝。

1186. озаа~озоо~эзээ：破坏禁忌，塔布（табу），违背。бу эсивун озоойо：我们没有违犯禁忌。

1187. оконокто：萨满鼓上的"乳头"（сосцы）。

1188. окса：在熏制熊头时燃烧的桦木形成的烟灸。

1189. олопка：带着杀死的熊返回时，停下时喊：ку-ку-ку。

1190. очивун：木棒上劈裂的纵缝儿，借助于它将杀死的熊从熊穴中拖出来。

1191. очивундаа：将杀死的熊的毛缠绕在木棒劈开的纵缝儿上。

1192. пооза：火神 – 主人。

1193. самаан：萨满。самаанду ичевфкаан：询问萨满，看萨满。

1194. синкэн：狩猎保护神，森林神 – 主人；能够带来成功的狩猎护身符。

1195. сэвэхии~сэвэкии：神；神偶，神像。

1196. сэвэ вэ лидуун：向神提出请求——关于萨满。

1197. сэвэн：色翁，神灵——萨满的助手；神像——萨满的助手。

1198. та：萨满行巫术时振作自己的高声喊叫。

1199. такот~такоч：萨满给病人作法；治疗。

1200. таамун：水神 – 主人。

1201. толкин：在梦中见到。

1202. толкит~толкич：在梦中见到，做梦。

1203. тотул：穿上所有的萨满神衣。

1204. тон-тон：嘣嘣（бум-бум）——模仿敲击萨满鼓的声音。

1205. уйгули：非常大的熊，熊主人。

1206. уум：萨满鼓的箍。

1207. ууни：春天和秋天萨满为了"清洁"的目的而行巫术，更新、复兴。

1208. унтувун：萨满鼓。

1209. упси：萨满服、萨满裙。

1210. усэ：（1）武器；（2）扎枪、刀；（3）熊牙。

1211. хейегда：熊的脂肪、骨头。

1212. нанакта：熊的心脏。

五、各种通古斯语

1213. абасы：（1）恶神，魔鬼；（2）敌人，下层世界（冥界）的勇士；（3）森林神 – 主人。

1214. абаhы：恶神，魔鬼。

1215. аваhии：（1）恶神，魔鬼；（2）敌人，下层世界的勇士。

1216. авата：黑兔 – 猎人的辟邪物。

1217. агду：熊穴。

1218. агды：大雷雨，雷和闪电。埃文人萨满认为大雷雨的出现是由于带有火眼的铁鸟，鸟的飞翔产生雷雨，由眼睛的闪光产生闪电。

1219. алачинки：（1）各种神的总称。（2）祭祀的地方和所有自然之主都去的地方。

1220. алдомбули：间隔世界，死人的灵魂在那里等待最后遣送冥界布尼（були）。

1221. амба：（1）恶神；（2）虎的不尊敬的称呼。

1222. амба(н)：恶神，魔鬼。

1223. амба гаани：鸟样子的恶神。

1224. амба буани：动物样子的恶神。

1225. амба нии：人样子的恶神。

1226. амба сеони：坐在虎身上的人，人的头上有鸟。在治疗伤寒病时使用这个雕像。

1227. амзиа~амса：萨满神灵之一的称呼。

1228. аминти~амимпи：父亲，虎的尊称。

1229. амнянку：迁入人体的疾病神，可能是驼背的、耳背的、肥胖的或普通人的样子。

1230. боа：上天世界的创造者。

1231. богдо：用干草制作的神偶，在大的葬后宴（касса）上使用。

1232. боли：妇女的神话名字，传奇英雄的爱慕对象，萨满的虚拟的神灵妻子。

1233. була：萨满手杖，下端镶着矛尖，上端镶着铜佛像。

1234. булигэ эээни：冥界的神 – 主人。

1235. бунига улини：冥界之河。

1236. габала：饕餮之神。躯干上有贯通的洞的人形雕像。

1237. газа：展翅飞翔的鸟样子的辟邪物。

1238. газа огдзё：魔鬼鸟。站在飞翔的鸟身上的无手圆头的人形魔鬼。

1239. гамбау буинь：地下世界的神话野兽。

1240. гилянку：缠在萨满手杖下端的彩色布片，萨满用它拂去致病的恶神。

1241. гободо：儿童的灵魂变成蝴蝶飞往某个氏族，有时又离开那里去冥界。

1242. гэкэн：宇宙的第四个（暂时的）世界，死人的灵魂暂时住在那里。

1243. дагю：祭台。放置在神树下高出地面或雪盖 20–30 厘米的木板。

1244. дарисал：上层和下层萨满世界之间的边界，位于任何一条萨满河的河口。

1245. дзаи：熊头。

1246. дзело：保护住所免遭恶神侵害的石头辟邪物，放在门槛下。

1247. дзюлемдзи：人的第三个灵魂，是灵魂 паня（影子）的外在表现。

1248. добоча：捕猎时祭神的食物。

1249. докеня（докюня）буини：地下世界的神话野兽（水獭）。

1250. докеня наани：下层或地下世界。

1251. долбонитки：直义为"向着黑夜的方向"。下层萨满世界，位于 Энгдекит 河口，谁也不能从这个世界返回，只有在死亡世界死去的"最坏的"死者的灵魂才能落到那里。萨满在行巫术时因高度紧张而意外死亡就被解释为偶然落入那里。

1252. долин боа：大地或中层世界。

1253. доркин：宇宙的第三个世界，神（自然的主人）住的地方。

1254. ду：人的灵魂。

1255. дунна туй：宇宙的中层（大地）世界。

1256. дептури：恶神，通常为小的啮齿动物的样子。

1257. елламрак：下层萨满世界，甚至萨满都去不了那里，但恶人的灵魂可以坠入。

1258. Зулчу：祖勒丘，哈多（Хадо）和玛梅勒迪（Мамелди）的儿子，那乃人扎克索尔（Чжаксор）氏族萨满教中重要的雕像之一。

1259. икири муранни：蛆虫的主人或者人的尸体的主人（掌管蛆虫和尸体的神）。

1260. илау, гяса：长的螺旋形的仪式刨花。

1261. илучуву：直义"为了站着，为了活着"。法术仪式。

1262. иллэмэчипкэ：直义"寻找灵魂－躯体"。行巫术时的治疗，找到被隐藏的灵魂并使之返回。

1263. илеу：宇宙的第一个（大地）世界。

1264. йеле：（1）蜥蜴；（2）萨满鞋上的蜥蜴图像。

1265. камдепти：固定在萨满帽上的白色海雕尾，用来保护在宇宙中飞行的萨满的眼睛免受太阳伤害，并使其飞得更轻快。

1266. кори：阔力。（1）神话中的鸟；（2）萨满神话中的铁鸟，用冰镩当作鸟嘴，用猎熊的扎枪当作尾巴，用弯的满汉式马刀当作翅膀。

1267. кулига：萨满鞋上的蛇图像。

1268. куликар：蠕虫、昆虫。它们代替灵魂迁入敌对萨满的作为助手神的人中，偷走人的灵魂并将其藏到很远的地方。

1269. кутурук：没有出生的鹿的灵魂世界。

1270. лаонгини：冥界的黑暗王国，这里的一切都是黑的：天空、山冈、树木、水、沼泽。给人带来巨大灾难的恶人的灵魂坠入其中。

1271. Маин（Манги）：神话英雄哈道的儿子。

1272. маин：（1）埃文基人的创造者，上层世界的神－主人，人和动物灵魂的保护神；（2）灵魂。

1273. майин эвэкээ：天上的老太婆，上层世界掌管者最亲近的助手，未出生的人和动物灵魂的保护者。

1274. Мамелди：玛梅勒迪，（1）那乃人创造者哈多的妻子；（2）地下世界布尼的首领。

1275. монгу боко：独腿驼背的银质人像。

1276. монгу мяонки：治疗心脏病的银质辟邪物，是一个小圆柱。

1277. мэку：豹样子的恶神。

1278. наасан，аани：直义"大地上的洞"，下层世界的入口。

1279. нгегидадун：上层世界的山麓。

1280. нгектар：未出生的灵魂的世界，位于上层世界河流的源头，人的灵魂作为小鸟的样子在那里活着。人的创造者将小鸟变成毛线或草茎的样子抛向大地。他们落在妇女的身上就给胎儿生命。

1281. ниса самани：初级的、弱的萨满。

1282. сенга：连接病人（未来的萨满）肚脐与其助手的红线。

1283. сенка：沼泽地的香味扑鼻的杜香，萨满在行巫术时使用。

1284. сугдэ：祭祀过程。

1285. соле-кой：萨满树上的鹰。

1286. сунгогени：冥界中的光明王国，那里的一切都闪耀着鲜红色的霞光。

1287. сэвэки：上层世界的主人，埃文基人的创造者。

1288. сэвэхи：魔法护身符。

1289. сэргэ，туру：通往上层世界的梯子 – 树。

1290. тагу мама：掌管人和动物灵魂的天上的老太婆。

1291. толи：萨满神镜。

1292. туй：大地，地下世界。

1293. тумкавун：熊节上敲击的奏乐原木。

1294. тун：萨满树。在树干上雕刻图案和人脸。这样，就好像人坐在树干上透过窟窿向外看。

1295. тыдю：扎枪样子的或缠绕着佛像的萨满手杖。

1296. тыэнку：萨满的保护神。

1297. угу боа：上层世界或者天上世界。

1298. угу буга, угу дуннэ：上层世界，通过不动的北极星进入，这个入口由神话中的鸟阔力守卫。

1299. уди：就是哈道，大地上的第一个人，他杀死了两个多余的太阳。

1300. уйга：用马鹿皮或解释的织物做的长萨满带子（长15–17米），上面缝着蛇图案，跳舞时用来固定萨满，防止跌倒。

1301. улумачик：位于地下世界布尼之下的大地。

1302.ураха：恶神。

1303. севон：萨满的助手神，表现为鸟、野兽、昆虫的样子。

1304. секка：淫乱、阴险、肮脏之神，由亲兄妹结婚所生。人看不见他，但在萨满面前呈现为小的令人厌恶的丑陋畸形人。不满足的淫欲永远热情燃烧，折磨妇女，使她们在睡梦中惊恐不安。

1305. Хадо，Хадау：哈多或哈道，神话英雄、造物者，大地的创造者。

1306. ханя оморо：被派往冥界的灵魂。

1307. харги：下层世界的神 – 主人。

1308. химу：神话中的蛇。

1309. хоёэ：萨满小毯子。

1310. холоди：将恶神吸入其中的辟邪物。但使用不好会适得其反，人们认为它能变成恶神并杀死自己的主人。

1311. хугэ：小熊崽。

1312. хэргу буга：下层世界。

1313. эксэри：上层世界的神 – 主人。

1314. энгдекит：直义"完全消失的地方"。想象的连接上层和下层世界的河流的名称。

1315. эргэни：两岁儿童的灵魂，小人的样子，其归属尚在反复中。

1316. эгэ：灵魂、生命、呼吸。

1317. Яга：最高神的神话名字。

1318. яини：萨满神歌。

1319. итоан：葬后宴的棚子、帐幕，在那里举行送亡魂前往冥界的仪式。

1320. сэвэрэн：神－执行者，神－保护者（通常为祖先神）。

1321. эдэхэ~эджэхэ：用金属或骨头做的人形雕像——祖先神的像，像护身符一样戴在脖子上。

1322. амбавэ игбини：治好、使痊愈（由于神灵）。

1323. биату：熊样子的神。

1324. биадо согдо：送给神的祭品。

1325. гиу：（神鼓的）鼓槌。

1326. гуляла：陷入恍惚、迷睡状态。

1327. гуси：模仿作法，非职业性的行巫术。

1328. гянани：参加作法的舞蹈。

1329. ʒегдиухэ~ʒонинку：水边的祭台。

1330. ʒегдиси~ʒегдэуси：燃烧杜香（为了行巫术）。

1331. ʒидига：（神）鼓上的金属片。

1332. каманку：降下灾祸的萨满。

1333. кэивэси：与恶神争斗。

1334. кямбугу：祭坛、祭台。

1335. мовоси：作法、行巫术。

1336. мяванку：辟邪物。

1337. мяу：小庙。

1338. огзо：恶神、魔鬼。

1339. огзоди：驱逐恶神。

1340. омё：贮藏儿童灵魂的地方。

1341. пудэнку：致病神的雕像。

1342. пудэси：给病人行巫术。

1343. пундэ：从嘴里吹出病人的灵魂。

1344. саги сама：大萨满。

1345. сака~амбани：将人推向自杀的恶神。

1346. сама：萨满。

1347. сама ту：萨满树。

1348. самани：萨满助手神。

1349. самаси：作法、跳神。

1350. сансу：遇见祖先神。

1351. си：神的住所。

1352. согди：祭祀。

1353. сомо：死去儿童的灵魂

1354. сэвэ：听从萨满的指挥的神。

1355. сэвэхи：色翁、神偶。

1356. сэуктэ：念生病的咒语。

1357. ту~туни：萨满神杆、萨满树。

1358. тузу：萨满手杖。

1359. тунки：人形雕像（死者灵魂的化身）。

1360. уликтэси：熬祭祀用的油脂。

1361. унту：（神）鼓。

1362. хамбаба：萨满面具。

1363. ханаси：（1）预言（根据助手神的提示）；（2）占卜（根据对象）。

1364. хуилэнку：前往彼岸世界的入口。

1365. хула：给神灵的祭品。

1366. яи：为病人行巫术。

1367. янпа：萨满腰带。

1368. адау сэвэ：孪生子的保护神。

1369. адау：孪生子，孪生子的仪式雕像。

1370. аду анинайни：孪生子的母亲。

1371. абчи：在熊节上与熊玩。

1372. акари~аналу：在乌伊勒塔人的传统文化中杀死出生的白痴婴儿。

1373. алдомбули：中间的冥界，死者的灵魂在这里等待前往冥界。

1374. анянин：人的灵魂。

1375. галигда：表示被熊打伤之人的专门术语。

1376. гирки нируку：萨满画像。

1377. абдунь му：水体之神 – 主人。

1378. агдай：雷雨之神。

1379. аджэха~ахэ~эджэха：猎人的保护者，成功的赐予者，挂在胸前的辟邪物。

1380. амба：恶神，经常表现为虎的样子。

1381. амба буани：野兽样子的恶神。

1382. амба гахани：鸟样子的恶神。

1383. амба ни：带尾巴的人样子的恶神。

1384. амика：说着怜悯的话向在森林中被打死的熊表达敬意。

1385. амняхи~амняху：神形象的宗教仪式雕像，辟邪物。

1386. амняху модули：神话中水里极残暴的生物。

1387. анку：岸边将溺死者的尸体从水中拖出来的地方。

1388. анянин：人的灵魂。

1389. апачи~обочи~опочи：对熊的委婉称呼。

1390. арингки：恶神。

1391. аури：祭神的悬崖。

1392. аями：萨满的神－保护者。男女萨满的超自然的伴侣。

1393. аями фонялко：人形宗教仪式雕像，亡魂的暂时居所。在雕像的嘴中插烟斗，享灵魂以烟草。

1394. багде чжугдыни када онгони：神话中的侏儒住的石头洞穴。

1395. багдыхе~багде~багзе：神话中的森林小矮人。

1396. багджа койни：神话中的侏儒巴格佳（багджа）为贪吃者培育的蘑菇。

1397. баэнь сюксени：在氏族宗教仪式上穿的男衣的与手相连的皮条。

1398. бигаты：乌德盖人萨满的带有辟邪物的胸巾。

1399. Бо Эндули：神话中最高的造物主。

1400. боа одони：森林神，在洞穴中向其祭拜。

1401. боа инейни：神话中的虎神。

1402. богосо~боко：神话中的森林小矮人。

1403. боё дукуни：熊穴。

1404. боюдаман：治牙疼的辟邪物。

1405. буа кэнкини：天空与地球之间的裂缝，风从那里吹向大地。

1406. Буга~Буа~Боа：宇宙、大自然、最高的力量、天的主人、天气等。

1407. буккини сина ни：装有必需物品和食物的丧葬背包。

1408. були：冥界、阴间。

1409. булигэ эзэни：冥界的神 – 主人。

1410. буни：宇宙的地下、死人、彼岸世界。

1411. буни барони：送亡魂前往冥界的宗教仪式。

1412. буни индавачиха：冥界的狗。

1413. бунени：冥界的居民。

1414. бусеу：跟在人的后面偷窥和偷听的小恶神。

1415. бучжоу：杀死所有生灵的西北风。

1416. бучилэ：虎神 – 主人。经常是有猫的特点，并且结合了虎和豹形象的木雕像。

1417. буччу~бучулэ：风的主人。

1418. бэйудуну сагды на：神话中的大地驼鹿。

1419. вуджялхи：添加到敬享神灵的宗教仪式用粥里的专门的草。

1420. выеси：祭祀用的熊葱段，放在坟墓的新土堆上。

1421. гамбау буинь：地下世界的神话野兽。

1422. ганиги~ганихи：兽形水神。

1423. гара~гаруда（гаруа），гарудаи~гарэ：神话中的鸟，儿童保护者的形象。

1424. гонгулаза：比金河上的祭神悬崖。

1425. городо：萨满的神 – 助手，头上带刺的雕像。

1426. гоуня：发生过不幸事件的特殊地方。

1427. гуля：祭神的悬崖。

1428. гулуна：安葬熊骨的宗教仪式地方。

1429. гыхынабо：宗教仪式的禁忌地方，乌德盖人在那里报复杀死其同族人的熊。

1430. гэкэн：宇宙的第四个（暂时的）世界，死人的灵魂临时待在那里。

1431. гяма：表示安葬的本质属性的专门用语。

1432. гяма буани：墓地。

1433. гяма бугоса：棺材。

1434. гяма анкуни：留在坟墓上的独木舟（桦皮小船）。

1435. гяма дакани：棺材下面专门的托架。

1436. гяма тукини：留在坟墓上的雪橇。

1437. гяма хакала：专门的安葬结扣，由缠绕木棺的绳子结成。

1438. гяма мыймо ни：放在死者棺材中的鱼叉。

1439. гяма юхо ни：放在死者棺材中的锅。

1440. дагдифу：神话中巨人卡勒加梅（Калгамы）的鱼变体助手。

1441. деломо мама：谢卡奇－阿梁村附近的石头奶奶祭神悬崖。

1442. джобби~дзообе~дзооби：萨满妻子的响器（拨浪鼓）。

1443. джоббидей：伴有萨满妻子响器的萨满舞。

1444. дзяндалафу：沼泽中的塔头墩，头晃动——恶神。

1445. дзело：使住所免受恶神侵害的石头辟邪物，放在房子的门槛下面。

1446. дзюлемдзи：人的第三个灵魂，是灵魂的外在表现。

1447. до~дон~донг：人的灵魂（通古斯人）。

1448. до~доси：人的灵魂（满人）。

1449. докеня（докюня）буйни：地下世界的神话野兽（水獭）。

1450. докеня наани：宇宙的地下世界。

1451. докпочамбу：熊节上把熊领进屋的仪式。

1452. долин бола：宇宙的中间（地上）世界。

1453. доркин：宇宙的第三个世界，是自然界的神－主人居住的地方。

1454. доро：活人的灵魂。

1455. дуннэ：宇宙的上层世界。

1456. дуина туй：宇宙的中间（地上）世界。

1457. досо：人的灵魂（布里亚特人）。

1458. ду：人的灵魂。

1459. дугза бугани：宗教仪式禁忌之地，萨马尔金乌德盖人在那里报复杀死其同族人的熊。

1460. дусэ мамачани：虎主人的神话妻子。

1461. дуся：虎。

1462. дуся эзэни：超自然的虎，森林的神－主人。

1463. дуэнтэ мамачани：熊主人的神话妻子。

1464. дуэнтэ одяни：森林的神－主人。

1465. дуэнтэни：神话中的熊氏族。

1466. дысьтысь：祭祀波罗奈河主人的仪式。

1467. дэлим яга：神话中的豹，虎的主人。

1468. дэптури~дептыри：恶神，通常是小的啮齿动物的样子。

1469. дэрэтаканча：丧葬枕头，安葬前盖在死者的脸上。

1470. дюли мапа 和 дюли мама：住所的保护者，爷爷和奶奶。

1471. дюлин：神的木雕像，住所、炉灶的守护者，家庭的保护者。

1472. дяла：祭神的悬崖。

1473. дяргули：恶神，通常是小的啮齿动物的样子。

1474. Егда~Егдига：耶格达，民间文学中的人物，文化英雄。

1475. ерга：成年人的灵魂。

1476. застядь：演奏宗教仪式奏乐原木（尼夫赫语）。

1477. икта адзани：炉灶神－主人（锅灶主人）。

1478. илэу：宇宙的第一个（地上）世界。

1479. имини：水中人。

1480. инау：伊纳乌，宗教仪式的树刨花。

1481. итохани：祈求开恩的祭神仪式。

1482. кагдяму~кадзяму~какзаму~кальдяму：神话中的森林巨人。

1483. кадан：石人，神话中山丘的保护者。

1484. какзаму чжугдани：在洪加里（库尔）河有一处带洞穴的悬崖，那里住着神话中的森林巨人。

1485. канда：神话中的老头，银河的创造者。

1486. касигэлау：在捕猎地举行的狩猎和捕鱼仪式。

1487. каункан：神圣洞穴，丘克恰吉尔斯科耶湖的神－主人住在那里。

1488. кироу：防止狂躁性精神病的辟邪物。

1489. коктеля куаса：刨花木棍，插在死人住所的墙上。

1490. коре：养熊的木笼。

1491. куайхи：保护儿童的骨制辟邪物。

1492. куаптэля：宗教仪式用树刨花。

1493. кусалянку：小神。

1494. куды~куды мафа：虎。

1495. куды ацзани：神话中的虎主人。

1496. куды агдуни："虎穴"，伊曼河的祭神悬崖。

1497. кэрэн：那乃人某些群体的传统椰房。

1498. лоефу：老爷府，宗教仪式建筑，祭神的神龛，拜神者。

1499. лукини：棺材盖上的仪式雕像。从外表看，这个雕像与乌尔奇人的сукдухе雕像相似（奥罗奇语）。

1500. сугдухе~сукдухе：坟墓上的宗教仪式雕像，是亡魂的临时居所。在嘴上插烟斗，享死者的灵魂以烟草。在乌尔奇人的民族词源学上的意思是"传声筒"。

1501. мал：住所的保护神。

1502. малу：传统住所中神圣的地方，神的雕像——住所的保护者放在那里。

1503. манга：为举行溺死者的安葬仪式，从其他氏族请来的人。

1504. манги：（1）熊，祖先；（2）神话中的猎人、文化英雄。

1505. мангму мафа：神话中凶恶的食人巨人。

1506. мангэ тулунхони：银河、天河。

1507. дзали бангяли（банхани）：大熊星座。

1508. маси：住所的保护神。дюлину 的同义词。

1509. мево~мео：庙，为祭祀神灵而借用自汉人和满人的神像（神龛）形式。

1510. мехоранди：崇拜初升太阳的集体仪式，崇拜住所保护神的仪式。

1511. модули：神话中龙样子的生物。

1512. модуляни：神话中龙样子的生物。依据所住的地方而有各种专有称呼：духе модуляни 住在山上的，ули модуляни 住在湖中的，тэму модуляни 住在海中的。

1513. мок лерд：熊节。（尼夫赫语）

1514. мокра：熊木笼。（尼夫赫语）

1515. монги：中间世界。亡魂在这里等待着最后前往冥界。

1516. мория хурэн：祭神的山冈"马冈"。

1517. морсо：人的第二个灵魂，树的灵魂。

1518. мугды：埃文基萨满的保护神。

1519. мугдэ：高及人腰或一人高的木雕像，那乃人在最后的葬后宴卡萨上使用。

1520. мудилэ：龙。（乌德盖语）

1521. мудур：龙样子的神话生物。（那乃语）

1522. муцеля：神话中的泥人。

1523. мэккэ~мэйэни：居住在心脏中的人的灵魂。

1524. мэргэ：人的灵魂，与思维联系在一起。

1525. мэргэн：莫日根，民间文学中的人物，勇士、优秀猎人。

1526. мяонки：萨满治病用的各种辟邪物，主要是治疗心脏病时使用。

1527. на эзэни：大地的神 – 主人。

1528. наданди：头七，第一次葬后宴。

1529. наини（миону）：泥人。

1530. накита：熊称呼的委婉语。

1531. наму нахтани："海野猪"，海豚。

1532. наму сэвэки：海神 – 主人，海洋动物和鱼的神 – 主人。

1533. нангна амани：天球。

1534. ни силени на：神话中的泥人，宇宙的地上世界。

1535. нихыр~нихэрэ：仪式长柄勺，在熊祭和熊节上使用。

1536. нганье：举办熊节的仪式场地。（尼夫赫语）

1537. ногасэ：善神。为了战胜恶神而在上面将根部埋起的树桩。

1538. кэнгуй：神话中的动物，红色的狼，能变成吃人的恶魔、凶恶的超自然的生物。

1539. нюрха：牛尔罕，借用自汉人和满人的祭神神像（神龛）。

1540. нямму：宇宙的上层世界。

1541. нянгня：宇宙的上层世界，天空。

1542. нянгня сансин：宇宙的第五个（天空）世界，天空的掌管者住的地方。

1543. огдына боё：神话中的巨人，森林保护者。

1544. огдэ：棺材。

1545. огдэ сидяни：在溺死者安葬仪式上使用的木头项链。

1546. огзо~окзо：恶神。

1547. одёкит：罪孽、禁忌。

1548. окзо тоони：低飞在地面上的蓝色火焰，是人很快死掉的可靠征兆。

1549. оме~оми：灵魂，生命的初始。

1550. омия：不足岁的儿童的灵魂。

1551. омия моуни：上层世界的神话之树，鸟样子的人类灵魂在其上生长。

1552. омоко мамача：神话中的老太太 – 悬崖。

1553. омоси мама：送出儿童灵魂的天神（送子娘娘）。

1554. омсон мама：送出儿童灵魂的天神（送子娘娘），上层世界外环的主人。

1555. омуя：（1）儿童摇篮；（2）神话中的石头摇篮，哈道在里面长大。

1556. онгена：神话中的森林巨人。

1557. онго：将石头奶奶祭神悬崖从水中拖出的壮士。

1558. ондо：恶神，极为有害的生物。

1559. оне：中间世界，亡魂在那里等待着最后前往冥界。

1560. онку：山、森林、野兽和鸟的主人，外表经常表现为神话中的猴子。

1561. орон анянин：鹿的灵魂。

1562. отыкан：森林的主人。

1563. пана：死人的灵魂。

1564. панани духиттини：死人的灵魂迁移到后代身上的瞬间（灵魂撞击）。

1565. панё：高及腰带或者一人高的木雕像，那乃人在最后的葬后宴卡萨上使用。

1566. паня：灵魂 – 人的身体。

1567. пиуко нируку：萨满神像。

1568. пиухэ：神树、世界树、萨满树，为获得捕猎成功和集体祭祀而建的祭祀建筑物。

1569. пичу：萨马吉尔（Самагир）氏族的图腾老鹰的雕像。

1570. подя~подзя~пудя~пудзя：火神 – 主人，炉灶的保护者。

1571. пудзя адзани：火神 – 主人（锅灶的主人）。

1572. пуза Мама 和 пуза Одо：老头夫妇，火和家中炉灶的主人。

1573. пуймур：神话中龙样子的生物。

1574. пурэ эдэни：森林神 – 主人。

1575. пэнтэр：前去猎熊时猎人集体的首领。

1576. сагды адихани：大主人，狩猎成功的恩赐者。

1577. садка：嗜血的恶神，由近亲结婚的人的灵魂变成。

1578. сакка~шака：恶神，经常由杀人犯的灵魂变成。

1579. сактама：宗教仪式用木桩上的木板台，在上面安葬血亲复仇中被杀死的老虎。

1580. салта：对被熊所伤的人的专有称呼。

1581. саман~хаман：萨满。

1582. самарга нюнгый：萨马尔加河的称呼，与神话中红色的狼嫩归（ненгуй）有关。

1583. Санге Мапа（Мафа）：上天之神。

1584. Сангия Мама：上天之神。

1585. пунть：宗教仪式用弓，用来在熊节上杀死熊。（尼夫赫语）

1586. силдэ：木桩上的宗教仪式仓库，用来收藏全部熊节用具。

1587. симу~химу~химму~симур：神话中的龙形生物。

1588. саньде тыбдяхи（тыбдэхи）чебони：用猞猁爪做的保护儿童的辟邪物。

1589. сивантай~сивантуй：现在猎人最喜欢的比金河的悬崖。

1590. соломкой：神话中的铁鸟。

1591. солонко чинда：神话中的天空之人——铁鸟。

1592. сонго цзагеми：对作为超自然祖先的熊的血亲复仇宗教仪式。

1593. соогынь：象征着被砍倒的树的灵魂的树枝，将其插在树桩上。

1594. соона：萨满的皮绳。

1595. соондо：罪孽、禁止、禁忌。

1596. соco севони：治疗腹泻的辟邪物。

1597. сугдухе~сукдухе：仪式墓碑雕像，是死者灵魂临时的居所，在嘴上插烟斗，享亡魂以烟草。在乌尔奇人民族词源学中是"传声筒"。

1598. сунму：神话中的龙形生物。

1599. сусу~суссу：被抛弃的营地，那里发生过某种不幸事件（人由于流行病而死，恶神住在那里等）。

1600. сэвэ：神。

1601. сэвэки：（1）神－主人；（2）神的雕像。

1602. сэвэки аги：森林的主人。

1603. сэвэн：（1）神雕像；（2）熊肉做的宗教仪式盘子。

1604. сэвэчэ：萨满行巫术。

1605. сэдо：在举行溺死者安葬仪式时使用的木筏。

1606. сэнкура~сэкурэ：杜香。

1607. Сэумо Хуакта：神话中的巨人。

1608. сюгзаа адзани：河鱼的神－主人。

1609. тава эдэни：火神－主人。

1610. тагу мама：神话中的老太婆，人和动物生命的赐予者，灵魂的保护者。老头齐尼赫（Чинихе）的妻子。

1611. тадыги датани：宗教仪式禁忌之地，乌德盖人在那里对杀死其同族人的熊进行血族复仇。

1612. таихунджа：神话中海和海鱼的主人。

1613. талун：龙。

1614. тегёнату：神话中的森林巨人。

1615. тидзанке：作为神树的榆树。

1616. тиу пороны："山上的三个树梢——当地的主人"，祭神悬崖，下坦波夫斯科耶村对面的残丘。

1617. то ацзани：火神 – 主人。

1618. тог буркан：火神。

1619. токпу：装萨满神鼓的桦皮盒。

1620. толи：黄铜或青铜的萨满神镜。

1621. толкин：人的梦。

1622. тонгырть~тонгырш：孪生子。（尼夫赫语）

1623. тоо эдэни：火神 – 主人。

1624. торо：宗教仪式用的树或木桩，在进行祭神的捕猎仪式时使用。

1625. ту：萨满的仪式树和木杆，在其附近完成祭神。

1626. тува энтури：火神。

1627. тудин：仪式神歌的预报者、演唱者，文化行家。

1628. туи бола：宇宙的中层（地上）世界。

1629. тукса：私生的（兔子）。

1630. тулекти яга：神话中的豹，虎的主人。

1631. тура~туура~тууру：世界的天空之树，萨满的灵魂在其上成长。

1632. тхланги：宗教仪式之树，根据萨满的指示为恶神栽种的。

1633. тыевун：牧人手杖，放到死者的棺材中。

1634. тьатьа сххар：宗教仪式奏乐原木。（尼夫赫语）

1635. тятяд хаш：宗教仪式奏乐原木。（尼夫赫语）вин тятяда：演奏原木。

1636. тятян чхар： 宗教仪式奏乐原木。（尼夫赫语）

1637. удядинки：宗教仪式奏乐原木。（奥罗奇语、乌德盖语）

1638. удядюпу：宗教仪式奏乐原木。（乌尔奇语）

1639. тыенку：萨满保护神。

1640. тыр кадаани~тыр кадала：特尔（特林）村附近的祭神峭壁。

1641. тэку эзэни：在河中、湖中捕鱼的主人、恩赐者。这个主人的脸被刻在树上或树桩（торо）上。

1642. тэму, тэму эзэни：水体自然界、海洋、海洋动物和鱼的神－主人。

1643. угу буга：宇宙的上层世界。

1644. уйга：萨满的皮绳。

1645. ули андуляни модули：水中的龙，具有飞行的能力。

1646. ули ацзатыгини：水神。

1647. улиль букини：淹死的人。

1648. уни~унди~унджи~уней：将恶神从营地清除的萨满节日。

1649. ункту~унтуу：萨满神鼓。

1650. ункту монгыни：萨满神鼓的圈环。

1651. ункту гэу：萨满神鼓的木槌。

1652. ункту мунгени：装萨满神鼓的桦皮盒。

1653. ункту нехэни：萨满鼓的振动膜片。

1654. ункту чемени：萨满鼓上的中国铜环和铜线。

1655. ункту чжанхени：萨满鼓上的十字抓手。

1656. унту багала：自杀者的地下世界。

1657. уонки：神话中的森林巨人。

1658. утунгу：祭水神的仪式小船。

1659. уу бола：宇宙的上层世界。

1660. фадза：火的主人。

1661. фаня：仪式枕头，死者的灵魂暂时迁入其中。

1662. фанялка：木头偶像，是死者奴隶的化身。

1663. фуданку：为致病神使用的画像、雕像。

1664. фуй бойтуй：雷雨之神。

1665. Хадау：哈道，神话中的初祖，文化英雄。

1666. хайгу бола：宇宙的下层世界。

1667. хака хакгду：木头丧葬木偶，里面装死者衣服烧成的灰。

1668. хака хокдуни：椁房。

1669. хала：哈拉，氏族、家庭、代、辈、姓。

1670. хамбаба：萨满面具，萨满的保护神

1671. ханя：人的神魂－身体。

1672. хатала：通常是漂亮姑娘，在其膛中有时会有善于变形的有尖利牙齿的恶神。

1673. хосиа Эндирии：象征着 хойхол хосикта 星的宇宙人物。

1674. хоу：萨满裙。

1675. хоэ~хая：萨满毯子。

1676. ху-мо：木桩上的仪式坟墓，在上面安葬血亲复仇杀死的老虎。

1677. халныш：仪式窝棚，将熊节上杀死的熊的头骨放在里面。（尼夫赫语）

1678. хэйги умыни：丈夫的皮带，用来勒紧产妇，为的是减轻产痛。

1679. хэнки：祭祀神树和祖先坟墓的集体仪式。

1680. хэргу буга：宇宙的下层世界。

1681. хэри Мапа（Мафа）：氏族神祭祀中的那乃萨满。

1682. хэргэн：满人的丝绸袍子，上面有龙的图案。

1683. цзайгда：带有雕刻的人形面具的仪式项链，项链的顶尖锋利。

1684. чам：萨满。（尼夫赫语）

1685. чачали：祭神仪式。

1686. чжуаи：乌德盖人的带有门的坟墓。

1687. чигали：狐狸样子的致病恶神。

1688. чинихе~чинэ：神话中的老头，宇宙的创造者，雪和雨的赐予者。

1689. чок：祭森林神－主人的仪式。

1690. чок~чоктори（чэктэри）：在捕猎开始前的怜悯捕猎仪式。

1691. чхыв лерд：熊节。（尼夫赫语）

1692. чэвэндэ：祭神仪式。

1693. чэутчи：祭神仪式。

1694. чэктэри чи：祭房屋保护神的仪式。

1695. эгда дуктэмохони：银河、天河。

1696. эдэ：逆戟鲸，虎鲸（海神）。

1697. экшэри：上层世界的神－主人。

1698. эморон мапани："北方保护者"祭神悬崖。

1699. энгаля：猎人保护者、成功的恩赐者，戴在胸前的护身符。

1700. эндури：最高的善神。

1701. эньтури：日历神的称呼。

1702. эпэкэ：熊样子的森林神－主人。

1703. этыкан сэвэки 和 атыкан сэвэки：火神－主人夫妻——爷爷和奶奶。

1704. эухи：专门的草，将其加到享神的仪式粥中。

1705. яга：豹，虎的主人。

1706. яксугу：保护儿童的骨制辟邪物。

1707. ямпа：萨满皮绳。

1708. ята：产妇另外的住所。

1709. яян：萨满。（埃文基语）

1710. адеха~аджеха：尖头无手的人形神偶，根据那乃人的信仰，他与恩都力神一起住在天上，是萨满的助手，在捕猎的时候帮助猎人，在心脏严重痉挛时也有治疗作用。

1711. айми~аями：膝盖弯曲的人形神偶，是萨满第一个重要助手，萨满前往冥界之路的陪伴者。它能够导致许多疾病，因为它能偷走人的灵魂，那乃人非常惧怕它，不敢把它拿在手上。

1712. амба сео~амбан сэвэн：是虎的木雕像，上面坐着色翁，色翁的头上有阔力鸟。萨满助手。

1713. ача амбани：致病恶神。

1714. бусеу~бусиэ：恶神，把人折磨到虚弱不堪。

1715. бусеу голоа：球形闪电样子的恶神。

1716. бусеу тавасо：火样子的恶神。

1717. даи самани：能够送亡魂前往冥界的大萨满。

1718. дяудя сайка：破坏捕鱼的恶神。

1719. калгама：（1）神话中尖头长腿的人形生物，住在森林里和山上，与猎人发生性关系并帮助他们捕猎，有男有女；（2）人形木雕像，能使啼哭的孩子安静下来，使渔猎成功。

1720. пиуха мафа：神树的主人，象征着神本身，人们在它前面祈求心想事成。

1721. сайка：天的主人。

1722. секка：（1）没有手的人形木头神偶，被认为是婴儿的统治者；（2）没被萨满送往地下世界的亡魂，它用爪抓住儿童并吃掉他们。

1723. симур：神话中有5个大头的巨蛇。

1724. торо~туру：萨满神杆。

1725. хутгулун：体形巨大的熊。

1726. эдэхе：人形金属护身符，能够带来捕猎成功。

1727. эргэни：灵魂。

1728. эцихэ：神。

1729. янгпа：萨满腰带。

1730. яани~яяни：（1）萨满跳神；（2）唱（神）歌。

1731. коммуччури：萨满在做法时敲击神鼓。

1732. миндэури：击鼓，不只是萨满教。

1733. гусипу~гисипу：萨满鼓的鼓槌，木质，上面蒙有鹿皮。

1734. каси сэвэни：帮助萨满陪伴死者的灵魂前往冥界的神。

1735. даали：萨满神鼓。

1736. мэурури~моролимбури：转圈（模仿萨满）。

1737. гуси：萨满的神——助手，鹰。

1738. чиjэу：萨满手杖。

1739. панапу：萨满神镜，在萨满死时会变暗发黑。

1740. одопуӡи хуппури：玩响器（拨浪鼓）。

1741. самаддаури~самаччури：萨满行巫术。

1742. пэккикку：跳萨满舞的地方。

1743. jaaja：歌曲，仪式萨满神歌。

1744. jaajjayри：唱歌。

1745. jaajaкааччури：低声唱。

1746. jaajayри：萨满唱仪式歌。

1747. пэкки：萨满舞。

1748. комуччомбури：唤醒萨满。

1749. joодопу：为跳萨满舞而摇动的响器（拨浪鼓）。

1750. самамбури：萨满跳神。

1751. буннjури：熊嚎叫、怒吼。

1752. aаласи~алассее：缠在头上的仪式刨花（иллау）。

1753. jакпа：萨满的仪式腰带。

1754. туру：仪式木杆、树干、木框。

1755. толиимбури：在萨满神镜中看到。

1756. самамбури：成为萨满。

1757. мэу~мэури：舞蹈。

1758. хэдэ：圆圈舞。

1759. умбури：萨满带着神鼓，在助手和众人的陪伴下，沿着村子走，这是一种仪式表演，以此完成祭神和重生仪式。

1760. мэуввури：跳舞。

1761. хуjэмэ апу（порокки хуjэлу аапу）：顶端有叉角的萨满神帽。

1762. толии：萨满神镜，圆盘，金属片。

1763. боjо：熊。

1764. Мапа，Эпэкэ：对熊的尊称——老爷子、老太太。

1765. боjоско：熊皮，熊血做的熏肠。

1766. гирапсани（боjо гирапсаани）：熊骨。

1767. хагдуу：熊穴、熊窝。

1768. итто：熊节上的仪式盘子、槽子，用来装食物。

1769. исал：熊的眼睛。

1770. доха：参加熊节的氏族群体。

1771. мерро：在举行仪式和葬后宴时的礼物、宴席。

1772. кэрэ：损失赔偿金（在熊节上被请来杀熊的人没能立刻杀死熊，而使熊遭受痛苦）。

1773. мангга：熊节上被请来杀熊的人。

1774. хуригаччури анара：熊节（熊重生的节日）。在熊节结束时熊骨（带肋骨的脊椎骨）串在木棍上，熊头挑在竿子上并熏黑。

1775. маги：从熊头上剥下的皮。

1776. пэккури~гэjjури：熊节上的竞赛。

1777. баргури：熊节的一部分，煮熊肉熬熊油。

1778. тудэ~ледунгга：在熊节上，将熊绑在其上的柱子，柱子上有仪式刨花。

1779. тоjjооури：送给被请来的客人熊肉和熊油的日子。

1780. апкандупури~боjо апкандухани：熊躺下睡觉了。

1781. зоо：熊胆汁。

1782. гулуптумбомбури：把熊头骨放在炉灶上，为的是熏制后长久保存。

1783. сонгноури：喂养熊的妇女在陪伴熊的仪式上哀哭。

1784. хуригаччури~хуригоччури~хураччури：举办熊节。

1785. хооjjини：熊的吼叫。

1786. паази：分熊肉。人们在森林里打死熊，剥掉熊皮，砍掉熊头，分掉熊肉运回家。

1787. тоjo：(客人的) 宴席。

1788. тоjjочури~тоjjоури：摆宴席。

1789. итоллаури：摆宴席（在熊节上涉及仪式盘子）。

1790. кори：为举办熊节而用来喂养熊的木架。

1791. гееcy：熊节上切肉片用的刀。

1792. Тагда бojo：民间文学中上层世界的大白熊，反面角色。

1793. сину：熊的舌头。熊的头、心、舌要放在一起煮。

1794. эктэ бojo~эктэ мапа：母熊。

1795. эбуски：年轻的熊。

1796. сироотоо：熊崽。

1797. завалзи：熊家庭。

1798. бо омбо хупиддури（хуппури）：举办熊节（吃捕获后养大的熊）。

1799. бээбэттури：祭祀海神。

1800. коppe：（1）养熊的小房子；（2）木架。

1801. одопу：萨满鼓槌。

1802. амбага：通过词的组合法，由амба（恶神）和ага（哥哥）构成的词，可译为"恶神阿哥"。

1803. ангма：嘴，双唇。ангма нихэли（ури）——张开双唇，赐予唱萨满神歌的能力，也就是老萨满向新萨满传法。

1804. байби：初级的、普通的萨满。

1805. батор：勇士、勇士之神，帮助萨满在神灵世界鏖战。

1806. Боа Ибахани：天空的神话中的鸟。

1807. галигда：溺死者。

1808. галигдако гурун：在氏族中出现了溺死者并给氏族带来厄运的氏族的成员。

1809. голоа~тавасо：球形闪电；萨满之光。

1810. гора~дёргил：萨满的道路和隐秘（看不见的）世界。

243

1811. даи саман：大萨满、法力强大的萨满。

1812. дёкасо：覆盖神灵世界的空间，可以继承，但在一个固定的时期只能属于一个萨满，可以作为被萨满治愈的病人的灵魂仓库使用，也可以是为其他目的躲避敌人的地方。

1813. диулимди сэвэн：引领之神，在萨满行巫术时走在众神队伍的前面。

1814. диулин~маси：家庭和房屋的保护神，帮助房屋的主人——猎人。

1815. дэрсун：前往神灵世界空间的萨满的个人道路。

1816. дяка：活物，作为替代神灵、灵魂和萨满活动其他参加者名称的委婉语来使用。

1817. дянгиан：传统的评判者 – 谈判者，他在自己助手神的帮助下起作用，并且拥有比萨满更强大的能力。

1818. илу：物质、肉欲世界，与之相对的是神灵世界（доргину）。

1819. кала：给神灵带来祭品。

1820. касата：举办大的葬后宴。

1821. коа~кова：了无痕迹的伪装遮盖，在烟雾弥漫，目不视物的房间中开始行巫术。

1822. комоко：用梦来占卜吉凶的女巫。

1823. мосо~мусу：氏族树。

1824. мэпи：只能给自己治病的萨满。

1825. мэури：萨满的颤抖。

1826. най：人，这个词语经常用来作为称呼其他敌对萨满的委婉语。

1827. нингмачи：举行占卜病人病因的仪式。

1828. ниокта~нёукта：萨满的主神，按照某些解释，是萨满所有神灵的总和。

1829. ниора：帮助萨满攻击敌人的神。

1830. нучи саман：小萨满、弱萨满。

1831. омиа：未出生的婴儿的灵魂。

1832. очики：激发暴力愿望的神。

1833. очики огдани：萨满在其上面向敌人进攻的船。

1834. пиктэ：儿童，儿童之神。

1835. пудэй：放逐极为有害的神的仪式，在没有萨满参加时也可以完成。

1836. пэргэчи：占卜仪式。

1837. саоли：宴请，喂养（其中包括祭神）。

1838. сона：萨满诸神灵的队伍，在萨满行巫术时陪伴他，诸神彼此之间用一条隐形的皮带联在一起。

1839. сэвэн：神，带上它就能与它成功商量好让它带来益处，其中就包括萨满保护神。

1840. таочи：捕捉死者身体灵魂的仪式。

1841. тудин：未卜先知者，能治病者。

1842. тэхэ：萨满之根，即在氏族中有萨满，并能保障萨满神通的传承。

1843. унди：萨满祭祀神灵的仪式，包括萨满在跟从之人的陪伴下在村中（有时也到邻村）巡行，访问各家病人。

1844. хапун~хапон：神灵队伍，表现出的样子是一群有着扇形尾巴的老虎。

1845. хоралико：嫉妒之神，神－情夫（姘夫）。

1846. хэтур：在将死者与其家庭成员分开的仪式上使用的绳和线。

1847. хэй：在萨满作法时使用的感叹词。

1848. хэпур-хэпур：发疯之人呼吸时发出的声音。

1849. хэри：萨满在神灵世界的空间飞行。

1850. хэхэйс：萨满作法时使用的感叹词。

1851. эдехэ：帮助猎人的神灵，并且是猎人的姘妇，也是萨满的助手神之一。这个神灵不仅可以起到姘夫（妇）的作用，而且是萨满生出的神，还有一些其他功能。

1852. эди：丈夫，神-姘夫。

1853. эндур：最高等级的神之一。

1854. этумди：确定的人的保护神。

1855. эуни：干草或青草制作的一人高的人形塑像，在残酷折磨敌对萨满的神灵时使用。

1856. яи：唱萨满神歌。

结语

本书主要运用满族语言的材料来探讨满族原始信仰文化。语言的社会性、历史性、全民性决定了语言反映社会历史文化的全面性和深刻性。可以说，语言的历史价值是任何其他文献资料所难以比拟的。

书中较充分地利用了满语的语言材料，从语言的底层，例如同源词的系联、词义系统的梳理等诸多方面立体式地考察了满族原始信仰的历史文化，对现有的历史文化理论做了证实。例如，关于神话的起源问题有很多观点，其中一种认为神话来自于远古人类对早期社会生活的记忆，通过系联满语词 ejen（君主）、ejesu（记忆力）、ejetun（志、记录、标志）等，我们发现词根为 eje- 的一些词的义项与"记忆""记载"有关，从语言学的角度为这一说法提供了证据；对于"萨满"的性质问题，前人有诸多说法，本书通过对 saman、sambi、samdambi 等同源词的考证和词义系统的系联，证明了前人关于萨满是人间和神界的中介人的观点；在关于原始信仰文化器具的探讨方面，我们分析满语词 agūra 的义项，发现它除了表示"器具"之外，还有表示"仪仗"的义项，说明这些专门用作祭祀的"法物"起初是特指仪仗的，证明了有些学者认为仪式是先于宗教而存在的观点；再如，关于"禁忌"的来源及其成因，我们证实了加拿大学者史密斯的观点，即认为原始信仰将世间万物分为两类，一类是一般的事物，可以随意处置；一类是神圣的事物，不可随意处置。后者又分为圣洁的和污秽的两种。我们发现满语中表示斋戒意义的词 bolgomimbi 与表示干净意义的词 bolgo 是同源词，证明了史密斯的说法是令人信服的。

本书的创新之处在于充分利用了满语的语言材料，综合运用词源学、文化语言学等方法，既用语言材料来证明历史文化，又从历史文化的角度来说明语言现象，从词语表义的底层来探讨满族原始信仰文化，拓宽了基于历史语言学研究原始信仰文化的途径，证明了运用语言材料考证民族历史文化根源的可行性和必要性。首先，在对"萨满"研究的创新方面，通过对 saman 一词的考证，发现我国对 saman 的记载最早出现于先秦时代，它的最早汉译形式写作"羡门"，也证明了汉族和满族的历史文化渊源，说明了汉族和满族的原始信仰的共同性和共通性，体现了用语言考证历史文化的独特价值。其次，在历史词汇学方面，本书也有诸多贡献，比如在通过研究满语词语考证萨满行为仪式的过程中，我们发现表示鼓槌的满语词 gisun 与表示语言的 gisun 是一个词形，证明了此为一个词具有的两个义项，而非同音词——萨满文化中的祭祀行为即是通过鼓槌敲打神鼓发出的声音与神界沟通，是一种与神界沟通的语言。最后，在文化语言学方面，通过对满语中表示茂密的森林意义的 bujan 和它的同源词、表示死而复生意义的 bujabumbi 的比较研究，论证了满族原始信仰文化中的生殖崇拜文化。

本书在研究过程中系联了一些满语同源词，梳理了一些词的词义系统。例如，满族原始信仰文化的斋戒活动需要洁净之身的参与，严禁一切凶秽之事。因此，表洁净的 bolgo 与表斋戒的 bolgomimbi 是同一词根的同源词，与它们具有同源关系的词还有 bolgosaka（干净、洁净）、bolgon（清雅）等；满族萨满神话认为，水为产生一切物质的初始基质，因此表水的 muke 与表宗族的 mukūn 具有同源关系。这里的水即"巴纳姆水"（ba na muke），义为"地水"，因而表土地的 boihon 和表家眷、家属的 boigon 也具有同源关系。通过研究满族原始信仰文化，还发掘了一些词语潜在的义项。如满语词 eldeke，它的基本义为"光耀"，后来引申为"诞生""降生""圣诞"等义，通过分析满族原始信仰文化的日（光）崇拜可知这种引申的来由，即在先民心中太阳光芒的出现意味着新的太阳的诞生；满语词 jurambi 义为"塑造"，它还有一个义项为"起程""出发"，满族原始信仰神话认为塑造泥人是神灵创造万物的第一步，可见它们可能并不是同音词的关系，而是一个词的两个义项，等等。

通过词义的梳理，我们还探讨了满语词语蕴涵的隐喻义，从而挖掘出满语词语与满族原始信仰文化的密切关系，从语言的隐喻义入手，解读出满族及其先人的精神信仰世界，进而强调了发掘词语的隐喻义对研究原始信仰文化的重要意义。如日（光）崇拜一节中，对满语中与太阳有关的时间词和空间词关系的分析；对满语词 gabtabumbi（射）的词义分析，它既可表射（箭），也可表（光）射，此词即隐喻了太阳光芒的力量和形状好像所射之箭，反映出先人对太阳及其光芒的崇敬之情；再如，图腾（祖先）崇拜一节中，表"瓜蔓"的满语词 siren，也隐喻了"血缘绵延不绝"之义，表达了满族人对生殖繁衍的向往，等等。

最后，笔者将多年来从俄罗斯、日本等国搜集到的文献资料中关于各通古斯语民族原始信仰文化的词语初步呈现给读者，以略窥通古斯语诸民族丰富多彩、光怪陆离的精神世界，感受他们极具想象力的精神创造。对于公布的这些词语，笔者保留进一步整理、研究的权利。

原始信仰文化研究范围宽，涉及面广，内容非常丰富，使得本书不可能对涉及满族原始信仰文化的全部内容做全面的展开，而仅限于原始信仰文化的一些方面，在研究的深度和广度上都有待于拓展。本书侧重于运用同源词系联、文化语言学等方法，对其他研究方法的运用还很不够，在研究方法上也有待全面展开。由于满语本体研究的诸多领域尚有待开发，满语的词源学研究还处于起步阶段，可利用和借鉴的研究成果甚少，对于同源词的系联还需要进一步的考察和验证。我们还缺乏诸如"满语历史词典""满语同源词典"等研究成果作为指导和参考，对满语词语的分析研究就显得不够全面、系统和充分。因此，本书的研究是初步的、粗略的，有待于进一步的深化。

参考文献

A. 专著、论文集

一、古籍

[1] 御制清文鉴 [M]. 内府康熙四十七年（1708）刻本.

[2] 五体清文鉴 [M]. 北京：民族出版社，1957.

[3] 志宽、培宽. 清文总汇 [M]. 荆州驻防翻译总学光绪二十三年（1897）刻本.

[4] 同文广汇全书 [M]. 天绘阁康熙三十二年（1693）刻本.

[5] 沈启亮. 大清全书 [M]. 沈阳：辽宁民族出版社，2008.

[6] 清实录 [M]. 北京：中华书局，1986.

[7] 穆彰阿、潘锡恩. 大清一统志 [M]. 上海：上海古籍出版社，2007.

[8] 阿桂. 满洲源流考 [M]. 沈阳：辽宁民族出版社，1988.

[9] 中国第一历史档案馆、中国社会科学院历史研究所. 满文老档 [M]. 北京：中华书局，1990.

[10] 钦定满洲祭神祭天典礼 [M]. 台北：台湾商务印书馆，1983.

[11] 吴桭臣. 宁古塔纪略 [M].《龙江三纪》. 哈尔滨：黑龙江人民出版社，1985.

[12] 西清. 黑龙江外记 [M]. 杭州：杭州古籍书店，1985.

[13] 赵尔巽. 清史稿 [M]. 北京：中华书局，1977.

二、满族语言文字学著作

[14] 商鸿逵、刘景宪、季永海、徐凯. 清史满语辞典 [K]. 上海：上海古籍出版社，1990.

[15] 安双成. 满汉大辞典（修订本）[K]. 沈阳：辽宁民族出版社，2018.

[16] 胡增益. 新满汉大词典（第2版）[K]. 北京：商务印书馆，2020.

[17] [日] 河内良弘. 满洲语文语文典 [K]. 京都：京都大学学术出版会，1996.

[18] [日] 羽田亨. 满和辞典 [K]. 东京：国书刊行会，1972.

[19] 季永海. 满语语法（修订本）[M]. 北京：中央民族大学出版社，2011.

[20] 刘景宪、赵阿平、赵金纯. 满语研究通论 [M]. 牡丹江：黑龙江朝鲜民族出版社，1997.

[21] 佟永功. 功在史册：满语满文及文献 [M]. 沈阳：辽海出版社，1997.

[22] 赵阿平. 满族语言与历史文化 [M]. 北京：民族出版社，2006.

[23] 赵阿平、朝克. 黑龙江现代满语研究 [M]. 哈尔滨：黑龙江教育出版社，2001.

三、满族历史文化著作

[24] 王可宾. 女真国俗 [M]. 长春：吉林大学出版社，1988.

[25] 李燕光、关捷. 满族通史 [M]. 沈阳：辽宁民族出版社，2003.

[26] 张佳生. 满族文化史 [M]. 沈阳：辽宁民族出版社，1999.

[27] 张佳生. 中国满族通论 [M]. 沈阳：辽宁民族出版社，2005.

[28] 刘小萌. 满族从部落到国家的发展 [M]. 沈阳：辽宁民族出版社，2001.

[29] 江帆. 满族生态与民俗文化 [M]. 北京：中国社会科学出版社，2006.

[30] 富伟. 辽宁少数民族婚丧风情 [M]. 沈阳：辽宁人民出版社，1994.

[31] 姜相顺. 辽滨塔满族家祭 [M]. 沈阳：辽宁人民出版社，1991.

[32] [俄] 史禄国. 满族的社会组织——满族氏族组织研究 [M]. 北京：商务印书馆，1997.

[33] 凌纯声. 松花江下游的赫哲族 [M]. 南京："国立中央研究院"历史语言研究所，1934.

[34] 王宏刚、富育光. 满族风俗志 [M]. 北京：中央民族学院出版社，1991.

[35] 贺灵、佟克力. 锡伯族风俗志 [M]. 北京：中央民族大学出版社，1994.

[36] 秋浦. 鄂温克人的原始社会形态 [M]. 北京：中华书局，1962.

[37] 韩有峰. 鄂伦春族风俗志 [M]. 北京：中央民族学院出版社，1991.

[38] 黄任远. 赫哲族风俗志 [M]. 北京：中央民族学院出版社，1992.

[39] 吕大吉. 中国各民族原始宗教资料集成 [G]. 北京：中国社会科学出版社，1999.

[40] 杨学政. 中国原始宗教百科全书 [G]. 成都：四川辞书出版社，2002.

四、萨满教文化著作

[41] 永志坚. 萨满神歌 [M]. 天津：天津古籍出版社，1992.

[42] 石光伟、刘厚生. 满族萨满跳神研究 [M]. 长春：吉林文史出版社，1992.

[43] 刘厚生. 清代宫廷萨满祭祀研究 [M]. 长春：吉林文史出版社，1992.

[44] 宋和平. 满族萨满神歌译注 [M]. 北京：社会科学文献出版社，1993.

[45] 陈永春. 科尔沁萨满神歌审美研究 [M]. 北京：民族出版社，2010.

[46] 叶高树. 满文《钦定满洲祭神祭天典礼》译注 [M]. 台北：秀威资讯科技，2018.

[47] 赵志忠. 满族萨满神歌研究 [M]. 北京：民族出版社，2010.

[48] 尹郁山. 满族石姓萨满祭祀神歌比较研究 [M]. 长春：吉林文史出版社，2007.

[49] 宋和平、孟慧英. 满族萨满文本研究 [M]. 台北：台湾五南图书公司，1998.

[50] 乌丙安. 神秘的萨满世界 [M]. 上海：三联书店上海分店，1989.

[51] 富育光. 萨满教与神话 [M]. 沈阳：辽宁大学出版社，1990.

[52] 富育光、荆文礼. 满族口头遗产传统说部丛书·尼山萨满传 [M]. 长春：吉林人民出版社，2007.

[53] 富育光、荆文礼. 满族口头遗产传统说部丛书·乌布西奔妈妈 [M]. 长春：吉林人民出版社，2007.

[54] 富育光、荆文礼. 满族口头遗产传统说部丛书·萨大人传 [M]. 长春：吉林人民出版社，2007.

[55] 富育光、荆文礼. 满族口头遗产传统说部丛书·东海沉冤录 [M]. 长春：吉林人民出版社，2007.

[56] 富育光、荆文礼. 满族口头遗产传统说部丛书·苏木妈妈、创世

神话与传说 [M]. 长春：吉林人民出版社，2009.

[57] 富育光、荆文礼. 满族口头遗产传统说部丛书·天宫大战 [M]. 长春：吉林人民出版社，2009.

[58] 富育光、王宏刚. 萨满教女神 [M]. 沈阳：辽宁民族出版社，1995.

[59] 富育光、孟慧英. 满族萨满教研究 [M]. 北京：北京大学出版社，1992.

[60] 金香、色音. 萨满信仰与民族文化 [C]. 北京：中国社会科学出版社，2009.

[61] 富育光、赵志忠. 满族萨满文化遗存调查 [M]. 北京：民族出版社，2010.

[62] 郭淑云. 中国北方民族萨满出神现象研究 [M]. 北京：民族出版社，2007.

[63] 吉林省民族研究所. 萨满文化研究（第一辑）[G]. 长春：吉林人民出版社，1988.

[64] [俄] 道尔吉·班札罗夫. 黑教或称蒙古人的萨满教 [J]. 蒙古史研究参考资料，第十七辑 [C]. 呼和浩特：内蒙古大学蒙古史研究所，1981.

[65] 秋浦. 萨满教研究 [G]. 上海：上海人民出版社，1985.

[66] 姜相顺. 神秘的清宫萨满祭祀 [M]. 沈阳：辽宁人民出版社，1995.

[67] 傅英仁. 傅英仁满族故事 [M]. 哈尔滨：黑龙江人民出版社，2006.

[68] 傅英仁. 满族神话故事 [M]. 哈尔滨：北方文艺出版社，1985.

[69] 乌丙安、李文刚. 满族民间故事选 [M]. 上海：上海文艺出版社，1983.

[70] 富育光. 七彩神火：满族民间传说故事 [M]. 长春:吉林人民出版社，1984.

[71] 满都呼. 中国阿尔泰语系诸民族神话故事 [M]. 北京：民族出版社，1997.

[72] 谷德明. 中国少数民族神话 [M]. 北京：中国民间文艺出版社，1987.

[73] 汪立珍. 鄂温克族神话研究 [M]. 北京：中央民族大学出版社，2006.

[74] 那木吉拉. 中国阿尔泰语系诸民族神话比较研究 [M]. 北京：学习出版社，2010.

五、理论方法类著作

[75] 戴昭铭. 文化语言学导论 [M]. 北京：语文出版社，2003.

[76] [德] 恩斯特·卡西尔. 语言与神话 [M]. 北京：生活·读书·新知三联书店，1988.

[77] [德] 恩斯特·卡西尔. 神话思维 [M]. 北京：中国社会科学出版社，1992.

[78] [法] 列维 – 布留尔. 原始思维 [M]. 北京：商务印书馆，2004.

[79] 邓晓华. 人类文化语言学 [M]. 厦门：厦门大学出版社，1993.

[80] 罗常培. 语言与文化 [M]. 北京：北京出版社，2004.

[81] 丁石庆. 双语文化论纲 [M]. 北京：中央民族大学出版社，1999.

[82] 王力. 同源字典 [K]. 北京：商务印书馆，1982.

[83] 殷寄明. 汉语同源字词考 [M]. 北京：中国出版集团东方出版中心，2007.

[84] 哈斯巴特尔. 阿尔泰语系语言文化比较研究 [M]. 北京：民族出版社，2006.

[85] [法] 梅耶. 历史比较语言学中的比较方法 [M]. 北京：世界图书出版公司，2008.

[86] [日] 桥本万太郎. 语言地理类型学 [M]. 北京：世界图书出版公司，2008.

[87] [德] 弗里德里格·温格瑞尔. 认知语言学导论 [M]. 上海：复旦大学出版社，2009.

[88] 赵艳芳. 认知语言学概论 [M]. 上海：上海外语教育出版社，2001.

[89] [英] 戴维·库伯. 隐喻 [M]. 上海：上海科技教育出版社，2007.

[90] 束定芳. 隐喻学研究 [M]. 上海：上海外语教育出版社，2001.

[91] 耿占春. 隐喻 [M]. 北京：东方出版社，1993.

[92] 杨学政. 原始宗教论 [M]. 昆明：云南人民出版社，1991.

[93] 吕大吉. 宗教学通论新编 [M]. 北京：中国社会科学出版社，1998.

[94] [英] 麦克斯·缪勒. 宗教学导论 [M]. 上海：上海人民出版社，1989.

[95] [英] 麦克斯·缪勒. 宗教的起源与发展 [M]. 上海：上海人民出版社，1989.

[96] [英] 麦克斯·缪勒. 比较神话学 [M]. 上海：上海文艺出版社，1989.

[97] 谢选骏. 中国神话 [M]. 杭州：浙江教育出版社，1995.

[98] [法] 米尔希·埃利亚德. 神秘主义、巫术与文化风尚 [M]. 北京：光明日报出版社，1990.

[99] 叶舒宪. 神话——原型批评 [M]. 西安：陕西师范大学出版社，1987.

[100] 萧兵. 中国文化精英——太阳英雄神话比较研究 [M]. 上海：上海文艺出版社，1989.

[101] 杨利慧. 世界神话与原始文化 [M]. 上海：上海社会科学院出版社，2004.

[102] [德] 利普斯. 事物的起源 [M]. 兰州：敦煌文艺出版社，2000.

[103] [英]弗雷泽. 金枝[M]. 北京：中国民间文艺出版社，1987.
[104] [英]马林诺夫斯基. 文化论[M]. 北京：中国民间文艺出版社，1987.
[105] [奥]弗洛伊德. 图腾与禁忌[M]. 北京：中国民间文艺出版社，1986.
[106] [法]列维–施特劳斯. 图腾制度[M]. 上海：上海人民出版社，2005.
[107] 赵国华. 生殖崇拜文化论[M]. 北京：中国社会科学出版社，1990.
[108] [英]泰勒. 原始文化[M]. 上海：上海文艺出版社，1992.
[109] 李葆嘉. 中国语言文化史[M]. 南京：江苏教育出版社，2003.
[110] 茅盾. 神话研究[M]. 天津：百花文艺出版社，1981.
[111] [日]大林太良. 神话学入门[M]. 北京：中国民间文艺出版社，1988.
[112] 杨利慧. 神话与神话学[M]. 北京：北京师范大学出版社，2009.
[113] 张光直. 美术、神话与祭祀[M]. 沈阳：辽宁教育出版社，1988.
[114] 中国大百科全书总编辑委员会. 宗教百科全书[M]. 北京：中国大百科全书出版社，1994.

B. 论文

[115] 赵阿平. 满语语义文化内涵探析（四）[J]. 满语研究，1994（2）.
[116] 赵阿平. 满–通古斯语言与萨满文化（一）（二）（三）（四）[J]. 满语研究，1997（1）、1998（1）、1998（2）、1999（2）.
[117] 赵阿平. 满语中动物词语的文化含义（上、下）[J]. 满语研究，1995（2）、1996（1）.

[118] 赵阿平. 满-通古斯语言与萨满文化论略 [J]. 民族语文，1996（3）.

[119] 刘厚生. 满语言文化与萨满文化是满族研究的两大基石 [J]. 满族研究，2003（3）.

[120] 赵阿平. 中国满-通古斯语言文化研究及发展 [M]. 满语研究，2004（2）.

[121] 赵振才. 通古斯-满语与文化 [J]. 满语研究，1986（2）.

[122] 哈斯巴特尔. 词源文化视角下的"神" [J]. 满语研究，2005（1）.

[123] 斯钦朝克图. 生殖器名称与原始宗教图腾崇拜 [J]. 民族语文，1999（6）.

[124] 崔羲秀. 朝鲜族与满族始祖传说、神话之比较 [J]. 延边大学学报，1998（2）.

[125] 王会莹. 北方"天空大战"神话的时空哲学 [J]. 黑龙江民族丛刊，1999（4）.

[126] 色音. 阿尔泰语系民族萨满教神话探微 [J]. 民族文学研究，1999（3）.

[127] 黄任远. 满-通古斯语族民族有关熊、虎、鹿神话比较研究 [J]. 黑龙江民族丛刊，1996（3）.

[128] 张杰. 清代满族萨满祭祀神杆新考 [J]. 社会科学辑刊，2003（5）.

[129] 黄任远. 关于通古斯-满语族英雄神话的思考 [J]. 民族文学研究，1998（3）.

[130] 罗绮. 满族神话的民族特点 [J]. 满族研究，1993（1）.

[131] 黄任远. 自然神话与自然崇拜 [J]. 佳木斯大学社会科学学报，1998（4）.

[132] 孟慧英. 英雄与异能妻子——我国民族神话中的原始文化观念 [J]. 青海社会科学，1996（5）.

[133] 陈维新等. 中国朝鲜族神话传承的动态考察 [J]. 东疆学刊, 1999 (7).

[134] 黄任远. 女真原始神话的古老文化蕴意 [J]. 黑龙江社会科学, 1995 (1).

[135] 黄任远. 起源神话与神灵崇拜 [J]. 佳木斯大学学报, 2000 (1).

[136] 富育光. 萨满教天穹观念与神话探考 [J]. 学术研究丛刊, 1987 (4).

[137] 何崝. 日字构形与商代日神崇拜及人头祭 [J]. 商文化管窥 [C]. 成都：四川大学出版社, 1994.

[138] 喻权中. 死亡的超越与转化 [J]. 民族文学研究, 1998 (2).

[139] 刘小萌. 满族萨满教信仰中的多重文化成分 [J]. 仁钦道尔吉、郎樱. 阿尔泰语系民族叙事文学与萨满文化 [C]. 呼和浩特：内蒙古大学出版社, 1990.

[140] 宋和平. 满族萨满神灵初探 [J]. 金香、色音. 萨满信仰与民族文化 [C]. 北京：中国社会科学出版社, 2009.

C. 外文文献

[141] Andrei A Znamenski. Shamanism in Siberia[M]. Dordrect, Boston, London: Kluwer Academic Publishers, 2003.

[142] Gloria Flaherty. Shamanism and Eighteenth Century[M]. Princeton, NJ: Princeton University, 1992.

[143] Anna-Leena Siikala. The Rite Tecnique of The Siberian Shaman[M]. Helsinki, 1987.

[144] George E. Marcus. Perilous States: Conversation on Cluture, Politics and Nation[M]. Cicago: University of Cicago Press, 1993.

[145] Hatto A T. Shamanism and Epic Poetry in Northern Asia [M]. London: University of London, 1970.

[146] Joseph Mali, Mythistory[M].The University of Cicago Press, 2003.

[147] White TM, Gibbons MB, Scamberger M. Cultural sensitivity and supportive expressive psycotherapy: an integrative approac to treatment[J]. Am J Psycother, 2006, 60 (3).

[148] Janelli. Roger. The Origins of Korean Folklore Scolarship[J]. Journal of American Folklore, 1986 (99).

[149] Atkinson J. M. Shamanism Today[J]. Annu. Rev. Anthropl., 1992 (21).

[150] Robert N. Hamayon. Stakes of the Game Life and Death in Siberian Shamanism[J].Diogenes, 1992 (158).

[151] M.Eliade. Recent Work on Shamanism – A Review Article[J]. History of Religion, 1961, 1 (1).

牛尔罕——萨满神灵图

附录

本书选用的满语词语索引

A

abka eherhe 天气，气候（2.2.2）

abka gerake 天空（2.2.2）

abka hehe 女神，女性始祖神（1.1；1.1.1；2.2.2；3.1.2）

abkai ejen 上帝（2.2.2）

abkai erin 大自然（2.2.2）

abkai gege 天仙（2.2.2）

abkai han 上帝（2.2.2）

abkai jui 天子（2.2.2）

abka 天（1.1.1；2.2.2）

agūra 器皿，主要指较长的器械、武器等，仪仗（3.3）

ajirhan 公狗（1.2.1）

akdambi 信奉，信仰（2.2.2）

ama 父亲（1.2.1）

amba sahaliyan enduri 大黑虎神（1.2）

B

ba 故乡，老家（2.1.2）

ba i gisun 方言（3.3）

ba na muke 巴纳姆水，地水（2.2.2）

banaji emu 巴那吉额母，土地神（2.2.2）

banaji emu 土地神（2.2.2）

banaji tebumbi 求土地平安（2.2.2）

banaji 土地神（2.2.2）

banamu hehe 地水女神（2.2.2）

banin mafa 亲祖父（1.3.2；2.2.2）

banin mama 亲祖母（1.3.2；2.2.2）

banin 同根源的、（血缘）亲的、（血缘）近的（1.3.2；2.2.2）

banjiha ama 生父（1.3.2）

banjiha amji 亲伯父（1.3.2）

banjiha deo 胞弟（1.3.2）

banjimbi 生、生育、生养，（血缘）亲生的、同胞（1.3.2；2.2.2）

banji 图腾（1.3.2；2.2.2）

beceli dosika 鬼魂附体（2.1.2）

belgri ilha 罂粟花（3.1.3）

berten 品行道德等方面的缺失（3.4）

beye 身体（2.1.2.3）

biren tasha endure 母卧虎神（1.2）

bitubumbi 梦见（2.1.2）

bitumbi 边缘（2.1.2）

boigon 家眷、家属（2.2.2）

boihon 土，泥土，土神，社稷（2.2.2）

bolgobumbi 使洁净（3.1.3）

bolgombi 洁净（3.1.3）

bolgomimbi 斋戒（1.1.2；3.1.3；3.4）

bolgosaka 干净、清洁（1.1.2）

bolgo 清洁、干净、纯净（1.1.2；3.1.3；3.4）

bortonombi 污秽（3.4）

bucehe fayangga 幽魂、幽灵（2.1.2）

bucehe giran 死尸（2.1.2）

bucehe gurun 阴间（2.1.2）

buceli benembi 送祟，烧纸，送水饭（2.1.2）

buceli 鬼魂（2.1.2）

bucembi 死亡（2.1.2）

bucere ba 阴间（2.1.2）

bucere gukure 死亡（2.1.2）

bujabumbi 死而复生（1.3.3）

bujan 森林（1.3.3）

buru baraba 阴间（2.1.2）

butu farhūn 阴暗（2.1.2）

butu giyalan 暗间（2.1.2）

butui boo 棺（2.1.2）

butui jalan 阴间，冥府（2.1.2）

butu 阴暗，幽暗（2.1.2）

C

cacumbi 祭拜祭奠（1.3.2）

cooha 兵（2.2.2）

D

dabsiha 偏斜（1.1.1）

dergi 东方（1.1.1）

deyere tasha enduri 飞虎神（1.2）

dosimbi 进入、落入（1.1.1）

dosire 进入（1.1.1）

dositala 进入旷野（1.1.1）

dulin 一半（1.1.1）

dunggu 较大的洞（1.3.3）

dung 人工凿成的洞（1.3.3）

E

ejen 主人、君主（1.1.2；2.2.2；2.2.2）

ejesu 记性，记忆力（2.2.2）

ejetun bithei kuren 志书馆（2.2.2）

ejetungge dangse 记录著名人物、功臣的档案（2.2.2）

ejetun 志，记录，标志（2.2.2）

eldeke 光耀（1.1.1）

eldembi 光照、光耀、光亮（1.1.1）

eldembumbi 使照，使照耀，使光亮，使光照（1.1.1）

elden 光（1.1.1）

elden gabtabuha 光射（1.1.1）

elden gabtabuha 光射（1.1.1）

elden mama 卧拉多妈妈，满族星祭中的主神（2.2.2）

eldengge inenggi 圣诞日（1.1.1）

eldengge 有光的，有光辉的，光华，灿烂（1.1.1）

elden 光辉，光泽（1.1.1）

eme 母亲（2.2.2）

enduri cecikengge loho 神雀刀（2.2.1）

enduri cooha 神兵（2.2.2）

enduri gege 仙女（2.2.1；2.2.2；3.4）

enduri hutu 神鬼（3.4）

endurin gasha 仙鹤（2.2.1）

enduring soro 仙容（2.2.1）

enduringge ejen 圣君，圣主（2.2.1；3.4）

enduringge eme 圣母（2.2.1；2.2.2）

enduringge kicen 圣功（2.2.1）

enduringge mergen 贤人（2.2.1；2.2.2）

enduringge niyalma 圣人（2.2.1；2.2.2）

enduringge saisa 贤人，哲人（2.2.1；2.2.2）

enduringge šengge 圣神（2.2.1；2.2.2）

enduringge 圣，至高无上的，神圣的，至尊（2.2.1；2.2.2）

endurin 神仙，仙人（2.2.1；3.4）

enduri 神仙（2.2.1；3.4）

enduri 神仙、仙人（1.1.2）

enihen 母狗（1.2.1）

eniye 母亲（1.2.1）

ergen beye 性命、身命（2.1.2）

ergen haji 惜命（2.1.2）

267

ergen jocimbi 送命（2.1.2）

ergen yadambi 气尽、断气（2.1.2）

ergengge jaka 生物（2.1.2）

ergengge 生灵（2.1.2）

ergen 气、元气，命、生命（2.1.2）

ergi 旁边（1.1.1）

F

faidan 行列，仪仗（1.2.3；1.3.1）

faihacambi 焦虑（1.2.3；1.3.1）

falga 一族，同族（2.2.2）

farakabi 发昏（3.1.2；3.1.3）

farambuha 使之昏（3.1.2）

fayangga gaimbi 叫魂（2.1.2）

fayangga hūlambi 叫魂（2.1.2）

fayangga oron 魂魄（2.1.2）

fayangga tucimbi 出殃，回煞（2.1.2）

fayangga 魂（2.1.2）

fefe 女性生殖器（1.3.3）

ferguwecuke 神奇的，奇异的（3.4）

ferguwecun 灵、灵怪（3.4）

ferguwembi 惊异，惊奇（3.4）

ferguwen 灵、灵验（3.4）

fisin 浓密的（1.3.3）

fiyakiyan 旸（1.1.1）

fiyan 颜色，脸色，面貌（2.1.2）

fodo mama 柳枝娘娘（1.3.3；3.1.2）

fodoho 柳树（1.3.3）

fodo 柳树枝（1.3.3）

forobumbi 祝赞（3.1.2；3.1.3）

fosoba 日光转射（1.1.1）

fosobumbi 被照射，使照射，使溅，被溅（1.1.1）

fosoko 日照（1.1.1）

fosombi 照射、照耀（1.1.1）

foson 日光（1.1.1）

funiyehe isimbi 髭发（2.1.2）

funiyehe 头发（2.1.2）

futalambi 用绳捆（3.2）

futa 绳子，线索（3.2）

G

gabtabumbi 使射（箭）（1.1.1）

gabtambi 射（箭）（1.1.1）

gabtan 射（1.1.1）

gaimbi 带领，引导（2.1.2）

gasha enduri 鸟神（1.2）

gege 女人（2.2.2）

gehun gahun 晴明（1.1.1）

gesumbi 苏醒，复元，复苏（2.1.2）

gesungge moo 返魂木（2.1.2）

gesungge 苏醒的，复苏的（2.1.2）

giranggi yali 亲戚、亲属（2.1.2）

giranggi 骨头（2.1.2）

giran 尸体，骨骸，血统（2.1.2）

gisun cokto balama 言语傲慢（3.3）

gisun hese 言语（3.3）

gisun 鼓槌，语言、言辞（3.3）

gisuren i isan 谈荟（3.3）

giyahūn enduri 鹰神（1.2）

gūldun boo 山洞作洞房（1.3.3）

gūldun jugūn 隧道（1.3.3）

gūldun（城门）洞，（桥）洞（1.3.3）

H

haha 男人（1.2.1）

haji 亲近，爱好（2.1.2）

han 国王，皇帝，君主（2.2.2）

hehe 女人（1.2.1）

helme šembi 回光荡漾（1.1.1）

helmen 影（1.1.1）

helmen gabtaku 射人影子使人毙命的虫子（2.1.2）

hese buhengge 天命的、命中注定的（3.3）

hese 圣旨，谕旨，敕命（3.3）

honiki 短腿熊（1.2.1）

hūlambi 呼喊、呼唤（2.1.2）

hutu bušukū 鬼怪（2.1.2）

hutu daišambi 闹鬼（2.1.2）

hutu ibagan 魑魅，恶鬼（2.1.2）

hutu 鬼魅，鬼怪，魔鬼（2.1.2；2.2.1）
hūwajambi 破裂，破碎，分裂（2.2.2）
hūwašabumbi 养育，赋予，栽培树木（2.2.2）
hūwašambi 生长，成长（2.2.2）

I

ilan usiha 三星（1.1）
ilgari tucibumbi 在柳枝上挂五彩纸条，萨满剪纸送祟击鼓驱鬼（1.3.3）
ilgari（柳枝上挂的）五彩纸条、布条（1.3.3）
ilgašambi 闲逛、闲游（1.3.3）
ilgašanambi 去闲逛，有游逛（1.3.3）
imcin 男手鼓（3.3）
inenggi dulin 日午（1.1.1）
irahi 隙光（1.1.1）

J

jailambi 躲避（1.2.2）
jailandumbi jailanumbi 一齐躲避（1.2.2）
jailatambi 只管躲避（1.2.2）
jaila 躲开、躲避（1.2.2）
jaira 母貘（1.2.1；1.2.2）
jaka 物品，东西（2.1.2）
jalandambi 间断（2.1.2）
jalan 世界，间隔、隔断（2.1.2）
jocimbi 衰败，衰弱（2.1.2）
jorimbi 指示（3.4）

juhe tatan 朱赫他坦，冰窝铺（2.2.2）

juhe 冰（2.2.2）

jui 孩子，儿子（2.2.2）

juktembi 祀神（1.2.3）

jukten i boo 祠堂（1.2.3）

jukten i usin 香火地（1.2.3）

jukten 祀（1.2.3）

jukturi 两岁熊（1.1.1；1.2.1；1.2.3）

jun ejen 灶神、灶君（1.1.2）

jun i enduri 监斋使者（1.1.2）

jun 灶门、通道（1.1.2）

jurambi 塑造，起程、出发（2.2.2）

jurun 穴、（鼠、兔）洞（1.3.3）

K

kaha 乌鸦（1.2）

kelfike 稍微斜（1.1.1）

kūtka 穀（1.2.1）

kūwatiki 一岁熊（1.1.1；1.2.1）

L

langse 不洁净，淫邪、淫秽之事（3.4）

lefu 熊（1.1.1；1.2）

leolen gisun 论语（3.3）

M

manju gisun 满语（3.3）

mešembi 交媾，性交（1.1.1）

metembi 祭天，还愿（1.1.1）

mojihiyan 貔（1.2.1）

moo 树木（1.3.3）

muhan tasha enduri 公卧虎神（1.2）

mukedke 升起（1.1.1）

mukešicri dcyi tucimbi 水从泉眼中流出来（1.1.1）

muke 水（2.2.2）

mukūn falga 宗族（2.2.2）

mukūn nala 氏族（2.2.2）

mukūn 族（2.2.2）

N

na 地方（2.2.2）

nadan naiho 七女星（1.1）

nadan usiha 北斗七星神（1.1）

nantuhūn 污秽，肮脏（3.4）

nari 母马熊（1.1.1；1.2.1）

nasin 马熊（1.1.1；1.2）

niyalma 人（3.4）

niyancambi 浆（衣服）（1.1.1）

niyancan（浆洗衣服用的）浆粉，锐气、元气、勇气（1.1.1）

niyecebumbi 修补，补充，充实（2.1.2）

O

oron akū gisun 无稽之谈（2.1.2）

oron akū 无痕迹，无踪迹，毫无根据（2.1.2）

oron 魂魄，痕迹，踪迹，印迹，影子（2.1.2）

S

saman oktosi 巫医（3.1.1）

saman 萨满，巫师（3.1.1；3.1.2）

sambi 知道、晓得，伸、伸开、引（3.1.1）

samdambi 萨满跳神，隔垄种（3.1.1）

samdame tarimbi 在两垄中间种别的粮食（3.1.1）

sangga 窟窿、小洞、眼儿（1.3.3）

sarasu 知（识）（3.1.4）

sara 知道（3.1.4）

sati 公马熊（1.1.1；1.2）

sebderi 阴凉（1.1.1）

senggi cacumbi 歃血为盟的结盟仪式（1.3.2）

senggi jun 血脉（1.3.2）

senggimbi 友爱、亲睦（1.3.2）

senggime gosimbi 怜爱（1.3.2）

senggi 血液（1.3.2）

serebun 知觉（3.1.3；3.1.4）

serehun 睡着了心还明白（3.1.4）

serembi 先觉，知觉（3.1.4）

silmen 背阴（1.1.1）

siren siren 绵绵不断（1.3.2）

sirendumbi 打通关节，暗中勾通（1.3.2）

sirenembi 接连不断、连续不断（1.3.2）

siren 藤子、瓜藤、瓜蔓，血缘（1.3.2）

siren 血脉，脉络（3.2）

so jorimbi 不祥之兆（3.4）

soroki 忌讳的事物（3.4）

soroko 禁忌，忌讳（3.4）

sorokū futa 祭祀时的各色线绳（3.2）

sorombi 禁忌，忌讳，不吉利（3.4）

so 不祥之兆（3.4）

sukdun fiyan 气色（2.1.2）

sukdun niyecebumbi 补气（2.1.2）

sukdun oron 气魄（2.1.2）

sukdun 气（2.1.2）

suwa nasin 罴（1.2.1）

Š

šanyan alin 长白山神（1.1）

šengge ferguwecuke 神异（3.4）

šengge niyalma 圣人，神人（3.4）

šengge saksaha 灵鹊（1.2）

šengge 神妙的，神奇的（3.4）

šun 太阳（1.1.1）

šun biya 光阴、时间（1.1.1）

275

šun buncuhūn 日色淡（1.1.1）

šun dabsiha 日平面（1.1.1）

šun dosika 日入（1.1.1）

šun dosimbi 太阳落下（1.1.1）

šun dosire ergi 西（1.1.1）

šun dositala 终日（1.1.1）

šun jembi 日食（1.1.1）

šun kelfike 日微斜（1.1.1）

šun kuwaraha 日晕（1.1.1）

šun mukdeke 日升（1.1.1）

šun niyancambi 太阳升起（1.1.1）

šun niyancambi 太阳升起（1.1.1）

šun šangka 日珥（1.1.1）

šun tucike 日出（1.1.1）

šun tuhembi 太阳落下（1.1.1）

šun urhuhe 日大斜（1.1.1）

šunehe ba 荒地（1.1.1）

šunehe orho 荒草（1.1.1）

šunehe 荒地（1.1.1）

šuntuhuni 整日（1.1.1）

T

ta giyahūn 动物神的首神（1.2）

tališambi 回光乱动（1.1.1）

targabumbi 使以为戒（3.4）

targacun 禁戒的事情（3.4）

targambi 戒，戒备，禁戒（3.4）

targa 戒（3.4）

tarimbi 种（3.1.1）

tarnilambi 念咒（3.4）

tarni 咒，秘诀（3.4）

tasha enduri 虎神（1.2）

tatan 窝铺，住地，下处（2.2.2）

tebumbi 使来（2.2.2）

tetun agūra 器具（3.3）

tetun 器具（3.3）

tolgin 梦（2.1.2）

tolgišambi 胡乱做梦（2.1.2）

tondokon serebun 直觉（3.1.4）

tondokon 直直的（3.1.4）

tucike 出来（1.1.1）

tuhembi 落下（1.1.1）

tumen usiha 万星（1.1）

tungken 鼓（3.3）

tuwa enduri 火神（1.1）

tuwa enduri mama 火神奶奶（1.1）

tuwa 火（1.1.2）

U

uduwen 公貂（1.2.1）

ungga 长辈（1.2.1）

untun 女手鼓（3.3）

urhuhe 歪斜（1.1.1）

W

wargi 西方（1.1.1）

wehe mafa 石头公公（1.1）

wehe lefu 洞熊（1.1.1；1.2.1）

weihe 牙齿（2.1.2）

weihu 独木船（1.3.3）

weji 丛林、密林、森林（1.3.3）

wesihulembi 崇拜，尊崇（2.2.2）

Y

yadambi 穷困，缺少（2.1.2）

yasa buruhun 眼睛不明亮（1.1.2）

yasa de jerkišembi 光耀刺眼（1.1.2）

yasa efujebe 眼睛失去光明（1.1.2）

yasa 眼睛（1.1.2）

yeru 较小的洞（1.3.3）